高等学校财经类专业实践系列教材

高级财务会计实务

主　编　韦绪任　于　洋　冯　香

副主编　于中海　文成卫　高成慧

参　编　陈莹莹　叶小园　李　红　文　智

西安电子科技大学出版社

内 容 简 介

　　本书以会计的专业理论为依据，以业务的会计处理为依托，内容安排重视实践与应用，旨在为读者提供理实融合的知识体系。本书遵循深入浅出、循序渐进的教学原则，体现了理论性、实践性、开放性。全书共设十一个项目，包含非货币性资产交换，资产减值，外币折算，借款费用，债务重组，或有事项，所得税，会计政策、会计估计变更和差错更正，资产负债表日后事项，租赁会计，合并财务报表等内容。

　　本书可作为应用型本科院校、高职高专院校大数据与会计、大数据与财务管理等专业的教材，也可供财经类从业人员参考。

图书在版编目 (CIP) 数据

　　高级财务会计实务 / 韦绪任，于洋，冯香主编 . -- 西安：西安电子科技大学出版社，2024. 9. --ISBN 978-7-5606-7449-0

　　Ⅰ . F234.4

　　中国国家版本馆 CIP 数据核字第 20244YE971 号

策　　划	刘玉芳　　刘统军
责任编辑	刘玉芳
出版发行	西安电子科技大学出版社 (西安市太白南路 2 号)
电　　话	(029) 88202421　88201467　　　　邮　　编　710071
网　　址	www.xduph.com　　　　电子邮箱　xdupfxb001@163.com
经　　销	新华书店
印刷单位	咸阳华盛印务有限责任公司
版　　次	2024 年 9 月第 1 版　2024 年 9 月第 1 次印刷
开　　本	787 毫米 ×1092 毫米 1/16　　　　印　张　15.25
字　　数	331 千字
定　　价	44.00 元

ISBN 978-7-5606-7449-0

XDUP 7750001－1

*** 如有印装问题可调换 ***

PREFACE
前　言

党的二十大报告指出：培养造就大批德才兼备的高素质人才，是国家和民族长远发展大计。教材是知识的重要载体，是学生学习的基础保障，更是培养学生爱国主义精神的重要载体。

现已出版的高级财务会计的教材和相关书籍都各有特色，取得了丰硕的成果。本书学习借鉴前人的智慧结晶，根据教学的需求，结合高职高专与应用型本科院校学生的具体情况，总结教师团队丰富的一线教学经验编写而成。

本书具有以下四个特点：

(1) 注重引导。本书在每一个项目开始都写明了本项目的知识目标、技能目标，并精心安排了思维导图，目的是使学生能够明确本项目的学习内容；在每一个项目最后都有项目总结、习题巩固，旨在通过总结与习题让学生更好地把握高级财务会计的内容。

(2) 阐述深入浅出。本书在撰写过程中，对相关理论问题的阐述尽量做到详尽和通俗易懂；内容安排循序渐进，由易到难。同时，本书还引入一些图表来进行辅助分析，帮助学生掌握相关知识。

(3) 内容新颖，结构合理。本书的内容分为基本原理、业务应用和特殊业务补充。基本原理属于本书的基础，要求学生理解并掌握；业务应用属于本书的重点和难点，要求学生注重实际应用；而特殊业务是对一些不常见的情况进行的补充，以拓展学生的业务能力。

(4) 强调实际应用。本书精心安排了一些案例，便于学生学以致用。将理论与实务紧密联系，有助于提高学生学习知识的效率。

本书由具有丰富教学经验的韦绪任教授担任第一主编，于洋老师担任第二主编，冯香副教授担任第三主编；于中海老师、文成卫老师、高成慧老师担任副主编；陈莹莹老师、叶小园老师、李红老师、文智老师担任参编。本书项目一、项目二由韦绪任编写，项目三由于中海编写，项目四、项目五由冯香编写，项目六由高成慧编写，项目七由文成卫编写，项目八、项目九由于洋编写，项目十、项目十一由陈莹莹、叶小园、李红、文智联合编写，全书由韦绪任修改并定稿。

本书在编写过程中阅读和参考了大量的国内外文献，在此，非常感谢这些文献的作者提供的宝贵资料和经验。由于编者水平有限，本书难免存在一些不足之处，恳请专家学者和广大读者批评指正。

编　者

2024 年 5 月

目　录

项目一
非货币性资产交换

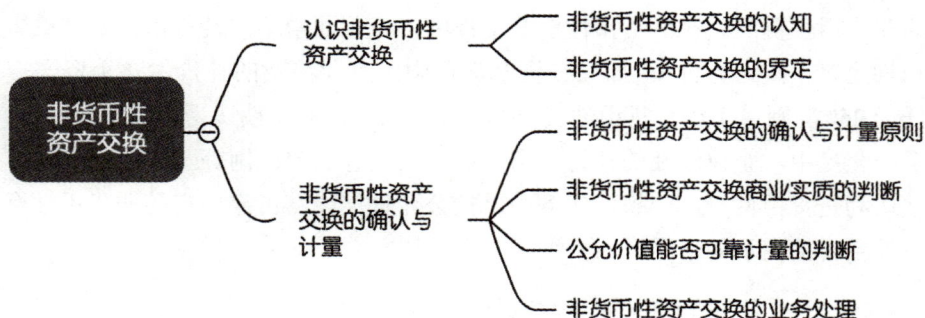

任务一　认识非货币性资产交换

在实际工作中，企业会发生不涉及货币性资产或只涉及很少一部分货币性资产的交换业务，如一个公司以其拥有的存货、专利、设备等与另一个公司拥有的存货、专利、设备等进行交换。

▶▶▶▶ 一、非货币性资产交换的认知

所谓非货币性资产交换，是指参与交易的双方主要以其拥有的存货、固定资产、无形资产和长期股权投资等非货币性资产进行的交换活动。非货币性资产交换是一项互利互惠的交换活动，现实中出现的非互利互惠的交换活动不属于非货币性资产交换的范畴（如把非货币性资产作为股利发放给股东，政府无偿提供非货币性资产给企业，在企业合并或债务重组中取得非货币性资产等）。

在非货币性资产交换活动中，会涉及小部分货币性资产和非货币性资产。其中，货币性资产是企业持有的处于货币状态以及将以固定或可确定的金额收取的资产，通常包括库存现金、银行存款、以摊余成本计量的应收账款和应收票据等；非货币性资产主要包括存货、固定资产、在建工程、无形资产、长期股权投资、投资性房地产等。

▶▶▶▶ 二、非货币性资产交换的界定

通过非货币性资产交换的认知可以发现，企业进行非货币性资产交换的对象通常是各项具体的非货币性资产。在非货币性资产交换中，企业通常不涉及货币性资产或者只涉及少量货币性资产（作为补价）。如果在资产交换中，企业涉及的补价占整个资产交换金额的比例低于 25%，则属于少量货币性资产的范围，该交换活动被认为是非货币性资产交换；如果在资产交换中，企业涉及的补价占整个资产交换金额的比例等于或高于 25%，则该交换活动被认为是货币性资产交换。实务中，把公允价值能够可靠确定的非货币性资产交换的界定条件用公式表示如下：

$$\frac{支付的货币性资产}{换入资产公允价值(或换出资产公允价值+支付的货币性资产)} < 25\%$$

$$\frac{收到的货币性资产}{换出资产公允价值(或换入资产公允价值+收到的货币性资产)} < 25\%$$

任务二 非货币性资产交换的确认与计量

▶▶▶▶ 一、非货币性资产交换的确认与计量原则

企业在非货币性资产交换中，应当遵循一定的确认、计量原则。企业发生的非货币性资产交换活动，能够同时满足以下两个条件的，应当以公允价值和应支付的相关税费作为换入资产的成本，公允价值与换出资产账面金额之间的差额计入当期损益。这两个条件为：① 该项交换具有商业实质；② 换入资产或换出资产的公允价值能够可靠计量。

对于企业发生的非货币性资产交换活动，如果换入资产和换出资产的公允价值都能够可靠计量，则应当以换出资产公允价值作为确定换入资产成本的基础；但是有确凿的证据表明换入资产的公允价值更加可靠的除外。如果不能同时满足上述两个条件，那么非货币性资产交换应当以换出资产的账面金额和应支付的相关税费作为换入资产的成本，且不确认换出资产的当期损益。

总之，对于企业发生的非货币性交换活动，在确定换入资产成本的计算基础和交换所产生损益的确认原则时，需要综合判断该项交换是否具有商业实质，以及换入资产或换出资产的公允价值能否可靠地计量。

▶▶▶▶ 二、非货币性资产交换商业实质的判断

（一）判断条件

实务中，企业应当在非货币性资产交换满足以下两个条件之一时，对该项非货币性资产交换具有的商业实质进行界定。这两个条件为：① 换入资产的未来现金流量在风险、时间和金额方面与换出资产显著不同；② 换入资产与换出资产的预计未来现金流量现值不同，且其差额与换入资产、换出资产的公允价值相比是重大的。

对于企业发生的非货币性资产交换活动，如果很难判断某项非货币性资产交换是否满足第一个条件，则应当考虑该项非货币性资产交换是否满足第二个条件。

对于某项资产的预计未来现金流量现值，应当按照该项资产在经营活动中持续使用和最终处置时预计产生的税后未来现金流量，再根据企业自身对资产特定风险的评价，选择恰当的折现率对预计未来现金流量折现后的金额加以确定。对于企业自身来说，基于换入资产的性质和换入企业经营活动的特征等因素，换入资产与换入企业其他现有资产相结合，可能会比换出资产发挥更大的作用和贡献。也就是说，换入资产与换出资产对于企业的使用价值明显不同，换入资产的预计未来现金流量现值与换出资产相比有明显的差异，表明这两项资产的交换具有商业实质。

下面以 M 有限责任公司用无形资产与 N 有限责任公司的固定资产交换为案例说明此问题。

M 有限责任公司用无形资产换入 N 有限责任公司持有的固定资产，假设从市场参与者角度看，该项无形资产与固定资产的公允价值相同；同时，假设两项资产未来现金流量的风险、时间和金额也相同。但是，对于 M 有限责任公司而言，换入该项固定资产使其生产产品的质量和规模大幅度提高，N 有限责任公司换入的无形资产能够解决其生产中的技术瓶颈，M、N 两家公司换入资产的预计未来现金流量现值与换出资产相比均有明显差异。因此，判断这两项资产的交换具有商业实质。

（二）关联方之间交换资产与商业实质的关系

在关注企业发生的非货币性资产交换是否具有商业实质的时候，应当重点关注参与交易的企业是否存在关联方关系。实务中，关联方关系的存在可能会导致发生的非货币性资产交换不具有商业实质。

▶▶▶▶ 三、公允价值能否可靠计量的判断

企业发生的非货币性资产交换，存在以下三种情形之一时，可以认为换入资产或换出资产的公允价值能够可靠计量。这三种情形如下：

(1) 换入资产或换出资产存在活跃市场，以市场价格为基础确定公允价值。对于企业发生的非货币性资产交换活动，只要换入资产或换出资产中的一方或双方存在活跃市场，就可以认为其公允价值能够可靠计量。

(2) 换入资产或换出资产不存在活跃市场，但同类或类似资产存在活跃市场，以同类或类似资产市场价格为基础确定公允价值。对于企业发生的非货币性资产交换活动，如果换入资产或换出资产均不存在活跃市场，但同类或类似资产存在活跃市场，就可以认为其公允价值能够可靠计量，以同类或类似资产市场价格为基础确定其公允价值。

(3) 换入资产或换出资产不存在同类或类似资产可比市场交易，采用估值技术确定公允价值。对于企业发生的非货币性资产交换活动，如果换入资产或换出资产均不存在活跃市场，同类或类似资产也不存在活跃市场，则可以采用估值技术确定其公允价值。企业在采用估值技术确定资产公允价值时，要求采用该估值技术确定的公允价值估计数的变动区间很小，或者在公允价值估计数变动区间，各种用于确定公允价值估计数的概率能够合理确定。

▶▶▶▶ 四、非货币性资产交换的业务处理

（一）以公允价值计量的非货币性资产交换的业务处理

对于企业发生的非货币性资产交换活动，当同时满足以下两个条件时，应当将公允价值和应支付的相关税费作为换入资产的成本，公允价值与换出资产账面价值之间的差额计

入当期损益。这两个条件为：① 该项交换具有商业实质；② 换入资产或换出资产的公允价值能够可靠地计量。

对于企业发生的非货币性资产交换活动，如果换入资产和换出资产的公允价值都能够可靠计量，则应当将换出资产的公允价值作为确定换入资产成本的基础。通常情况下，取得某项资产的成本应当以其放弃资产的对价来确定。在非货币性资产交换活动中，企业换出资产的价值实际上就是放弃的对价。如果换出资产与换入资产的公允价值都能够可靠确定，则应当优先考虑将换出资产的公允价值作为确定换入资产成本的基础。如果有确凿证据表明换入资产的公允价值更加可靠，则应当以换入资产的公允价值为基础确定换入资产的成本。

实务中，企业发生的非货币性资产交换的业务处理主要有以下四种类型。

第一，换出资产为固定资产的，应当视同固定资产处置处理，换出资产公允价值与换出资产账面价值的差额计入资产处置损益。

第二，换出资产为无形资产的，应当视同无形资产处置处理，换出资产公允价值与换出资产账面价值的差额计入资产处置损益。

第三，换出资产为长期股权投资的，应当视同长期股权投资处置处理，换出资产公允价值与换出资产账面价值的差额计入投资收益。

第四，非货币性资产交换涉及相关税费的，按照相关税收规定计算确定。

1. 交易双方不涉及补价的业务处理

交易双方不涉及补价实际上是参与非货币性资产交换的双方都不需要支付补价，也不会收到补价。

【例题 1-1】2023 年 5 月 1 日，FX 公司以 2020 年度购入的生产经营用甲设备交换 WXR 公司的乙办公设备，FX 公司将换入的乙办公设备用于维持日常经营，WXR 公司将换入的甲设备继续用在生产领域。FX 公司的甲设备的账面原价为 3 000 000 元，在交换日的累计折旧为 1 050 000 元，在交换日的不含税公允价值为 2 808 000 元，计税价值等于公允价值，甲设备没有计提资产减值准备。此外，FX 公司以银行存款支付清理费 3 000 元。WXR 公司的乙办公设备的账面价值为 2 400 000 元，在交换日的累计折旧为 240 000 元，在交换日的不含税市场价格为 2 808 000 元，计税价格等于市场价格，乙办公设备没有计提资产减值准备。

FX 公司、WXR 公司均为增值税一般纳税人，适用的增值税税率为 13%，交易中双方都开具了相应金额的增值税专用发票，不考虑其他税费。

要求：编写 FX 公司、WXR 公司在本次非货币性资产交换中涉及的会计分录。

解题过程如下：

FX 公司和 WXR 公司的本次交易属于非货币性资产交换，且交易中双方没有涉及补价。进一步分析可知，FX 公司以生产经营的甲设备换入 WXR 公司的乙办公设备，WXR 公司换入的 FX 公司的甲设备是生产用设备，两种设备交换后对换入公司的价值显著不同。综合上述分析可知，该项非货币性资产交换具有商业实质。在该项非货币性资产交换活动中，交换资产的公允价值均能够可靠地计量，符合公允价值计量的条件，符合以换出资产的公允价值为基础确定换入资产成本的条件，同时确认交换中产生的相关损益。

换出甲设备的增值税销项税额 = 2 808 000 × 13% = 365 040(元)

换入乙设备的增值税进项税额 = 2 808 000 × 13% = 365 040(元)

处置甲设备时，FX 公司的会计分录如下：

借：固定资产清理　　　　　　　　　　　　1 950 000
　　累计折旧　　　　　　　　　　　　　　1 050 000
　　　贷：固定资产——甲设备　　　　　　　　　　　　3 000 000
借：固定资产清理　　　　　　　　　　　　3 000
　　　贷：银行存款　　　　　　　　　　　　　　　　　3 000
借：固定资产清理　　　　　　　　　　　　365 040
　　　贷：应交税费——应交增值税 (销项税额)　　　　365 040

换入乙设备时，FX 公司的会计分录如下：

借：固定资产——乙设备　　　　　　　　　2 808 000
　　应交税费——应交增值税 (进项税额)　　365 040
　　　贷：固定资产清理　　　　　　　　　　　　　　　3 173 040
借：固定资产清理　　　　　　　　　　　　855 000
　　　贷：资产处置损益　　　　　　　　　　　　　　　855 000

其中，资产处置损益的金额为换出设备的公允价值 2 808 000 元扣除其账面价值 1 950 000 (3 000 000 − 1 050 000) 元和清理费用 3 000 元后的余额，即 855 000 元。

换入甲设备的增值税进项税额 = 2 808 000 × 13% = 365 040(元)

换出乙设备的增值税销项税额 = 2 808 000 × 13% = 365 040(元)

处置乙设备时，WXR 公司的会计分录如下：

借：固定资产清理　　　　　　　　　　　　2 160 000
　　累计折旧　　　　　　　　　　　　　　240 000
　　　贷：固定资产——乙设备　　　　　　　　　　　　2 400 000
借：固定资产清理　　　　　　　　　　　　365 040
　　　贷：应交税费——应交增值税 (销项税额)　　　　365 040

换入甲设备时，WXR 公司的会计分录如下：

借：固定资产——甲设备　　　　　　　　　2 808 000
　　应交税费——应交增值税 (进项税额)　　365 040
　　　贷：固定资产清理　　　　　　　　　　　　　　　3 173 040
借：固定资产清理　　　　　　　　　　　　648 000
　　　贷：资产处置损益　　　　　　　　　　　　　　　648 000

其中，资产处置损益的金额为换出设备的公允价值 2 808 000 元扣除其账面价值 2 160 000 (2 400 000 − 240 000) 元的余额，即 648 000 元。

2. 交易双方涉及补价的业务处理

非货币性资产交换在采用公允价值计量的情况下，如果发生补价的，支付补价的企业应当将换出资产的公允价值加上支付的补价（或换入资产的公允价值）和应支付的相关税费作为换入资产的成本；换入资产成本与换出资产账面价值、支付的补价、应支付的相关税费三者之和的差额应当计入当期损益。其计算公式如下：

换入资产成本 = 换出资产公允价值 + 支付的补价 + 应支付的相关税费

计入当期损益的金额 = 换入资产成本 −（换出资产账面价值 + 支付的补价 +
应支付的相关税费）

= 换出资产公允价值 − 换出资产账面价值

非货币性资产交换在采用公允价值计量的情况下，如果发生补价的，收到补价的企业应当将换入资产的公允价值（或换出资产公允价值减去补价）和应支付的相关税费作为换入资产的成本；换入资产成本加上收到的补价之和与换出资产账面价值加上应支付的相关税费之和的差额应当计入当期损益。其计算公式如下：

换入资产成本 = 换出资产公允价值 − 收取的补价 + 应支付的相关税费

计入当期损益的金额 =（换入资产成本 + 收到的补价）−（换出资产账面价值 +
应支付的相关税费）

= 换出资产公允价值 − 换出资产账面价值

【例题 1-2】2023 年 2 月 1 日，经协商，FX 公司以其拥有的一层自用写字楼交换 T 公司持有的对非上市的联营单位 A 公司的长期股权投资。在交换日，该层写字楼的账面原价为 12 000 000 元，已经计提了折旧 2 400 000 元，没有减值准备，在交换日的不含税公允价值为 12 400 000 元；T 公司持有的对 A 公司的长期股权投资账面价值为 9 000 000 元，不考虑减值准备，在交换日的公允价值为 12 000 000 元，T 公司支付 1 516 000 元给 FX 公司。T 公司换入写字楼后用于生产经营。FX 公司换入的对 A 公司的投资仍然作为长期股权投资，并采用权益法核算。FX 公司因转让写字楼向 T 公司开具的增值税专用发票上注明的销售额为 12 400 000 元，假设适用的增值税税率为 9%，销项税额为 1 116 000，不考虑其他相关税费。

要求：编写 FX 公司、T 公司在本次非货币性资产交换中涉及的会计分录。

解题过程如下：

该项资产交换涉及补价，即 FX 公司收到的 1 516 000 元中，包括了由于换出资产和换入资产公允价值不同而收到的补价 400 000 元，以及换出资产销项税额与换入资产进项税额的差额 1 116 000 元。对 FX 公司而言，收到的补价 400 000 元除以换出资产的公允价值 12 400 000 元（或换入长期股权投资公允价值 12 000 000 元与收到的补价 400 000 元的和）等于 3.23%，小于 25%，因此，该项交易属于非货币性资产交换。

对 T 公司而言，支付的补价 400 000 元除以换入资产的公允价值 12 400 000 元（或换出长期股权投资公允价值 12 000 000 元与支付的补价 400 000 元的和）等于 3.23%，小于 25%，因此，该项交易属于非货币性资产交换。

在本次交易中，FX 公司以固定资产交换 T 公司持有的 A 公司的长期股权投资。由于两项资产的交换具有商业实质，且长期股权投资和固定资产的公允价值均能够可靠地计量，因此，FX 公司、T 公司均应当以公允价值为基础确定换入资产的成本，并确认产生的损益。

处置写字楼时，FX 公司的会计分录如下：

借：固定资产清理 9 600 000
　　累计折旧 2 400 000
　　贷：固定资产——写字楼 12 000 000
借：固定资产清理 1 116 000
　　贷：应交税费——应交增值税（销项税额） 1 116 000

换入长期股权投资时，FX 公司的会计分录如下：

借：长期股权投资——A 公司 12 000 000
　　银行存款 1 516 000
　　贷：固定资产清理 13 516 000
借：固定资产清理 2 800 000
　　贷：资产处置损益 2 800 000

注意：在本例题中，FX 公司的会计处理只反映长期股权投资的初始计量，不考虑权益法核算调整。（下同）

换入固定资产时，T 公司的会计分录如下：

借：固定资产 12 400 000
　　应交税费——应交增值税（进项税额） 1 116 000
　　贷：长期股权投资——A 公司 9 000 000
　　　　银行存款 1 516 000
　　　　投资收益 3 000 000

（二）以账面价值计量的非货币性资产交换的业务处理

企业发生的非货币性资产交换不具有商业实质或虽具有商业实质但换入资产和换出资产的公允价值都不能可靠计量的，应当将换出资产的账面价值和应支付的相关税费作为换入资产的成本，不管是否涉及支付补价，都不对损益进行确认。

1. 不涉及补价的业务处理

交换双方不涉及补价实际上是参与非货币性资产交换活动的双方都不需要支付补价，也不会收到补价。

【例题 1-3】2023 年 1 月 1 日，WXR 公司以其持有的对联营单位 K 公司的长期股权投资交换 P 公司拥有的商标权。在交换当日，WXR 公司持有的 K 公司的长期股权投资账面余额为 1 000 000 元，该项长期股权投资的减值准备余额为 280 000 元，该长期股权投资在市场上没有公开报价，公允价值也不能可靠计量；P 公司商标权的账面原价为 840 000 元，已计提摊销的金额为 120 000 元，其公允价值也不能可靠计量，不考虑该商标权的减值准备。P 公司将换入的对 K 公司的投资仍然作为长期股权投资，并采用权益法核算。P 公司因转让商标权向 WXR 公司开具的增值税专用发票注明的销售额为 720 000 元，销项税额为 43 200 元，不考虑其他相关税费。

要求：编写 WXR 公司、P 公司在本次非货币性资产交换中涉及的会计分录。

解题过程如下：

WXR 公司与 P 公司的该项资产交换没有涉及补价，属于非货币性资产交换。在交换中，由于换出资产和换入资产的公允价值都不能进行可靠计量，因此，WXR 公司与 P 公司都应当按照换出资产的账面价值确定换入资产的成本，不对损益进行确认。

换入无形资产时，WXR 公司的会计分录如下：

借：无形资产——商标权　　　　　　　　　　　676 800
　　应交税费——应交增值税（进项税额）　　　 43 200
　　长期股权投资减值准备——K 公司股权投资　280 000
　　贷：长期股权投资——K 公司　　　　　　　　　　　1 000 000

换入长期股权投资时，P 公司的会计分录如下：

借：长期股权投资——K 公司　　　　　　　　　763 200
　　累计摊销　　　　　　　　　　　　　　　　 120 000
　　贷：无形资产——商标权　　　　　　　　　　　　　840 000
　　　　应交税费——应交增值税（销项税额）　　　　　 43 200

2. 涉及补价的业务处理

对于企业发生的非货币性资产交换活动，如果涉及补价的，支付补价的企业和收到补价的企业应当分别按照具体情况进行处理。

1）支付补价企业的业务处理

支付补价的企业应当将换出资产的账面价值加上支付的补价和应支付的相关税费，作为换入资产的成本，不对损益进行确认。其计算公式如下：

换入资产成本 = 换出资产账面价值 + 支付的补价 + 应支付的相关税费

2）收到补价企业的业务处理

收到补价的企业应当将换出资产的账面价值减去收到的补价，加上应支付的相关税费，作为换入资产的成本，不对损益进行确认。其计算公式如下：

换入资产成本 = 换出资产账面价值 − 收到的补价 + 应支付的相关税费

【例题 1-4】2023 年 1 月 1 日，KL 公司将拥有的一个距离生产车间较远的仓库与 ZY 公司拥有的一项联营企业 N 公司的长期股权投资进行交换，该仓库账面原价为 7 000 000 元，已计提折旧 4 700 000 元；ZY 公司拥有一项联营企业 N 公司的长期股权投资，账面价值为 2 100 000 元。两项资产的公允价值都不能可靠计量，且都不考虑减值准备。双方协商后达成一致意见，ZY 公司支付 KL 公司 200 000 元补价。KL 公司向 ZY 公司开具增值税专用发票，发票上注明销售额为 2 300 000 元，增值税税率为 9%，销项税额为 207 000 元，不考虑其他相关税费。

要求：编写 KL 公司、ZY 公司在本次非货币性资产交换中涉及的会计分录。

解题过程如下：

KL 公司与 ZY 公司的该项资产交换涉及补价 200 000 元。对 KL 公司来说，收到的补价 200 000 元除以换出资产账面价值 2 300 000 元约等于 8.7%，小于 25%，因此属于非货币性资产交换；对 ZY 公司来说，支付的补价 200 000 元除以换入资产的账面价值 2 300 000 元（换出长期股权投资账面价值 2 100 000 元加上支付的补价 200 000 元）约等于 8.7%，小于 25%，因此属于非货币性资产交换。由于两项资产的公允价值都不能可靠计量，因此，KL 公司、ZY 公司换入资产的成本均应当以换出资产的账面价值为基础确定，不对损益进行确认。

处置仓库时，KL 公司的会计分录如下：

借：固定资产清理　　　　　　　　　　　2 300 000

　　累计折旧　　　　　　　　　　　　　4 700 000

　　　贷：固定资产——仓库　　　　　　　　　　　7 000 000

借：固定资产清理　　　　　　　　　　　207 000

　　　贷：应交税费——应交增值税（销项税额）　　207 000

换入长期股权投资时，KL 公司的会计分录如下：

借：长期股权投资——N 公司　　　　　　2 307 000

　　银行存款　　　　　　　　　　　　　200 000

　　　贷：固定资产清理　　　　　　　　　　　　2 507 000

换入仓库时，ZY 公司的会计分录如下：

借：固定资产——仓库　　　　　　　　　2 093 000

　　应交税费——应交增值税（进项税额）　207 000

　　　贷：长期股权投资——N 公司　　　　　　　2 100 000

　　　　　银行存款　　　　　　　　　　　　　　200 000

（三）涉及多项非货币性资产交换的业务处理

企业发生的非货币性资产交换活动通常是用某项资产与对方交换，属于一对一交换，但是有时也会出现用多项资产同时进行交换的情形，主要包括以下三种情况：① 企业用一项非货币性资产同时换入另一个企业多项非货币性资产；② 企业用多项非货币性资产换入另一个企业一项非货币性资产；③ 企业用多项非货币性资产同时换入另一个企业多项非货币性资产。实务中，若企业涉及多项非货币性资产交换的计量，则应当首先确定换入资产成本的计量基础和损益确认原则，然后计算换入资产的成本总额，最后确定换入各项资产的具体金额。

1. 以公允价值计量的多项资产交换的业务处理

对于企业发生的非货币性资产交换活动，如果非货币性资产交换具有商业实质，换入资产的公允价值能够可靠计量，则企业应当按照换入各项资产的公允价值占换入资产公允价值总额的比例，对换入资产的成本进行分配，从而确定各项换入资产的成本。

【例题 1-5】2023 年 3 月 1 日，MJ 公司以生产经营用的 U 机器设备和当月购入的 N 模具换入 DY 公司生产经营用的 10 辆 P 货车、5 台 M 设备和 15 辆 K 客车。MJ 公司 U 设备的账面原价为 810 000 元，在交换日的累计折旧为 270 000 元，不含税公允价值为 560 000 元；N 模具的账面价值为 900 000 元，不含税公允价值为 1 050 000 元。

DY 公司 P 货车的账面原价为 450 000 元，在交换日的累计折旧为 150 000 元，不含税公允价值为 450 000 元；M 设备的账面原价为 600 000 元，在交换日的累计折旧为 270 000 元，不含税公允价值为 500 000 元；K 客车的账面原价为 900 000 元，在交换日的累计折旧为 240 000 元，不含税公允价值为 720 000 元。

DY 公司另外收取 MJ 公司用银行存款支付的 67 800 元，其中包括由于换出资产和换入资产公允价值不同而支付的补价 60 000 元，以及换出资产销项税额与换入资产进项税额的差额 7 800 元，不考虑相关资产的减值准备。MJ 公司将换入 DY 公司的 P 货车、M 设备、K 客车均作为固定资产使用和管理；DY 公司将换入 MJ 公司的 U 设备、N 模具作为固定资产使用和管理。MJ 公司和 DY 公司均为增值税一般纳税人，适用的增值税税率均为 13%，计税价格等于公允价值，MJ 公司、DY 公司都开具了增值税专用发票，不考虑其他因素。

要求：编写 MJ 公司、DY 公司在本次非货币性资产交换中涉及的会计分录。

解题过程如下：

MJ 公司与 DY 公司的多项资产交换涉及收付货币性资产，首先应当计算 MJ 公司支付的货币性资产占 MJ 公司换出资产公允价值与支付的货币性资产之和的比例，即 60 000 ÷ (560 000 + 1 050 000 + 60 000) ≈ 3.59% < 25%，因此，可以确定 MJ 公司这次资产交换属于非货币性资产交换。就 MJ 公司来讲，换入 K 客车、M 设备、P 货车是为了满足业务需要；就 DY 公司来讲，换入 U 设备、M 模具是为了满足生产经营需要。因此，该项涉及多项资产的非货币性资产交换具有商业实质。同时，各单项换入资产和换出资产的公允价值都能可靠计量，因此，MJ 公司与 DY 公司都应当以公允价值为基础，确定换入资产的总成本，同时对产生的相关损益进行确认。最后，按照各单项换入资产的公允价值占换入资产公允价值总额的比例，确定各单项换入资产的成本。

(1) MJ 公司的计算分析过程如下：

① 换出 U 设备的增值税销项税额 = 560 000 × 13% = 72 800(元)

换出 M 模具的增值税销项税额 = 1 050 000 × 13% = 136 500(元)

换入 P 货车、M 设备和 K 客车的增值税进项税额 = (450 000 + 500 000 + 720 000) × 13% = 217 100(元)

② 计算换入资产、换出资产公允价值总额。

换出资产公允价值总额 = 560 000 + 1 050 000 = 1 610 000(元)

换入资产公允价值总额 = 450 000 + 500 000 + 720 000 = 1 670 000(元)

③ 计算换入资产总成本。

换入资产总成本 = 1 610 000 + 60 000 + 0 = 1 670 000(元)

④ 计算确定换入各项资产的成本。

$$P \text{ 货车的成本} = 1\,670\,000 \times \frac{450\,000}{1\,670\,000} \times 100\% \approx 450\,000(\text{元})$$

$$M \text{ 设备的成本} = 1\,670\,000 \times \frac{500\,000}{1\,670\,000} \times 100\% \approx 500\,000(\text{元})$$

$$K \text{ 客车的成本} = 1\,670\,000 \times \frac{720\,000}{1\,670\,000} \times 100\% \approx 720\,000(\text{元})$$

⑤ MJ 公司的账务处理。

处置固定资产时，MJ 公司的会计分录如下：

借：固定资产清理　　　　　　　　　　　1 440 000
　　累计折旧　　　　　　　　　　　　　　270 000
　　　贷：固定资产——U 设备　　　　　　　　　810 000
　　　　　　　　——N 模具　　　　　　　　　900 000
借：固定资产清理　　　　　　　　　　　209 300
　　　贷：应交税费——应交增值税（销项税额）　209 300

换入固定资产时，MJ 公司的会计分录如下：

借：固定资产——P 货车　　　　　　　　450 000
　　　　　　——M 设备　　　　　　　　500 000
　　　　　　——K 客车　　　　　　　　720 000
　　应交税费——应交增值税（进项税额）　217 100
　　　贷：固定资产清理　　　　　　　　　　1 819 300
　　　　　银行存款　　　　　　　　　　　　67 800
借：固定资产清理　　　　　　　　　　　170 000
　　　贷：资产处置损益　　　　　　　　　　170 000

(2) DY 公司的计算分析过程如下：

① 换入 U 设备的增值税销项税额 = 560 000 × 13% = 72 800(元)

换入 M 模具的增值税销项税额 = 1 050 000 × 13% = 136 500(元)

换出 P 货车、M 设备和 K 客车的增值税销项税额 = (450 000 + 500 000 + 720 000) × 13% = 217 100(元)

② 计算换入资产、换出资产公允价值总额。

换出资产公允价值总额 = 450 000 + 500 000 + 720 000 = 1 670 000(元)

③ 确定换入资产总成本。

换入资产总成本 = 1 670 000 − 60 000 + 0 = 1 610 000(元)

④ 计算确定换入各项资产的成本。

$$U \text{ 设备的成本} = 1\,610\,000 \times \frac{560\,000}{1\,610\,000} \times 100\% \approx 560\,000(\text{元})$$

$$N \text{ 模具的成本} = 1\,610\,000 \times \frac{1\,050\,000}{1\,670\,000} \times 100\% \approx 1\,050\,000(\text{元})$$

⑤ DY 公司的账务处理。

处置固定资产时，DY 公司的会计分录如下：

借：固定资产清理　　　　　　　　　　　1 290 000

　　累计折旧　　　　　　　　　　　　　 660 000

　　　贷：固定资产——P 货车　　　　　　　　　 450 000

　　　　　——M 设备　　　　　　　　　　　 600 000

　　　　　——K 客车　　　　　　　　　　　 900 000

借：固定资产清理　　　　　　　　　　　 217 100

　　贷：应交税费——应交增值税（销项税额）　 217 100

换入固定资产时，DY 公司的会计分录如下：

借：固定资产——U 设备　　　　　　　　 560 000

　　　　　——生产模具　　　　　　　　1 050 000

　　应交税费——应交增值税（进项税额） 209 300

　　　贷：银行存款　　　　　　　　　　　　　　 67 800

　　　　　固定资产清理　　　　　　　　　 1 751 500

借：固定资产清理　　　　　　　　　　　 244 400

　　贷：资产处置损益　　　　　　　　　　　　 244 400

2. 以账面价值计量的多项资产交换的业务处理

对于企业发生的非货币性资产交换活动，如果不具有商业实质或虽有商业实质但换入资产的公允价值不能可靠计量，企业应当按照换入各项资产的原账面价值占换入资产原账面价值总额的比例，对换入资产的成本总额进行分配，从而确定各项换入资产的成本。

【例题 1-6】2023 年 1 月 26 日，LS 公司的生产结构发生了大调整，经与 TJ 公司协商，LS 公司将其厂房连同非专利技术与 TJ 公司正在建造的一幢办公楼及 TJ 公司对联营单位 D 公司的长期股权投资进行交换。

LS 公司换出厂房的账面原价为 4 000 000 元，已提折旧 2 500 000 元；非专利技术账面原价为 1 500 000 元，累计已摊销金额为 750 000 元。

TJ 公司在建工程在交换日的成本为 1 750 000 元，对 D 公司的长期股权投资成本为 500 000 元。

LS 公司厂房的公允价值很难取得，非专利技术的公允价值也不能可靠计量；TJ 公司在建工程的公允价值不能可靠计量，TJ 公司对 D 公司长期股权投资的公允价值也不能可靠计量。假设 LS 公司、TJ 公司均未对上述资产计提减值准备，转让非专利技术免征增值税，不考虑其他相关税费。LS 公司向 TJ 公司开具的增值税专用发票上注明的销售额为 1 500 000 元，销项税额为 135 000 元；TJ 公司向 LS 公司开具的增值税专用发票上注明的销售额为 1 750 000 元，销项税额为 157 500 元。

要求：编写 LS 公司、TJ 公司在本次非货币性资产交换中涉及的会计分录。

解题过程如下：

LS 公司与 TJ 公司的资产交换不涉及货币性资产，属于非货币性资产交换；同时由于换入资产、换出资产的公允价值都不能可靠计量，LS 公司、TJ 公司都应当将换出资产账面价值总额作为换入资产的总成本，各项换入资产的成本应当按各项换入资产的账面价值占换入资产账面价值总额的比例分配后确定。

(1) LS 公司的计算分析过程如下所述。

① 计算换入资产、换出资产账面价值总额。

换入资产账面价值总额 = 1 750 000 + 500 000 = 2 250 000(元)

换出资产账面价值总额 = (4 000 000 − 2500 000) + (1 500 000 − 750 000) = 2 250 000(元)

② 确定换入资产总成本。

换入资产总成本 = 2 250 000 + 135 000 − 157 500 = 2 227 500(元)

③ 确定各项换入资产成本。

$$在建工程成本 = 2\ 227\ 500 \times \frac{1\ 750\ 000}{2\ 250\ 000} \times 100\% \approx 1\ 732\ 500(元)$$

$$长期股权投资成本 = 2\ 227\ 500 \times \frac{500\ 000}{2\ 250\ 000} \times 100\% = 495\ 000(元)$$

④ LS 公司的账务处理。

处置固定资产时，LS 公司的会计分录如下：

借：固定资产清理	1 500 000	
累计折旧	2 500 000	
贷：固定资产——厂房		4 000 000
借：固定资产清理	135 000	
贷：应交税费——应交增值税 (销项税额)		135 000

换入资产时，LS 公司的会计分录如下：

借：在建工程——办公楼	1 732 500	
应交税费——应交增值税 (进项税额)	157 500	
长期股权投资	495 000	
累计摊销	750 000	
贷：固定资产清理		1 635 000
无形资产——非专利技术		1 500 000

(2) TJ 公司的计算分析过程如下所述。

① 计算换入资产、换出资产账面价值总额。

换入资产账面价值总额 = (4 000 000 − 2 500 000) + (1 500 000 − 750 000) = 2 250 000(元)

换出资产账面价值总额 = 1 750 000 + 500 000 = 2 250 000(元)

② 确定换入资产总成本。

换入资产总成本 = 2 250 000 + 157 500 − 135 000 = 2 272 500(元)

③ 确定各项换入资产成本。

$$厂房成本 = 2\ 272\ 500 \times \frac{1\ 500\ 000}{2\ 250\ 000} \times 100\% \approx 1\ 515\ 000(元)$$

$$非专利技术成本 = 2\ 272\ 500 \times \frac{750\ 000}{2\ 250\ 000} \times 100\% \approx 757\ 500(元)$$

④ TJ 公司的账务处理。

处置固定资产时，TJ 公司的会计分录如下：

借：固定资产清理　　　　　　　　　　　　　1 750 000

　　贷：在建工程——办公楼　　　　　　　　　　　　1 750 000

借：固定资产清理　　　　　　　　　　　　　　157 500

　　贷：应交税费——应交增值税（销项税额）　　　　　157 500

换入资产时，TJ 公司的会计分录如下：

借：固定资产——厂房　　　　　　　　　　　1 515 000

　　应交税费——应交增值税（进项税额）　　　135 000

　　无形资产——专利技术　　　　　　　　　　757 500

　　贷：固定资产清理　　　　　　　　　　　　　　1 907 500

　　　　长期股权投资　　　　　　　　　　　　　　　500 000

▋▋▶ 项目总结

　　本项目的内容主要包括非货币性资产交换的认知、非货币性资产交换的界定、非货币性资产交换的确认与计量原则、非货币性资产交换商业实质的判断、公允价值能否可靠计量的判断和非货币性资产交换的业务处理等。

▋▋▶ 习题巩固

一、单项选择题

1. 下列项目中，不属于货币性资产的是（　　）。

A. 应收利息　　　　　　　　　　B. 预付账款

C. 应收账款　　　　　　　　　　D. 以摊余成本计量的金融资产

2. 下列项目中，在不涉及补价的情况下应当按照非货币性资产交换准则进行会计处理的是（　　）。

A. 开出商业承兑汇票购买存货　　B. 用存货换入权益法核算的长期股权投资

C. 以专利技术换入固定资产　　　D. 以交易性金融资产换入一台设备

3. M 公司和 N 公司都是增值税一般纳税人，销售动产适用的增值税税率为 13%。2023 年 3 月 M 公司以其持有的 10 000 股 C 公司股票（作为交易性金融资产核算，免征增值税）交换 N 公司生产的一台办公设备，并将换入的办公设备作为固定资产核算。M 公司所持有的 C 公司股票的账面价值为 180 万元（成本 170 万元，公允价值变动收益 10 万元），在交换日的公允价值为 400 万元。N 公司的办公设备在交换日的账面价值为 170 万元，公允价值和计税价格均为 400 万元。M 公司另向 N 公司支付价款 26 万元。假定该项资产交换具有商业实质，不考虑其他因素，则 M 公司换入办公设备的入账价值为（　　）万元。

  A. 180 　　　　　B. 374 　　　　　C. 226 　　　　　D. 190

  4. H 公司为增值税一般纳税人，经与 K 公司协商，H 公司以一批产品换入 K 公司的一项专利技术。在交换日，H 公司换出产品的账面价值为 160 万元，公允价值为 190 万元，增值税税额为 24.7 万元，H 公司将产品运抵 K 公司并向 K 公司开具了增值税专用发票，当日双方办理了专利技术所有权转让手续。经评估确认，该专利技术的公允价值为 300 万元，增值税税额为 12 万元，K 公司另以银行存款支付 H 公司 2.7 万元。假定该交易具有商业实质，不考虑其他因素，则 H 公司换入专利技术的入账价值为（　　）万元。

  A. 312 　　　　　B. 290 　　　　　C. 300 　　　　　D. 303

  5. M 公司用一栋厂房换入 N 公司的一项专利权。厂房的账面原值为 4 000 万元，已提折旧 600 万元，已提减值准备 600 万元。M 公司另向 N 公司支付补价 400 万元。假定该项资产交换不具有商业实质，且不考虑相关税费，则 M 公司换入专利权的入账价值为（　　）万元。

  A. 4 000 　　　　B. 3 200 　　　　C. 2 800 　　　　D. 2 400

  6. A 公司和 C 公司均为增值税一般纳税人。2022 年 10 月 22 日，经与 C 公司协商，A 公司以一项非专利技术和对 D 公司的股权投资（作为以公允价值计量且其变动计入当期损益的金融资产核算）换入 C 公司持有的对 E 公司的长期股权投资。A 公司非专利技术的原价为 2 400 万元，已摊销 400 万元，已计提减值准备 200 万元，公允价值为 2 000 万元，增值税销项税额为 60 万元；对 D 公司股权投资的公允价值为 400 万元，账面价值为 380 万元（成本为 330 万元，公允价值变动为 50 万元）。C 公司对 E 公司长期股权投资的账面价值为 1 100 万元，未计提减值准备，公允价值为 1 200 万元。C 公司另以银行存款向 A 公司支付补价 260 万元。假定该项非货币性资产交换具有商业实质，不考虑其他因素，则此项非货币性资产交换影响 A 公司 2022 年利润总额的金额为（　　）万元。

  A. -190 　　　　B. 270 　　　　　C. 220 　　　　　D. 170

  7. E 公司以 A 设备换入 R 公司专利权。在交换日，A 设备账面原价为 200 万元，已计提折旧 30 万元，已计提减值准备 20 万元，公允价值无法合理确定；专利权公允价值为 150 万元。E 公司另向 R 公司支付补价 12 万元，该项交换具有商业实质。假定不考虑税费等因素，则该项交换对 E 公司当期损益的影响金额为（　　）万元。

  A. 20 　　　　　B. 16 　　　　　C. 10 　　　　　D. 12

  8. M 公司的投资性房地产采用成本模式进行后续计量。在交换日，该幢公寓楼的账面原价为 16 000 万元，已计提折旧 3 200 万元，未计提减值准备，公允价值为 18 000 万元，增值税销项税额为 1 620 万元；N 公司持有的以公允价值计量且其变动计入当期损益的金融资产的公允价值为 16 000 万元，N 公司另向 M 公司支付补价 3 620 万元。假定该项交换具有商业实质，不考虑除增值税以外的其他相关税费的影响，则 M 公司换出资产时影响利润总额的金额为（　　）万元。

  A. 5 200 　　　　B. 3 200 　　　　C. 6 820 　　　　D. 2 300

9. H 公司以一项长期股权投资与 K 公司的一项其他权益工具投资、一台设备和一项专利权进行交换。长期股权投资公允价值为 184 万元；其他权益工具投资、设备和专利权的公允价值分别为 40 万元、100 万元和 60 万元。假定该项交换具有商业实质，不考虑其他因素的影响，则 H 公司换入设备的入账价值为（　　）万元。

A. 92　　　　　　B. 54　　　　　　C. 90　　　　　　D. 100

10. 2023 年 10 月 6 日，K 公司以账面价值为 700 万元的厂房和 300 万元的专利权，换入 L 公司账面价值为 600 万元的在建房屋和 200 万元的长期股权投资，不涉及补价。上述资产的公允价值均无法获得。不考虑相关税费及其他因素，则 K 公司换入在建房屋的入账价值为（　　）万元。

A. 560　　　　　　B. 600　　　　　　C. 700　　　　　　D. 750

二、多项选择题

1. 下列项目中，不应当按照非货币性资产交换准则进行会计处理的有（　　）。

A. 企业以非货币性资产向职工发放非货币性福利

B. 用一项专利技术换入由租赁准则规范的使用权资产

C. 房地产开发企业用一幢商品房换入一块土地使用权

D. 在最终控制方的安排下，企业以明显不公允的价格将非货币性资产转让给集团内其他企业

2. 下列各项中，甲公司不应按非货币性资产交换准则进行会计处理的有（　　）。

A. 企业从政府无偿取得的非货币性资产

B. 企业以发行股票形式取得的非货币性资产

C. 用固定资产换入一项指定为其他权益工具投资核算的金融资产

D. 用无形资产换取能够对被投资方实施控制的长期股权投资

3. A 公司与 B 公司签订一项资产置换合同，A 公司以其持有的联营企业 30% 的股权作为对价，另以银行存款支付补价 10 万元，换取 B 公司的一项专利。该专利的公允价值为 390 万元，账面价值为 330 万元。A 公司持有联营企业 30% 股权的初始投资成本为 220 万元，取得时该联营企业可辨认净资产公允价值为 750 万元（与账面价值相等）。A 公司取得该股权后至置换专利时，该联营企业累计实现净利润 150 万元，分配现金股利 40 万元，投资性房地产转换使其他综合收益增加 60 万元，无其他影响所有者权益的交易或事项。在交换日，A 公司持有该联营企业 30% 股权的公允价值为 380 万元，联营企业可辨认净资产公允价值为 1 000 万元。假定该项交换具有商业实质，不考虑增值税及其他因素影响，则下列对上述交易的会计处理中正确的有（　　）。

A. A 公司处置该联营企业股权确认投资收益为 122 万元

B. B 公司确认换入该联营企业股权入账价值为 380 万元

C. A 公司确认换入专利的入账价值为 380 万元

D. B 公司换出专利确认资产处置损益为 60 万元

4. 下列关于非货币性资产交换的表述正确的有（　　）。

A. 不具有商业实质的非货币性资产交换，以换出资产的账面价值为基础确定换入资产的入账价值

B. 换入资产与换出资产的公允价值均能可靠计量且交换具有商业实质的，以换入资产的公允价值为基础确定换入资产的入账价值

C. 换入资产与换出资产的公允价值均不能可靠计量的，以换出资产的账面价值为基础确定换入资产的入账价值

D. 换入资产与换出资产的公允价值均不能可靠计量的，以换入资产的账面价值为基础确定换入资产的入账价值

5. 非货币性资产交换具有商业实质且换出资产的公允价值能够可靠计量的，关于换出资产公允价值与其账面价值的差额，下列会计处理方法表述正确的有（ ）。

A. 换出资产为以公允价值计量且其变动计入其他综合收益的金融资产（债务工具）的，其公允价值和账面价值的差额计入投资收益，但不将持有期间形成的其他综合收益转入当期损益

B. 换出资产为在建工程的，其公允价值和账面价值的差额计入资产处置损益

C. 换出资产为无形资产的，其公允价值和账面价值的差额计入资产处置损益

D. 换出资产为固定资产的，其公允价值和账面价值的差额计入资产处置损益

6. 2023 年 7 月 10 日，A 公司以其拥有的一辆作为固定资产核算的轿车换入乙公司一项非专利技术，并支付补价 20 万元。当日，A 公司该轿车原价为 320 万元，累计折旧为 64 万元，未计提减值准备，公允价值为 240 万元；B 公司该项非专利技术的公允价值为 260 万元。该项交换具有商业实质，不考虑相关税费及其他因素，则 A 公司进行的下列会计处理正确的有（ ）。

A. 按 20 万元确定营业外支出　　　　B. 按 260 万元确定换入非专利技术的成本

C. 按 –16 万元确认资产处置损益　　　D. 按 4 万元确认资产处置损益

7. 非货币性资产交换以公允价值为基础计量并且涉及补价的，在确定计入当期损益的金额时，应当考虑的因素有（ ）。

A. 支付补价的公允价值　　　　　　　B. 换出资产的账面价值

C. 收到补价的公允价值　　　　　　　D. 换入资产的成本

8. 下列关于以账面价值为基础计量非货币性资产交换的表述，正确的有（ ）。

A. 不涉及补价的，应当将换出资产账面价值和应支付的相关税费作为换入资产的初始计量金额

B. 对于换出资产，终止确认时不确认损益

C. 收到补价的，应当将换出资产的账面价值减去收到的补价的公允价值加上应支付的相关税费，作为换入资产的初始计量金额，不确认损益

D. 支付补价的，应当将换出资产的账面价值加上支付的补价的公允价值和应支付的相关税费，作为换入资产的初始计量金额，不确认损益

9. 以公允价值为基础计量的非货币性资产交换，同时换入或换出多项资产的，下列各项表述中正确的有（　　）。

A. 对于同时换入的多项资产，按照换入的金融资产以外的各项换入资产公允价值相对比例，将换出资产公允价值总额（涉及补价的，加上支付补价的公允价值或减去收到补价的公允价值）扣除换入金融资产公允价值后的净额进行分摊，以分摊至各项换入资产的金额加上应支付的相关税费作为各项换入资产的成本进行初始计量

B. 有确凿证据表明换入资产的公允价值更加可靠的，以各项换入资产的公允价值和应支付的相关税费作为各项换入资产的初始计量金额

C. 对于同时换出的多项资产，将各项换出资产的公允价值与其账面价值之间的差额，在各项换出资产终止确认时计入当期损益

D. 有确凿证据表明换入资产的公允价值更加可靠的，按照换出的金融资产以外的各项换出资产的公允价值的相对比例，将换入资产的公允价值总额（涉及补价的，减去支付补价的公允价值或加上收到补价的公允价值）扣除换出金融资产公允价值后分摊至各项换出资产，分摊至各项换出资产的金额与各项换出资产账面价值之间的差额，在各项换出资产终止确认时计入当期损益

10. 2023 年，W 公司发生的有关交易或事项如下：① W 公司与 R 公司签订的资产交换协议约定，W 公司以其拥有的一宗 50 年使用权的土地换取 R 公司持有的 B 公司 40% 的股权；② R 公司以发行自身普通股换取 W 公司一条生产线。假定上述资产交换具有商业实质，换出资产与换入资产的公允价值均能可靠计量，不考虑相关税费及其他因素，则下列与上述交易或事项相关的会计处理的表述中正确的有（　　）。

A. R 公司以发行自身普通股换取 W 公司一条生产线应按非货币性资产交换原则进行会计处理

B. W 公司换出土地公允价值与其账面价值的差额应确认为资产处置损益

C. W 公司以土地换取的对 B 公司 40% 的股权应按非货币性资产交换原则进行会计处理

D. R 公司应按照换出股权的公允价值计量换入土地的成本

三、判断题

1. 房地产开发企业将开发的商品房换入机器设备应按非货币性资产交换准则进行会计处理。（　　）

2. 集团重组中发生的非货币性资产划拨，在股东或最终控制方的安排下，企业无代价或以明显不公平的代价将非货币性资产转让给其他企业或接受其他企业的非货币性资产，应当适用权益性交易的有关会计处理规定。（　　）

3. 不具有商业实质的非货币性资产交换，应当将换出资产的公允价值和应支付的相关税费作为换入资产的成本。（　　）

4. 使用换入资产所产生的预计未来现金流量现值与继续使用换出资产所产生的预计未来现金流量现值不同，且其差额与换入资产、换出资产的公允价值相比是重大的，将其视

为具有商业实质。   （   ）

5. 以公允价值为基础计量的非货币性资产交换，企业应当在换出资产终止确认时，将换出资产的公允价值与其账面价值之间的差额计入当期损益。   （   ）

6. 预付账款是货币性资产。   （   ）

7. 甲公司以一项专利权交换乙公司一项非专利技术，并以银行存款收取补价，所收取补价占换出专利权公允价值的 30%。   （   ）

8. 甲公司以持有的 5 年期债权投资换取丙公司的专有技术，应当适用非货币性资产交换准则进行会计处理。   （   ）

9. 以公允价值计量且其变动计入当期损益的金融资产属于货币性资产。   （   ）

10. 企业以存货换取其他企业固定资产、无形资产等，换出存货的企业适用《企业会计准则第 14 号——收入》的规定进行会计处理。   （   ）

四、计算分析题

A、B 公司均系增值税一般纳税人，2023 年 3 月 31 日，A 公司以一项投资性房地产与 B 公司的一项生产设备和一项商标权进行交换，该项交换具有商业实质。相关资料如下：

(1) A 公司换出投资性房地产的原价为 2 000 万元，已提折旧 640 万元，未计提减值准备，公允价值为 1 600 万元，开具的增值税专用发票中注明的价款为 1 600 万元，增值税税额为 144 万元。

(2) B 公司换出设备的原价为 2 000 万元，已计提折旧 1 400 万元，未计提减值准备，公允价值为 1 000 万元，开具的增值税专用发票中注明的价款为 1 000 万元，增值税税额为 130 万元；B 公司换出商标权的原价为 560 万元，已摊销 160 万元，公允价值为 600 万元，开具的增值税专用发票中注明的价款为 600 万元，增值税税额为 36 万元；A 公司另以银行存款向 B 公司支付 22 万元补价。

(3) A 公司将换入的设备和商标权分别确认为固定资产和无形资产，B 公司将换入的投资性房地产确认为固定资产。A、B 双方不存在关联方关系，不考虑除增值税以外的相关税费及其他因素。

要求：

(1) 编制 A 公司进行非货币性资产交换的相关会计分录。

(2) 编制 B 公司进行非货币性资产交换的相关会计分录。

项目二
资 产 减 值

知识目标

- 了解资产与资产组，知道资产可能发生减值的迹象。
- 理解资产可收回金额的计量方法以及资产减值损失的确定原则。
- 掌握资产减值业务的会计处理以及资产组减值业务的会计处理。

技能目标

- 能够熟练掌握资产减值的知识。
- 能够独立进行资产、资产组减值业务的会计处理。

思维导图

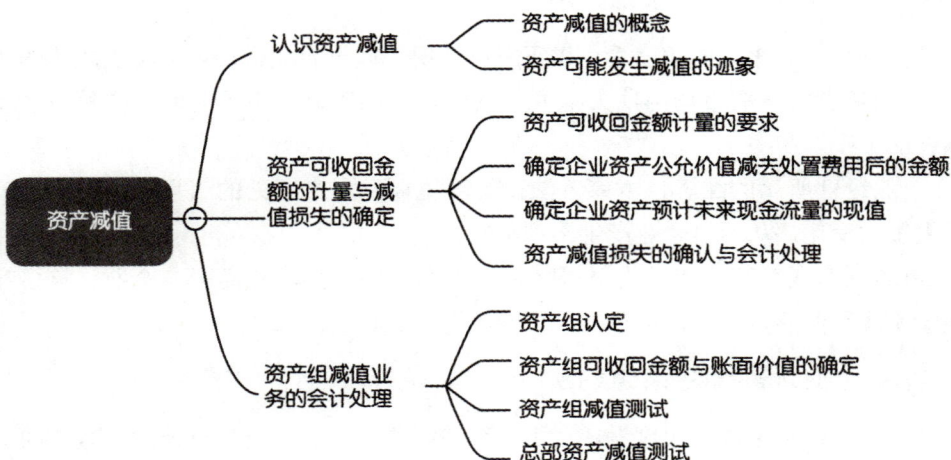

任务一　认识资产减值

▶▶▶ 一、资产减值的概念

资产减值是指资产的可回收金额低于其账面价值，包括单项资产减值和资产组减值。实务中，资产减值通常发生在以下项目：对子公司、联营企业和合营企业的长期股权投资，采用成本模式进行后续计量的投资性房地产，固定资产，生产性生物资产，无形资产，探明石油天然气矿区权益和紧急相关设施。

▶▶▶ 二、资产可能发生减值的迹象

企业应当在资产负债表日结合资产的具体情况，判断资产是否存在可能发生减值的迹象。如果资产存在发生减值的迹象，企业应当进行减值测试，并估计资产的可收回金额。实务中，资产的可收回金额低于账面价值的，企业应当按照可收回金额低于账面价值的差额，计提资产减值准备，同时确认资产减值损失。一般情况下，企业只有在资产存在减值迹象的时候，才需要对资产进行减值测试；但是，对使用寿命不确定的无形资产，无论是否存在减值迹象，企业应当每年进行减值测试。

实务中，对企业资产可能发生减值迹象的判断，主要从外部信息来源和内部信息来源两方面进行判断。

（一）从企业外部信息来源判断

从企业外部信息来源的角度看，以下三种情况都属于企业资产可能发生减值的迹象。

(1) 企业持有资产的市场当期大幅度下跌，其跌幅明显高于因时间的推移或者正常使用而预计的下跌。

(2) 企业经营所属的经济技术或者法律等环境以及资产所处的市场，在当期或者将在近期发生重大变化，从而对企业产生不利影响。

(3) 市场利率或者其他市场投资报酬率在当期已经提高，从而影响企业计算资产预计未来现金流量现值的折现率，导致资产可回收金额大幅度降低。

（二）从企业内部信息来源判断

从企业内部信息来源的角度看，以下三种情况都属于企业资产可能发生减值的迹象。

(1) 有证据表明企业持有的资产已经陈旧、过时或者其实体已经损坏。

(2) 企业持有的资产已经或者将被闲置、终止使用，或者计划提前处置。

(3) 企业内部报告的证据表明资产的经济绩效已经低于或者将低于预期，如资产所创造的净现金流量或者实现的企业利润（或者亏损）远远低于（或者高于）预计金额等。

另外，企业持有的采用成本核算的长期股权投资，除取得投资时实际支付的价款或者对价中包含的已宣告但尚未发放的现金股利（或利润）外，投资企业应当按照享有被投资单位宣告发放的现金股利（或利润）确认投资收益后，考虑长期股权投资是否发生了减值。在判断该类长期股权投资是否存在减值迹象时，企业应当关注长期股权投资的账面价值是否大于享有被投资单位净资产账面价值的份额等情况。

任务二　资产可收回金额的计量与减值损失的确定

▶▶▶　一、资产可收回金额计量的要求

企业持有资产存在可能发生减值迹象的，企业应当进行减值测试，并估计资产的可收回金额。其中，资产可收回金额应当根据资产公允价值减去处置费用后的净额与资产预计未来现金流量现值两者之间较高者确定。实务中，企业在估计其持有资产的可收回金额时，应当同时估计资产公允价值减去处置费用后的金额与资产预计未来现金流量的现值。但是，以下四种情况除外。

(1) 如果企业持有资产公允价值减去处置费用后的金额与资产预计未来现金流量的现值，只要有一项超过该资产的账面价值，就表明资产没有发生减值。

(2) 如果企业没有确凿证据或者理由表明，资产预计未来现金流量的现值显著高于其公允价值减去处置费用后的金额，则可以将资产公允价值减去处置费用后的金额作为资产的可收回金额。

(3) 企业以前报告期间的计算结果表明，如果资产的可收回金额显著高于其账面价值，后来期间又没有发生消除这一差异的交易或事项，则资产负债表日可以不重新估计该资产的可收回金额。

(4) 企业以前报告期间的计算与分析表明，资产的可收回金额相对于某种减值迹象反应不灵敏，在本报告期间又发生了该减值迹象的，可以不因该减值迹象的出现而重新估计该资产的可收回金额。

▶▶▶　二、确定企业资产公允价值减去处置费用后的金额

企业资产公允价值减去处置费用后的金额，应当按照以下顺序进行确定。

(1) 企业应当根据公平交易中资产的销售协议价格减去可直接归属于该资产处置费用

后的金额确定。然而，资产通常处于持续使用状态，取得资产的销售协议价格十分困难，需要采用其他方式估计资产公允价值减去处置费用后的金额。

(2) 在资产不存在销售协议但存在活跃市场的情况下，企业应当根据该资产的市场价格减去处置费用后的金额确定。

(3) 在既不存在资产销售协议又不存在活跃市场的情况下，企业应当将能够获得的最佳信息作为估计的基础。假定在资产负债表日处置该资产，则应按照熟悉情况的交易双方自愿进行交易的价格减去资产处置费用后的金额确认。

如果按照以上三种方法都不能可靠估计资产公允价值减去处置费用后的金额，企业应当把该资产预计未来现金流量的现值作为确认其可收回的金额。

▶▶▶▶ 三、确定企业资产预计未来现金流量的现值

关于资产预计未来现金流量的现值，企业应当按照资产在持续使用过程中和最终处置时所产生的预计未来现金流量，选择恰当的折现率对其进行折现后的金额加以确定。实务中，企业确定资产预计未来现金流量的现值，需要综合考虑资产的预计未来现金流量、资产的使用寿命和折现率三个因素。

(一) 企业资产预计未来现金流量

1. 预计企业资产未来现金流量的基础

在预计资产未来现金流量时，企业应当在合法、合理、真实的基础上对资产剩余使用寿命内的整个经济状况进行最佳估计，对企业资产预计未来现金流量进行估计，且建立在财务预算或预测基础上的年限通常不超过 5 年，除非企业管理层能够证明在更长的期间内是合理的。

实务中，在外部经济环境变化频繁的情况下，企业资产所产生的实际现金流量与预计数通常有比较大的出入，且资产预计未来现金流量的假设也很可能会发生变化。基于此，企业在预计资产未来现金流量时，应当分析以前期间现金流量预计数与现金流量实际数的差异幅度，为评价预计当期现金流量所依据的假设是否合理提供参考。

2. 预计企业资产未来现金流量的内容

企业在预计资产未来现金流量时，具体包括以下三个方面的内容。

(1) 企业资产在持续使用过程中预计产生的现金流入量。

(2) 为实现资产持续使用过程中产生的现金流入量所必需的预计现金流出量。

(3) 企业资产使用寿命结束时，处置资产能够收到或需要支付的现金流量净额。

3. 预计企业资产未来现金流量应当考虑的因素

在预计企业资产未来现金流量时，应当考虑以下几个方面的因素。

(1) 以资产当前状况为基础预计资产未来现金流量。

(2) 预计资产未来现金流量不应当包含筹资活动以及与所得税收付有关的现金流量。

(3) 对通货膨胀因素的考虑应当与折现率相一致。

(4) 对内部转移价格应当给予调整。

4. 预计企业资产未来现金流量的方法

实务中,在预计企业资产未来现金流量时,企业应当将资产未来期间最有可能形成的现金流量作为预测的基础,即企业应当采用单一的未来每期预计现金流量与单一的折现率计算资产未来现金流量的现值。

【例题 2-1】 2023 年 12 月 31 日,M 公司对拥有的剩余使用年限为三年的 K 固定资产进行未来现金流量估计。M 公司预计在正常经营的环境下最有可能发生的情况是,在未来三年中 K 固定资产可以为 M 公司产生的净现金流量分别为:第一年 200 000 元,第二年 100 000 元,第三年 20 000 元。

要求:确认 M 公司未来现金流量的最佳估计数。

解题过程如下:

这三年形成的现金流量为最有可能产生的现金流量,M 公司应当以该单一的现金流量的预计数为基础计算 K 固定资产的预计现金流量的现值。即 M 公司未来现金流量的最佳估计数为 320 000(200 000 + 100 000 + 20 000) 元。

实务中,由于影响资产未来现金流量的因素有很多,企业使用单一的现金流量为预计基础可能很难如实反映资产未来现金流量的真实情况,因此,如果使用期望现金流量预计能够更加真实地反映资产未来现金流量,则企业可以使用期望现金流量进行预计。

【例题 2-2】 承接例题 2-1,假设 K 固定资产所生产的产品受市场因素影响非常大,波动幅度也比较大,K 固定资产预计未来三年产生的现金流量情况如表 2-1 所示。

表 2-1　K 固定资产预计未来三年产生的现金流量情况

年限	现金流量 / 元		
	市场行情好 (30%)	市场行情一般 (60%)	市场行情差 (10%)
第一年	300 000	200 000	100 000
第二年	160 000	100 000	40 000
第三年	40 000	20 000	0

要求:计算 M 公司未来三年的现金流量。

解题过程如下:

M 公司在这种情况下采用期望现金流量预计资产未来现金流量更合理,其资产未来现金流量应当根据每期现金流量的期望值进行预计,每期现金流量的期望值按照各种可能情况下的现金流量乘以相应的发生概率加总计算。

第一年预计现金流量 = 300 000 × 30% + 200 000 × 60% + 100 000 × 10% = 220 000 元

第二年预计现金流量 = 160 000 × 30% + 100 000 × 60% + 40 000 × 10% = 112 000 元

第三年预计现金流量 = 40 000 × 30% + 20 000 × 60% + 0 × 10% = 24 000 元

（二）折算率的选择

实务中，对企业资产进行减值测试时，计算资产未来现金流量的现值所采用的折现率应当能够反映当前市场货币时间价值及资产特定风险的税前利率。也就是说，企业所选择的折现率实际上是购置或投资资产时所要求的必要报酬率，在预计资产未来现金流量时，如果企业对资产特定风险的影响已经做了相应的调整，在选择折现率时就不需要再考虑资产的特定风险；如果选择折现率的基础是企业所得税后的折现率，则应当将所得税后的折现率调整为所得税前的折现率，确保对企业资产未来现金流量的估计基础是一致的。

企业在对资产未来现金流量折现时所选择的折现率，应当以企业持有该资产的市场利率为基础进行确认。当该资产的市场利率无法从市场上获取时，企业可以采用替代利率。当然，企业在确定替代利率时，应当充分考虑该资产在剩余使用寿命期间的货币时间价值及相关因素。如果预计资产未来现金流量已经对这些因素做了有关调整，则应当将其剔除。

（三）资产未来现金流量现值的确定

实务中，企业在预计资产未来现金流量与折现率的基础上，将资产预计未来现金流量按照确定的折现率在一定期限内进行折现后，就可以确定该资产未来现金流量的现值，其计算公式如下：

$$资产的未来现金流量现值 = \frac{\sum 第t年预计资产未来现金流量}{[1+折现率]^t}$$

【例题 2-3】XR 集团公司于 2019 年末对一项重型设备 F 设备进行减值测试，F 设备的账面价值为 3 200 000 元，估计还可以使用 8 年，XR 集团公司很难确定 F 设备公允价值减去处置费用后的金额。XR 集团公司通过计算 F 设备未来现金流量的现值来确定其可收回金额。假设市场增量借款利率为 15%，XR 集团公司认为 15% 是该资产的最低必要报酬率，以此来考虑该资产有关的货币时间价值和特定风险，则 XR 集团公司计算该设备未来现金流量的现值时将 15% 作为税前折现率。

XR 集团公司管理层批准的最近财务预算显示：公司将于 2024 年更新 F 设备的发动机，估计发生的资本性支出为 360 000 元，这一支出将降低 F 设备的油耗、提高使用效率，将显著提高该设备的运营效果。

为计算 F 设备在 2019 年年末未来现金流量的现值，XR 集团公司预计 F 设备的未来现金流量如表 2-2 所示。

表 2-2　F 设备未来现金流量预测

单位：元

年份	预计未来现金流量（不包括改良的影响金额）	预计未来现金流量（包括改良的影响金额）
2020	500 000	
2021	492 000	
2022	476 000	
2023	472 000	
2024	478 000	
2025	494 000	658 000
2026	500 000	663 200
2027	502 000	678 000

要求：预测 XR 集团公司未来现金流量现值。

解题过程如下：

XR 集团公司在 2019 年年末预计资产未来现金流量时，应当以 F 设备当前的状况为基础，不应当考虑该资产改良有关的预计未来现金流量。在 2019 年年末计算 F 设备未来现金流量的现值时，应当以不包括资产改良影响金额的未来现金流量为基础进行计算。具体计算过程如表 2-3 所示。

表 2-3　F 设备的未来现金流量现值计算过程表

单位：元

年份	预计未来现金流量（不包括改良的影响金额）	折现率为 15% 的折现系数	预计未来现金流量现值
2020	500 000	0.869 6	434 800
2021	492 000	0.756 1	372 001
2022	476 000	0.657 5	312 970
2023	472 000	0.571 8	269 890
2024	478 000	0.497 2	237 662
2025	494 000	0.432 3	213 556
2026	500 000	0.375 9	187 950
2027	502 000	0.326 9	164 104
合计			2 192 932

由于在 2019 年年末，F 设备的账面价值为 3 200 000 元，可收回金额为 2 192 932 元，

账面价值高于其可收回金额，因此，应当确认减值损失，并计提相应的资产减值准备。

应当确认的减值损失 = 3 200 000 − 2 193 000 = 1 007 068(元)

假定在 2019−2023 年，F 设备没有发生进一步减值的迹象，则不必再进行减值测试，无须计算其可收回金额。2024 年发生了 360 000 元的资本性支出，改良了资产绩效，导致其未来现金流量增加。由于资产减值准则不允许将以前期间已经确认的长期资产减值损失给予转回，因此，在这种情况下，不必计算其可收回金额。

（四）涉及外币的未来现金流量及其现值的确定

实务中，预计资产未来现金流量如果涉及外币，则企业应当按照以下步骤对资产未来现金流量的现值进行确认。

第一步，企业应当以该资产未来现金流量的结算货币为基础预计其未来产生的现金流量，并按照该资产适用的折现率计算资产未来现金流量的现值。

第二步，企业应当将该外币现值按照计算资产的未来现金流量现值当日的即期汇率进行折算，将外币现金流量现值折算成记账本位币的现金流量现值。

第三步，企业应当在该资产基础上，将其与资产公允价值减去处置费用后的净额相比较，确认其可收回金额，再将可收回金额与资产账面价值相比较，确定是否需要确认资产减值损失。

▶▶▶▶ 四、资产减值损失的确认与会计处理

（一）资产减值损失的确认

实务中，企业对资产进行减值测试时，有迹象表明资产发生减值的，应当计算资产的可收回金额。如果资产的可收回金额低于其账面价值，则企业应当将资产的账面价值减记至可收回金额，减记的金额计提资产减值准备，同时确认资产减值损失。

企业对资产计提减值准备后，后期该资产的折旧或者摊销应当在未来期间做出相应调整，使该资产在剩余使用寿命内，系统地分摊调整后的资产账面价值。实务中，长期资产（如固定资产、无形资产）的资产减值损失一经确认，在以后会计期间不得转回。资产报废、出售、对外投资、以非货币性资产交换方式换出、通过债务重组抵偿债务等符合资产终止确认条件的，企业应当把已经计提的资产减值准备转销。

（二）资产减值损失的会计处理

计提减值准备时，企业的会计分录如下：

借：资产减值损失

贷：固定资产减值准备

无形资产减值准备

长期股权投资减值准备等

【例题 2-4】承接例题 2-3，根据 XR 集团公司 F 设备的减值测试过程及结果，在 2019 年年末，F 设备的账面价值为 3 200 000 元，可收回金额为 2 192 932 元，可收回金额低于账面价值 1 007 068 元。以 XR 集团公司应当在 2019 年年末计提固定资产减值准备，确认相应的资产减值损失。

要求：编写计提减值准备时，XR 集团公司的会计分录。

计提减值准备时，XR 集团公司的会计分录如下：

借：资产减值损失——F 设备　　　　　　　　　1 007 068

　　贷：固定资产减值准备　　　　　　　　　　　1 007 068

任务三　资产组减值业务的会计处理

▶▶▶▶　一、资产组认定

实务中，企业在对单项资产的可收回金额进行估计很困难的情况下，应当以该资产所属的资产组为基础估计资产组的可收回金额，并判断企业是否需要计提资产减值准备。

所谓资产组，是指企业可以认定的最小资产组合，其产生的现金流入应当基本上独立于其他资产或其他资产组产生的现金流入，资产组应当包括能够创造现金流入的相关资产。

实务中，对资产组的认定应当考虑以下几个方面的因素。

(1) 资产组的认定应当以资产组产生的主要现金流入是否独立于其他资产或者其他资产组的现金流入为判断依据。实务中，是否构成资产组的关键因素是能否独立产生现金流入，如企业的生产线、销售网点等。如果能够独立于其他部门产生收入、形成独立的现金流入，或者产生的收入和现金流入绝大部分独立于其他部门，并且属于可认定的最小资产组合的，应当将该生产线、销售网点等认定为一个资产组。

【例题 2-5】H 公司拥有甲、乙、丙三家工厂，以生产单一产品 A 产品。甲、乙、丙三家工厂的厂址分布在三个不同的国家。甲工厂生产主要的产品组件，由乙工厂或丙工厂组装，且最终的产品 A 产品由乙工厂或丙工厂对外销售，乙工厂的产品可以在本地销售，也可以在丙工厂所在地销售。乙工厂和丙工厂的生产能力合在一起尚有剩余，乙工厂和丙工厂生产能力的利用程度依赖于 H 公司对于所销售的 A 产品在两地之间的分配。

要求：分析认定与甲工厂、乙工厂、丙工厂有关的资产组。

解题过程如下：

如果甲工厂生产的组件存在活跃市场，即所生产的组件在市场上有经常性的交易，甲工厂可以被认定为一个单独的资产组。理由是：甲工厂所生产的组件虽然主要用于乙工厂或丙工厂组装销售，但是甲工厂所生产的组件存在活跃的市场，可以产生独立的现金流量流入。另外，在确定甲工厂生产组件的未来现金流量现值时，H公司应当调整其财务预算或预测，按照在公平交易中对甲工厂所生产组件价格的最佳估计数（而不是内部转移价格）估计未来现金流量。

对于乙工厂和丙工厂来说，虽然组装好的A产品存在活跃市场，乙工厂和丙工厂的现金流量流入主要依赖于A产品在两地之间的分配情况，乙工厂和丙工厂的未来现金流量流入很难进行单独确认，但是乙工厂和丙工厂组合在一起形成整体则可以产生基本上独立于其他资产或资产组的现金流量流入的资产组合。因此，乙工厂和丙工厂应当认定为一个资产组。另外，在确定该资产组的未来现金流量现值时，H公司应当调整其财务预算或预测，按照在公平交易中从甲工厂所购买产品价格的最佳估计数（而不是内部转移价格）估计乙工厂和丙工厂形成资产组的预计未来现金流量。

(2) 资产组的认定应当考虑企业管理层管理生产经营活动的方式和对资产的持续使用或处置的决策方式等。实务中，如果企业的各条生产线都是独立生产、管理和控制的，那么各条生产线应当认定为单独的资产组；如果一些机械设备是相互关联和相互依存的，其使用和处置是一体化决策的，那么这些机器设备应当认定为一个资产组。

【例题2-6】W公司由第一车间和第二车间组成，第一车间专门生产零部件，并且该零部件没有活跃市场，零部件交给第二车间负责组装并对外销售。W公司对第一车间和第二车间资产的使用和处置等决策是一体化的。

要求：对第一车间和第二车间资产组进行认定。

解题过程如下：

由于W公司对第一车间和第二车间资产的使用和处置等决策是一体化的，构成一个整体，且在现金流量流入方面，第一车间和第二车间共同形成的现金流量流入能够独立于其他资产或其他资产组，因此，第一车间和第二车间应当认定为一个资产组。

企业的资产组一经确定，在一定的会计期间内应当保持一致，不得随意变更。实务中，企业重组、变更资产用途等导致资产组的构成发生变化的，企业可以对资产组进行变更。

▶▶▶▶ 二、资产组可收回金额与账面价值的确定

企业持有资产组的可收回金额应当根据资产组公允价值减去处置费用后的金额与其预计未来现金流量的现值两者之中的高者确定。企业持有资产组的账面价值应当与其可收回金额的确定方式基本一致，资产组的账面价值包括可以直接归属于资产组的资产账面价值和可以合理、一致地分摊至资产组的资产账面价值两部分。资产组在处置时如果要求购买者承担一项负债（如矿山环境恢复负债等），该负债金额已经确认并计入相关资产账面价值，而且企业只能取得包括上述资产和负债在内的单一公允价值减去处置费用后的金额，为了比较资产组的账面价值和可收回金额，则在确认资产组的账面价值及其预计未来现金流量的现值时，应当将已确认的负债金额从中扣除。

【例题 2-7】Q 矿业公司经营一座煤矿，煤层开采完成后，Q 公司承担环境恢复的责任，因此，Q 公司确认了一项金额为 30 000 000 元的预计负债，并计入了该矿山的成本。2023 年 12 月 31 日，Q 公司发现矿山的煤储量大幅度低于预期，矿山很可能发生了减值，并对该矿山进行了测试。Q 公司将整座矿山认定为一个资产组，该资产组在 2023 年年末的账面价值为 60 000 000 元（包括承担环境恢复责任所确认的预计负债）。

在 2023 年 12 月 31 日，假设有买家愿意出价 49 200 000 元（环境恢复费用由买家承担），预计处置费用为 1 200 000 元，则该矿山公允价值减去处置费用后的金额为 48 000 000 元。Q 公司估计矿山未来现金流量为 72 000 000 元（不包括环境恢复费用）。

要求：分析 Q 公司持有该座矿山是否需要计提减值准备。

解题过程如下：

该座矿山（资产组）公允价值减去处置费用后的金额为 48 000 000 元（已经考虑了环境恢复费用）。该座矿山（资产组）预计未来现金流量的现值考虑了环境恢复费用后为 42 000 000(72 000 000 − 30 000 000) 元，则该座矿山（资产组）的可收回金额为 48 000 000 元。该座矿山（资产组）的账面价值在扣除恢复环境确认的预计负债后的金额为 30 000 000 (60 000 000 − 30 000 000) 元。该座矿山（资产组）的可收回金额大于其账面价值。因此，Q 公司不需要确认资产减值损失，不需要计提减值准备。

▶▶▶▶ 三、资产组减值测试

实务中，企业持有资产组的减值损失金额应当按照以下顺序进行分摊。

第一步，抵减分摊至资产组中商誉的账面价值。

第二步，根据资产组中除商誉之外的其他各项资产的账面价值所占比重，按比例抵减其他各项资产的账面价值。

【例题 2-8】K 公司的第一生产车间有一条 H 生产线，专门生产 M 高科技产品，H 生产线由甲、乙、丙三台设备共同构成。其中，甲设备的成本为 1 600 000 元，乙设备的成本为 2 400 000 元，丙设备的成本为 4 000 000 元。假设三台设备的使用年限都是 10 年，预计净残值都是 0，都使用年限平均法对设备计提折旧。

2023 年，H 生产线所生产的 M 高科技产品在市场上出现了替代产品，导致 M 高科技产品在市场上的销售量减少了 40%，H 生产线可能发生了减值，K 公司在 2023 年 12 月 31 日对 H 生产线进行了减值测试。假设截至 2023 年 12 月 31 日，K 公司的 H 生产线已经使用了 5 年，预计尚可使用 5 年，以前年度未对 H 生产线计提减值准备。

要求：分析 K 公司的 H 生产线是否需要计提减值准备，并编制相应的会计分录。

解题过程如下：

截至 2023 年 12 月 31 日，H 生产线的甲设备账面价值为 800 000 元、乙设备的账面价值为 1 200 000 元、丙设备的账面价值为 2 000 000 元。

由于这三台设备共同构成 H 生产线，且无法单独产生现金流量流入，但 H 生产线能够单独产生现金流量流入，因此，甲设备、乙设备和丙设备构成一个资产组。另外，K 公司估计 H 生产线的甲设备公允价值减去处置费用后的金额为 600 000 元，乙设备和丙设备都无法合理估计其公允价值减去处置费用后的金额以及未来现金流量的现值。

K 公司估计 H 生产线未来 5 年预计未来现金流量的现值为 2 400 000 元，但无法合理估计 H 生产线公允价值减去处置费用后的金额。因此，K 公司将 H 生产线预计未来现金流量的现值作为其可收回金额。

结合上述分析，在 2023 年 12 月 31 日，H 生产线的账面价值为 4 000 000 元，可收回金额为 2 400 000 元，H 生产线的账面价值高于其可收回金额。由此可见，H 生产线发生了减值，应当确认减值损失 1 600 000 元，并将减值损失 1 600 000 元分摊到甲设备、乙设备和丙设备中。由于甲设备公允价值减去处置费用后的金额为 600 000 元，因此，甲设备分摊减值损失后的账面价值不应低于 600 000 元，具体分摊过程如表 2-4 所示。

表 2-4 H 生产线减值损失分摊表

项　　目	甲设备	乙设备	丙设备	H 生产线（资产组）
账面价值 / 元	800 000	1 200 000	2 000 000	4 000 000
可收回金额 / 元				2 400 000
减值损失 / 元				1 600 000
减值损失分摊比例 /%	20	30	50	
分摊减值损失 / 元	200 000	480 000	800 000	1 480 000
分摊后账面价值 / 元	600 000	720 000	1 200 000	
尚未分摊的减值损失 / 元				120 000
二次分摊比例 / %		37.50	62.50	
二次分摊减值损失 / 元		45 000	75 000	
二次分摊后应确认减值损失总额 / 元		525 000	875 000	
二次分摊后账面价值 / 元		675 000	1 125 000	

在分摊过程中，甲设备应当分摊减值损失 320 000(1 600 000 × 20%) 元，但由于甲设备的公允价值减去处置费用后的金额为 600 000 元，因此甲设备最多只能确认减值损失 200 000(800 000 − 600 000) 元，未能分摊的减值损失 120 000(320 000 − 200 000) 元应当在乙设备和丙设备之间进行再次分摊。

根据上述计算和分摊结果可知，构成 H 生产线的甲设备、乙设备和丙设备应当分别确认减值损失 200 000 元、525 000 元和 875 000 元。

根据计算结果，K公司的会计分录如下：

借：资产减值损失——甲设备　　　　200 000

　　　　　　　　——乙设备　　　　525 000

　　　　　　　　——丙设备　　　　875 000

　　贷：固定资产减值准备——甲设备　　　　200 000

　　　　　　　　　　　——乙设备　　　　525 000

　　　　　　　　　　　——丙设备　　　　875 000

▶▶▶▶ 四、总部资产减值测试

企业总部资产通常包括企业集团、事业部的办公楼、电子数据处理设备、研发中心等资产。实务中，企业总部资产一般很难进行单独的减值测试，通常需要结合其他资产组或资产组组合进行减值测试。所谓资产组组合，是指由若干个资产组所组成的最小资产组组合，通常包括资产组或资产组组合，以及可以按照合理方法分摊的总部资产部分。

实务中，在资产负债表日如果某项总部资产存在可能发生减值的迹象，企业应当按照合理的方法计算确定该总部资产所归属的资产组或资产组组合的可收回金额，并将其与相应的账面价值做比较，从而判断该总部资产是否需要计提减值准备，并确认资产减值损失。企业对某一资产组进行减值测试时，首先应当确认所有与该资产组相关的总部资产，然后根据相关总部资产能否按照合理和一致的基础分摊至该资产组分为下列情况：

(1) 对于相关总部资产能够按照合理和一致的基础分摊至该资产组的部分，企业应当将该部分总部资产的账面价值分摊至该资产组，并比较该资产组的账面价值和可收回金额，最后按照资产组减值损失处理的顺序与方法进行处理。

(2) 对于相关总部资产中很难按照合理和一致的基础分摊至该资产组的部分，应当按照以下步骤进行处理。

① 在不考虑相关总部资产的情况下，比较资产组的账面价值和可收回金额，并按照资产组减值损失处理的顺序与方法进行处理。

② 认定由若干个资产组组成的最小资产组组合，该资产组组合应当包括所测试的资产组以及可以按照合理和一致的基础将该部分总部资产的账面价值分摊其上的部分。

③ 比较所认定的资产组组合的账面价值和可回收金额，并按照资产组减值损失处理的顺序与方法进行处理。

【例题2-9】F公司是一家集研发与生产为一体的科技企业，拥有甲生产线、乙生产线和丙生产线。F公司把甲、乙、丙三条生产线分别认定为三个资产组。在2023年年末，甲、乙、丙三个资产组的账面价值分别为800 000元、1 200 000元和1 600 000元，预计剩余使用寿命分别为10年、20年和20年。这三条生产线都采用直线法计提折旧，不考虑商誉。F公司的生产经营管理活动由公司总部负责，总部资产包括一个研发中心和一层办公楼，研发中心的账面价值为1 200 000元，办公大楼的账面价值为400 000元。由于市场上出现了技术含量更高的新产品，广受客户欢迎，对 F 公司的产品产生了很大的冲击，从而导致甲、乙、丙三条生产线存在减值的迹象，可能发生减值。

要求：在 2023 年 12 月 31 日对 F 公司甲、乙、丙三条生产线进行减值测试，并编写相关会计分录。

解题过程如下：

①F 公司对资产组进行减值测试时，应当认定与甲、乙、丙三条生产线相关的总部资产。由于 F 公司的生产经营管理活动由公司总部负责，总部资产包括一个研发中心和一层办公楼，其中，研发中心的账面价值为 1 200 000 元，办公大楼的账面价值为 400 000 元。研发中心的账面价值可以在合理和一致的基础上分摊到各资产组，但是办公大楼的账面价值很难在合理和一致的基础上分摊到各资产组。

②F 公司根据各资产组的账面价值和剩余使用寿命加权平均计算分摊的研发中心的账面价值如表 2-5 所示。

表 2-5　研发中心的账面价值分摊到各资产组过程表

项　目	甲资产组	乙资产组	丙资产组	合计
各资产组账面价值 / 元	800 000	1 200 000	1 600 000	3 600 000
各资产组剩余使用寿命 / 元	10	20	20	
按使用寿命计算的权重 / 元	1	2	2	
加权计算后的账面价值 / 元	800 000	2 400 000	3 200 000	6 400 000
研发中心分摊比例（各资产组加权计算后的账面价值 ÷ 各资产组加权计算后的账面价值合计）/%	12.5	37.5	50	100
研发中心账面价值分摊到各资产组的金额 / 元	150 000	450 000	600 000	1 200 000
包括分摊的研发中心账面价值部分的各资产组账面价值 / 元	950 000	1 650 000	2 200 000	4 800 000

③F 公司应当确定甲、乙、丙三个资产组的可收回金额，并将其与账面价值（包括已分摊的研发中心的账面价值部分）进行比较，确定相应的资产减值损失。由于办公楼的账面价值很难按照合理和一致的基础分摊到甲、乙、丙三个资产组，因此，F 公司确定由甲、乙、丙三个资产组组成最小资产组组合（即整个 F 公司），通过计算该资产组组合的可收回金额，并将其与账面价值（包括已分摊的办公楼和研发中心的账面价值部分）进行比较，并确定相应的资产减值损失。假设甲、乙、丙三个资产组和资产组组合（即整个 F 公司）的公允价值减去处置费用后的净额很难确定，F 公司根据其预计未来现金流量现值计算其可收回金额，选择的折现率为 15%，则计算过程如表 2-6 所示。

表 2-6 资产组和资产组组合预计未来现金流量现值计算表

单位：元

年限	甲资产组		乙资产组		丙资产组		包括办公楼在内的最小资产组组合 (F 公司)	
	未来现金流量	现值	未来现金流量	现值	未来现金流量	现值	未来现金流量	现值
1	144 000	125 222.4	72 000	62 611.2	80 000	69 568	312 000	271 315.2
2	248 000	187 512.8	128 000	96 780.8	160 000	120 976	576 000	435 513.6
3	296 000	194 620.0	192 000	126 240	272 000	178 840	840 000	352 300
4	336 000	192 124.8	232 000	132 657.6	352 000	201 273.6	1 024 000	585 523.2
5	368 000	182 969.6	256 000	127 283.2	408 000	202 041.6	1 144 000	568 796.8
6	440 000	179 836.8	264 000	114 127.2	448 000	193 670.4	1 240 000	536 052
7	440 000	165 396.0	272 000	102 244.8	480 000	180 432	1 296 000	487 166.4
8	440 000	143 836.0	280 000	91 532	504 000	164 757.6	1 328 000	434 123.2
9	424 000	120 543.2	280 000	79 604	520 000	147 836	1 336 000	379 824.8
10	384 000	94 924.8	280 000	69 216	528 000	130 521.6	1 352 000	334 214.4
11			280 000	61 891.2	528 000	113 467.2	1 056 000	226 934.4
12			280 000	52 332	528 000	98 683.2	1 048 000	195 871.2
13			280 000	45 500	528 000	85 800	1 048 000	170 300
14			264 000	37 303.2	520 000	73 476	1 024 000	144 691.2
15			240 000	29 496	496 000	60 958.4	976 000	119 950.4
16			208 000	22 235.2	480 000	51 312	920 000	98 348
17			176 000	16 350.4	456 000	42 362.4	864 000	80 265.6
18			144 000	11 635.2	408 000	32 966.4	776 000	62 700.8
19			112 000	7 873.6	344 000	24 183.2	680 000	47 804
20			80 000	4 888	280 000	17 108	568 000	34 704.8
合计	3 520 000	1 586 986.4	4 320 000	1 291 801.6	8 320 000	2 190 233.6	19 408 000	5 566 400

由表 2-6 可知，甲资产组、乙资产组、丙资产组的可收回金额分别为 1 586 986.4 元、1 291 801.6 元和 2 190 233.6 元，相应的账面价值 (包括分摊的研发中心账面价值) 分别为 950 000 元、1 650 000 元和 2 200 000 元，乙资产组和丙资产组的可收回金额均低于其账面价值，应当分别确认 1 790 992 元和 48 832 元资产减值损失，并将该减值损失在研发中心的资产组之间进行分摊。根据计算分摊后的结果，因乙资产组发生了资产减值损失 1 790 992 元，从而使研发中心发生了减值 488 452[1 790 992 × (2 250 000÷8 250 000)] 元，导致乙资产组所包括的资产发生了减值 1 302 540[1 790 992 × (6 000 000÷8 250 000)] 元；丙资产组发生了减值损失 48 832 元，从而使研发中心发生了减值 13 318[48 832 × (3 000 000÷11 000 000)] 元，导致丙资产组所包括的资产发生了减值 35 514[48 832 × (8 000 000÷11 000 000)] 元。

在对资产组的减值测试和减值损失进行分摊后，甲资产组、乙资产组、丙资产组和研发中心的账面价值分别调整为 4 000 000 元、4 697 460 元、7 964 486 元和 5 498 230 元，办公大楼的账面价值仍为 2 000 000 元。包括办公大楼在内的最小资产组组合 (即 F 公司) 的账面价值总额为 24 160 176(4 000 000 + 4 697 460 + 7 964 486 + 5 498 230 + 2 000 000) 元，但其可收回金额为 28 832 000 元，高于其账面价值，所以 F 公司不需要再进一步确认减值损失 (包括办公大楼的减值损失)。

根据计算和减值损失分摊的结果，F 公司的乙生产线、丙生产线、研发中心应当分别确认减值损失 1 302 540 元、35 514 元和 501 770 元。

根据减值损失分摊数据，F 公司的会计分录如下：

借：资产减值损失——乙生产线　　　　　　 1 302 540
　　　　　　　　——丙生产线　　　　　　　　 35 514
　　　　　　　　——研发中心　　　　　　　　501 770
　　贷：固定资产减值准备——乙生产线　　　　 1 302 540
　　　　　　　　　　　——丙生产线　　　　　　 35 514
　　　　　　　　　　　——研发中心　　　　　　501 770

▮▮▶ 项目总结

本项目内容主要包括资产减值的概念、资产可能发生减值的迹象、资产可收回金额计量的要求、确定企业资产公允价值减去处置费用后的净值、确定企业资产预计未来现金流量的现值、资产减值损失的确认与会计处理、资产组认定、资产组可收回金额与账面价值的确定、资产组减值测试、总部资产减值测试等。

▶ 习题巩固

一、单项选择题

1. 下列项目中，无论是否存在减值迹象，至少应于每年年末对其进行减值测试的是（　　）。

A. 采用成本模式进行后续计量的投资性房地产

B. 使用寿命不确定的无形资产

C. 长期股权投资

D. 固定资产

2. 2023 年 12 月 31 日，F 公司持有的 M 固定资产的公允价值为 4 000 万元，预计处置费用为 400 万元，预计未来现金流量的现值为 3 400 万元。当日，M 固定资产的可收回金额为（　　）万元。

A. 3 400　　　　　　　　　　　　　B. 3 800

C. 3 600　　　　　　　　　　　　　D. 4 000

3. 下列项目中，不属于预计资产未来现金流量时应考虑的因素或内容的是（　　）。

A. 处置资产产生的现金流量

B. 与尚未做出承诺的重组事项有关的预计未来现金流量

C. 资产持续使用过程中预计产生的现金流入

D. 未来年度因实施已承诺重组减少的预计现金流出

4. H 公司 2023 年年末对 W 产品生产线进行减值测试，预计 2024 年 W 产品产生销售收入 2 400 万元，2023 年及以前的应收账款于 2023 年 12 月 31 日前收回。2024 年应收账款将于 2025 年收回 40 万元，其余均在 2024 年收回。2024 年 H 公司将发生以下支出：购买材料支付现金 1 200 万元，以现金支付职工薪酬 360 万元，其他现金支出 200 万元。H 公司适用的折现率为 10%，H 公司认为 10% 是 W 产品生产线的最低必要报酬率，假定 2024 年现金流量均在年底发生。不考虑所得税等其他因素，2023 年年末 H 公司预计 W 产品生产线 2024 年现金流量的现值为（　　）万元。

A. 571.42　　　　　　　　　　　　B. 609.54

C. 2 085.76　　　　　　　　　　　D. 2 247.66

5. H 公司采用期望现金流量法估计未来现金流量，2023 年 12 月 31 日预计 L 设备在 2024 年不同的经营情况下产生的现金流量分别如下：H 公司经营好的可能性为 40%，产生的现金流量为 400 万元；经营一般的可能性为 50%，产生的现金流量为 320 万元；经营差的可能性为 10%，产生的现金流量为 160 万元。则 H 公司 L 设备 2024 年预计的现金流量为（　　）万元。

A. 400　　　　　　　　　　　　　　C. 336

B. 160　　　　　　　　　　　　　　D. 320

6. 2023 年 12 月 31 日，M 公司的 D 在建工程项目的账面价值为 8 000 万元，预计要达到预定可使用状态尚需投入 400 万元。D 项目以前未计提减值准备。由于市场发生了变化，M 公司于年末对 D 在建工程项目进行减值测试，经测试表明：扣除继续建造所需投入因素的预计未来现金流量现值为 7 200 万元，未扣除继续建造所需投入因素的预计未来现金流量现值为 7 800 万元。2023 年 12 月 31 日，该项目的市场销售价格减去相关费用后的净额为 7 400 万元。M 公司于 2023 年年末对 D 在建工程项目应确认的减值损失金额为（　　）万元。

A. 800　　　　　　　　　　　　B. 200

C. 0　　　　　　　　　　　　　D. 600

7. 2023 年 12 月 31 日，K 公司的 C 固定资产计提减值准备前的账面价值为 2 000 万元，公允价值为 1 960 万元，预计处置费用为 160 万元，预计未来现金流量的现值为 2 100 万元。2023 年 12 月 31 日，K 公司应对该项固定资产计提的减值准备为（　　）万元。

A. 0　　　　　　　　　　　　　B. 40

C. 100　　　　　　　　　　　　D. 200

8. N 上市公司为增值税一般纳税人。2021 年 7 月 1 日，购入一项 F 专利权，支付价款和相关税费（不含增值税）总计 1 600 万元，增值税税额为 96 万元。F 专利权的预计使用寿命为 20 年，预计净残值为 80 万元，按直线法摊销。2023 年 12 月因出现减值迹象，N 上市公司对 F 专利权进行减值测试，预计 F 专利权的公允价值为 1 040 万元，处置费用为 60 万元。如果继续使用，预计未来现金流量的现值为 920 万元。假定计提减值后原预计使用寿命、预计净残值及摊销方法均不变，不考虑其他因素，则 2024 年 F 专利权的摊销额为（　　）万元。

A. 112　　　　　　　　　　　　B. 120

C. 152　　　　　　　　　　　　D. 96

9. 2022 年 6 月 10 日，B 公司购入一台不需要安装的 Q 生产设备，支付价款和相关税费（不含增值税）总计 400 万元，购入后即达到预定可使用状态。Q 设备的预计使用寿命为 20 年，预计净残值为 32 万元，按照年限平均法计提折旧。2023 年 12 月 31 日因出现减值迹象，B 公司对该设备进行减值测试，预计 Q 设备的公允价值为 220 万元，处置费用为 52 万元。如果继续使用，预计未来现金流量的现值为 236 万元。假定计提减值后原预计使用寿命、预计净残值及折旧方法均不变，则 2024 年 Q 生产设备应计提的折旧为（　　）万元。

A. 17　　　　　　　　　　　　B. 24

C. 36.8　　　　　　　　　　　D. 17.5

10. W 企业生产单一产品 F 产品，并且只拥有 A、B、C 三家工厂。三家工厂分别位于三个不同的国家，且三个国家又位于三个不同的洲。A 工厂生产一种组件，由 B 工厂或者 C 工厂进行组装，最终产品由 B 工厂或者 C 工厂销往世界各地，B 工厂的产品可以在本地销售，也可以在 C 工厂所在洲销售（如果将产品从 B 工厂运到 C 工厂所在洲更加方便的话）。B 工厂和 C 工厂的生产能力合在一起尚有剩余，并没有被完全利用。B 工厂和 C 工厂生产能力的利用程度依赖于 W 企业对于销售产品在两地之间的分配。假定 A 工厂生产的组件存在活跃市场，可以单独对外出售，则下列说法中正确的是（　　）。

A. 应将 A 工厂认定为一个单独的资产组

B. 应将 B 工厂和 C 工厂认定为两个资产组

C. 应将 A 工厂、B 工厂和 C 工厂认定为一个资产组

D. 应将 A 工厂、B 工厂和 C 工厂认定为三个资产组

二、多项选择题

1. 下列项目中，关于已计提的资产减值准备，在未来期间不得转回的有（　　）。

A. 在建工程减值准备　　　　　B. 债权投资减值准备

C. 长期股权投资减值准备　　　D. 固定资产减值准备

2. 下列关于资产可收回金额的确定，说法正确的有（　　）。

A. 可收回金额应当根据资产的销售净价减去处置费用后的净额与资产预计未来现金流量的现值两者之间较高者确定

B. 可收回金额应当根据资产的销售净价减去处置费用后的净额与资产预计未来现金流量的现值两者之间较低者确定

C. 可收回金额应当根据资产的公允价值减去处置费用后的净额与资产预计未来现金流量的现值两者之间较高者确定

D. 资产的公允价值减去处置费用后的净额与资产预计未来现金流量的现值，只要有一项超过了资产的账面价值，就表明资产没有发生减值，不需再估计另一项金额

3. 下列项目中，属于预计资产未来现金流量应当包括的内容的有（　　）。

A. 资产持续使用过程中预计产生的现金流入

B. 为实现资产持续使用过程中产生的现金流入所必需的预计现金流出

C. 资产使用寿命结束时，处置资产所收到或支付的净现金流量

D. 对于在建工程，应当包括预期为使该类资产达到预定可使用状态而发生的全部现金流出数

4. 下列关于对资产进行减值测试时的折现率的说法，正确的有（　　）。

A. 用于估计折现率的基础应该为税前的利率

B. 用于估计折现率的基础应该为税后的利率

C. 折现率为企业在购置或者投资资产时所要求的必要报酬率

D. 企业通常应当采用单一的折现率对资产未来现金流量折现

5. W 公司以人民币为记账本位币，国内货物运输采用人民币结算，国际货物运输采用美元结算。W 公司将货轮专门用于国际货物运输，在计算货轮未来现金流量现值时，下列说法正确的有（　　）。

A. 应当以美元为基础预计其未来现金流量，并按照美元适用的折现率计算货轮按美元表示的现值

B. 将按美元表示的现值按照折现当日的即期汇率进行折算，从而折算成按照人民币

表示的货轮未来现金流量的现值

C.应当以美元为基础预计其未来现金流量，并按照人民币适用的折现率计算货轮按人民币表示的现值

D.将美元现金流量按预计未来各年末的汇率折算为按人民币表示的现金流量，并按照人民币适用的折现率计算按人民币表示的现值

6.下列说法正确的有（   ）。

A.分摊资产组的减值损失时，首先应抵减分摊至资产组中商誉的账面价值

B.资产组一经确定，不得随意变更

C.资产减值损失一经确认，在以后资产持有的会计期间不得转回

D.确认的资产减值损失，在以后资产持有的会计期间可以转回

7.下列关于资产组的说法，错误的有（   ）。

A.资产组是指企业不同类资产的组合

B.资产组的可收回金额应当按照该资产组的公允价值减去处置费用后的净额与其预计未来现金流量的现值两者之间较高者确定

C.资产组是指其产生的现金流出应当基本上独立于其他资产或者资产组产生的现金流出

D.资产组是指企业可以认定的资产组合，其产生的利润应当基本上独立于其他资产或者资产组产生的利润

8.下列关于资产减值的表述，不符合会计准则规定的有（   ）。

A.预计资产未来现金流量应当考虑与所得税收付相关的现金流量

B.资产的公允价值减去处置费用后的净额高于其账面价值，但预计未来现金流量现值低于其账面价值的，应当计提减值

C.在确定资产未来现金流量现值时，应当考虑将来可能发生的与改良有关的预计现金流量的影响

D.单项资产本身的可收回金额难以有效估计的，应当以其所在的资产组为基础确定可收回金额

9.下列关于商誉减值的说法，正确的有（   ）。

A.商誉可作为一单项资产进行减值测试

B.商誉不能单独产生现金流量

C.商誉应与资产组内的其他资产一样，按比例分摊减值损失

D.测试商誉减值的资产组的账面价值应包括分摊的商誉的价值

10. 2022 年年末，Q 公司某项资产组（均为非金融长期资产）存在减值迹象，经减值测试，预计资产组的未来现金流量现值为 8 000 万元，公允价值减去处置费用后的净额为 7 800 万元。该资产组的账面价值为 11 000 万元，其中商誉的账面价值为 600 万元。2023 年年末，该资产组的账面价值为 7 600 万元，预计未来现金流量现值为 11 200 万元，公允价值减去处置费用后的净额为 10 000 万元。该资产组 2022 年以前未计提过减值准备。不

考虑其他因素，下列关于 Q 公司对该资产组减值会计处理的表述，正确的有（　　）。

A. 2023 年年末资产组的账面价值为 7 600 万元

B. 2022 年年末应计提资产组减值准备 3 000 万元

C. 2023 年年末资产组中商誉的账面价值为 600 万元

D. 2022 年年末应对资产组包含的商誉计提 600 万元的减值准备

三、判断题

1. 对于企业合并所形成的商誉和使用寿命不确定的无形资产，无论是否存在减值迹象，至少应当于每年年末进行减值测试。（　　）

2. 《企业会计准则第 8 号——资产减值》中所指的资产，不包括资产组。（　　）

3. 处置费用是指直接归属于资产处置的增量成本，如与处置有关的法律费用、运输费用、销售费用和所得税费用等。（　　）

4. 采用公允价值模式后续计量的投资性房地产，不计提折旧，但应计提减值准备。（　　）

5. 资产的公允价值减去处置费用后的净额与资产预计未来现金流量的现值，只要有一项超过了资产的账面价值，就表明资产没有发生减值，不需要再估计另一项金额。（　　）

6. 企业未来发生的现金流出，如果是为了维持资产正常运转或者资产正常产出水平而发生必要的支出或者属于资产维护支出，则应当在预计资产未来现金流量时将其考虑在内。（　　）

7. 为了资产减值测试，计算资产未来现金流量现值时所使用的折现率应当是反映当前市场货币时间价值和资产特定风险的税后利率。（　　）

8. 有序交易，是指在计量日前一段时期内相关资产或负债具有惯常市场活动的交易。（　　）

9. 资产组账面价值的确定基础应当与其可收回金额的确定方式相一致。（　　）

10. 资产减值准则规定，资产减值损失一经确认，在以后持有的会计期间不得转回。（　　）

四、计算分析题

W 公司属于物流行业的企业，经营国内、国际货物运输业务。由于拥有的货轮出现了减值迹象，因此，W 公司于 2023 年 12 月 31 日对其进行了减值测试。相关资料如下：

(1) W 公司以人民币为记账本位币，国内货物运输采用人民币结算，国际货物运输采用美元结算。

(2) 货轮采用年限平均法计提折旧，预计使用年限为 40 年，预计净残值率为 10%。2023 年 12 月 31 日，货轮的账面原价为人民币 76 000 万元，已计提折旧为人民币 54 150 万元，账面价值为人民币 21 850 万元。货轮已使用 35 年，尚可使用 5 年，W 公司拟继续经营使用货轮直至报废。

(3) W 公司将货轮专门用于国际货物运输。由于国际货物运输业务受宏观经济形势的影响较大，W 公司预计货轮未来 5 年产生的净现金流量（假定使用寿命结束时处置货轮产生的净现金流量为零，有关现金流量均发生在年末）如表 2-7 所示。

表 2-7　W 公司预计货轮未来 5 年产生的净现金流量

单位：万美元

年份	业务好时 (20% 的可能性)	业务一般时 (60% 的可能性)	业务差时 (20% 的可能性)
第 1 年	1 000	800	400
第 2 年	960	720	300
第 3 年	900	700	240
第 4 年	960	760	300
第 5 年	960	800	360

(4) 由于不存在活跃市场，W 公司无法可靠估计货轮的公允价值减去处置费用后的净额。

(5) 在考虑了货币时间价值和货轮特定风险后，W 公司确定 10% 为人民币适用的折现率，确定 12% 为美元适用的折现率。相关复利现值系数如下：

(P/F，10%，1) = 0.909 1；(P/F，12%，1) = 0.892 9

(P/F，10%，2) = 0.826 4；(P/F，12%，2) = 0.797 2

(P/F，10%，3) = 0.751 3；(P/F，12%，3) = 0.711 8

(P/F，10%，4) = 0.683 0；(P/F，12%，4) = 0.635 5

(P/F，10%，5) = 0.620 9；(P/F，12%，5) = 0.567 4

(6) 假设 2023 年 12 月 31 日的汇率为 1 美元 = 6.85 元人民币。W 公司预测以后各年年末的美元汇率如下：第 1 年年末为 1 美元 = 6.80 元人民币；第 2 年年末为 1 美元 = 6.75 元人民币；第 3 年年末为 1 美元 = 6.70 元人民币；第 4 年年末为 1 美元 = 6.65 元人民币；第 5 年年末为 1 美元 = 6.60 元人民币。

(7) 货轮计提减值准备后仍采用年限平均法计提折旧，预计净残值为 0，预计使用寿命为 5 年。

要求：

(1) 使用期望现金流量法计算货轮未来 5 年每年的现金流量。

(2) 计算货轮按照记账本位币表示的未来 5 年现金流量的现值，并确定其可收回金额。

(3) 计算货轮应计提的减值准备，并编制相关会计分录。

(4) 计算货轮 2024 年应计提的折旧。

项目三
外 币 折 算

知识目标

- 了解记账本位币的概念、记账本位币的确定方法、外汇汇率的概念。
- 理解记账本位币的变更、境外经营记账本位币的确定、境外经营处置的业务处理。
- 掌握外币交易的业务处理、外币财务报表的折算方法。

技能目标

- 能够熟练掌握运用外币折算的基本知识。
- 能够独立进行外币折算的业务计算分析及会计处理。

思维导图

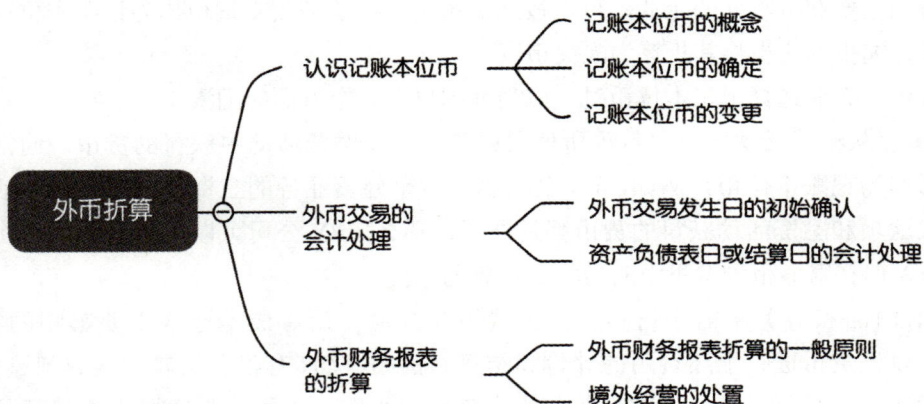

任务一　认识记账本位币

　　企业在生产经营活动中，会发生用记账本位币以外的货币进行交易或结算的情况。通常情况下，会计上习惯把记账本位币以外的货币统称为外币。企业以外币计价或结算的交易，会计上习惯称为外币交易。实务中，外币交易主要包括购买或出售以外币计价的商品和服务、借出外币资金和其他以外币计价或结算的交易。

　　企业涉及外币交易的业务处理主要包括记账本位币的确定、外币交易发生日折算汇率的选择、外币交易初始确认的会计处理、资产负债表日及结算日折算汇率的选择及所产生汇兑差额的会计处理。

▶▶▶ 一、记账本位币的概念

　　所谓记账本位币，是指企业在所处经济环境中开展经营活动所使用的主要货币。记账本位币通常是企业主要收、支现金的货币，使用这一货币能有效反映企业经营活动的主要经济结果。我国境内的企业主要以人民币为记账本位币。实务中，企业涉及记账本位币的业务处理主要包括记账本位币的确定与变更。

▶▶▶ 二、记账本位币的确定

（一）境内经营记账本位币的确定

　　《中华人民共和国会计法》规定，企业记账本位币通常应当选择人民币，以人民币以外的货币为主要业务收支的企业，可以按规定选定主要业务收支货币作为记账本位币，但在财务报告编报中应当将其折算为人民币。

　　实务中，企业选择记账本位币时，应当考虑以下几个方面的因素。

　　(1) 保存从经营活动中收取款项所使用的货币以及融资活动中获得的货币，通常应当以该货币作为记账本位币。例如，FX 公司属于从事外贸业务的三资企业，其经营活动保存的收取款项和融资活动获得的货币都是外币，那么，FX 公司可以选择一种外币作为记账本位币，但在财务报告编报中应当将其折算为人民币。

　　(2) 对商品和劳务所需原材料、人工费用和其他费用等成本造成主要影响的货币，通常应当以该货币进行上述费用的计价和结算。例如，QN 有限公司属于服装制造企业，生产经营所需的机器设备、原材料等都在我国境内采购，人民币是主要影响其商品制造所需原材料、人工费用和其他费用的货币，那么，QN 有限公司应当选择人民币作为记账本位币。

(3) 对商品和劳务的销售价格造成主要影响的货币，通常应当以该货币进行商品和劳务的计价和结算。例如，我国境内 TN 有限公司属于从事商贸业务的企业，其 80% 以上的销售收入都以人民币计价和结算，那么，TN 有限公司应当选择人民币作为记账本位币。

实务中，企业在确定记账本位币时，由于企业具体环境和业务内容不同，上述影响记账本位币选择因素的重要程度也不同，企业应当根据其实际需要进行判断和选择。一般情况下，企业应当综合考虑对成本和销售价格造成主要影响的货币，并将其作为企业的记账本位币。但是，当企业仅根据经营活动的收支难以确定记账本位币时，可以进一步结合保存从经营收入及融资活动中获得的货币进行综合分析后确定。

【例题 3-1】HN 公司属于外商商贸企业，由外商投资组建并主要经营出口业务。

要求：请确定 HN 公司应当选择哪一种货币作为记账本位币。

解题过程如下：

如果 HN 公司日常经营中 80% 以上的人工成本、原材料及相应的厂房设施、机器设备等都在国内采购，并以人民币计价，HN 公司取得的境外收入，在汇回国内时，直接兑换成了人民币存款，且对汇率波动产生的风险进行了套期保值，降低了汇率波动对企业取得的销售收入的影响，那么，HN 公司可以选择人民币作为记账本位币。

如果 HN 公司超过 80% 的业务收入来自特定的出口国，其商品销售价格主要受当地情况影响，销售收入以出口国货币计价，那么，从影响商品和劳务销售价格的角度看，HN 公司应当选择出口国货币作为记账本位币。

如果 HN 公司除厂房设施、30% 的人工成本在国内以人民币采购或支付外，生产所需的原材料、机器设备及 70% 以上的人工成本都以他国货币在国外采购或支付，那么，HN 公司可以选择该国货币作为记账本位币。

（二）境外经营记账本位币的确定

实务中，对于境外经营记账本位币的选择，除了满足境内经营的因素以外，还应当考虑以下几个方面的因素。

(1) 境外经营对其所从事的经营活动是否拥有较强的自主性。实务中，境外经营所从事的活动拥有极大的自主性，则该境外经营可以选择与企业记账本位币不同的货币作为记账本位币；反之，境外经营应当选择与企业记账本位币相同的货币作为记账本位币。

(2) 境外经营活动中与企业的交易是否在境外经营活动中占有较大比重。实务中，境外经营与企业的交易，在境外经营活动中所占的比例较低，境外经营可以选择与企业记账本位币不同的货币作为记账本位币；反之，境外经营应当选择与企业记账本位币相同的货币作为记账本位币。

(3) 境外经营活动产生的现金是否可以随时汇回国内，现金流量是否直接影响企业的现金流量。实务中，境外经营活动产生的现金不能随时汇回，且现金流量对企业的现金流量影响较小，境外经营可以选择与企业记账本位币不同的货币作为记账本位币；反之，境外经营应当选择与企业记账本位币相同的货币作为记账本位币。

(4) 境外经营活动产生的现金流量，是否足以偿还其现有债务和预期的债务。实务中，境外经营活动产生的现金流量，在企业不提供资金的情况下，可以偿还其现有债务和正常情况下可预期的债务，境外经营可以选择与企业记账本位币不同的货币作为记账本位币；反之，境外经营应当选择与企业记账本位币相同的货币作为记账本位币。

总之，企业确定其境外经营记账本位币时，由于企业具体环境和业务内容不同，上述影响记账本位币选择因素的重要程度也不同，企业应当根据实际情况优先考虑对境外经营成本和销售价格造成主要影响的货币，然后结合保存从经营收入及融资活动中获得的货币，综合分析以上四种因素后，再确定境外经营记账本位币。

▶▶▶▶ 三、记账本位币的变更

企业记账本位币一经确定，除非企业经营所处的主要经济环境发生重大变化，否则，企业记账本位币不得随意变更。

实务中，如果企业经营所处的主要经济环境发生重大变化，为了保证会计信息的可靠性，确实需要变更记账本位币的，则企业应当提供确凿的证据证明企业经营所处的主要经济环境确实发生了重大变化，同时在附注中披露变更的理由。对于记账本位币的变更，企业应当采用变更当日的即期汇率将所有项目折算为变更后的记账本位币，折算后的金额作为以新的记账本位币计量的历史成本。由于采用同一即期汇率进行折算，故不会产生汇兑损益。对于比较财务报表，应当以可比当日的即期汇率折算所有资产负债表和利润表项目。

任务二　外币交易的会计处理

▶▶▶▶ 一、外币交易发生日的初始确认

企业发生的外币交易活动，应当采用交易发生日的即期汇率或即期汇率的近似汇率进行初始确认，并将外币金额折算为记账本位币金额，按照折算后的记账本位币金额登记有关账户，同时企业按照外币金额登记相应的外币账户。

所谓即期汇率，是指中国人民银行公布的当日人民币汇率的中间价。实务中，企业发生单纯的货币兑换交易或涉及货币兑换交易，如果采用即期汇率进行折算，仅用中间价不能反映货币买卖的损益时，应当按照银行买入价或卖出价进行折算。

实务中，当汇率变化不大时，企业可以采用即期汇率的近似汇率进行折算。即期汇率的近似汇率，是指按照系统合理的方法确定的、与交易发生日即期汇率近似的汇率，通常采用加权平均汇率或当期平均汇率等。

【例题 3-2】GD 公司以人民币为记账本位币，发生的外币交易业务采用交易日的即期汇率进行折算。2023 年 4 月 3 日，GD 公司向欧盟成员国 A 公司出口一批甲商品，销售合

同约定货款共计 500 000 欧元，假设当日即期汇率为 1 欧元 ＝ 8.87 元人民币，不考虑相关税费，货款尚未收到。

要求：编写相关会计分录。

确认收入时，GD 公司的会计分录如下：

借：应收账款——A 公司（欧元）　　　　4 435 000（500 000 × 8.87）

　　贷：主营业务收入——甲商品　　　　　　　　4 435 000

【例题 3-3】DZ 公司以人民币为记账本位币，属于增值税一般纳税人企业。DZ 公司发生的外币交易业务采用交易日的即期汇率进行折算。2023 年 2 月 8 日，DZ 公司从美国 K 公司购入甲材料，货款 100 000 美元，假设当日即期汇率为 1 美元 ＝ 6.88 元人民币，按照 10% 的关税税率计算，进口关税为 68 800 元，进口增值税为 98 384 元，货款尚未支付，进口关税及增值税已由银行存款支付。

要求：编写相关会计分录。

进口甲材料时，DZ 公司的会计分录如下：

借：原材料——甲材料　　　　　　　　756 800（100 000 × 6.88 + 68 800）

　　应交税费——应交增值税（进项税额）　98 384

　　贷：应付账款——K 公司（美元）　　　　　　688 000

　　　　银行存款　　　　　　　　　　　　167 184（68 800 + 98 384）

【例题 3-4】RJ 公司以人民币为记账本位币，发生的外币交易业务采用交易日的即期汇率进行折算。2023 年 7 月 16 日，到中国银行将货款 500 000 欧元兑换成人民币，假设银行当日欧元买入价为 1 欧元 ＝ 9.51 元人民币，中间价为 1 欧元 ＝ 9.72 元人民币。

要求：编写相关会计分录。

解题过程如下：

RJ 公司与银行发生货币兑换，兑换所用汇率为银行的买入价，而通常记账所用的即期汇率为中间价，由此产生的汇兑差额计入当期财务费用。

兑换欧元时，RJ 公司的会计分录如下：

借：银行存款——中国银行（人民币）　　4 755 000（500 000 × 9.51）

　　财务费用——汇兑差额　　　　　　　105 000

　　贷：银行存款——中国银行（欧元）　　　　　4 860 000（500 000 × 9.72）

【例题 3-5】CJ 公司以人民币为记账本位币，发生的外币交易业务采用交易日的即期汇率进行折算。2023 年 12 月 13 日，CJ 公司从中国银行借入 400 000 英镑，期限为 6 个月，年利率为 5%，借入的英镑暂存银行。假设借入当日即期汇率为 1 英镑 ＝ 9.83 元人民币。

要求：编写相关会计分录。

借入英镑时，CJ 公司的会计分录如下：

借：银行存款——中国银行（英镑）　　　3 932 000（400 000 × 9.83）

　　贷：短期借款——中国银行（英镑）　　　　　3 932 000

实务中，当投资者将外币作为资本投入企业时，无论合同是否有约定汇率，企业应当采用交易发生日的即期汇率进行折算，而不得采用合同约定汇率或即期汇率的近似汇率进行折算。

【例题 3-6】GY 公司以人民币为记账本位币，发生的外币交易业务采用交易日的即期汇率进行折算。2023 年 2 月 15 日，GY 公司为增资扩股与 M 外商签订投资合同，当日将收到的 M 外商投入的资本 1 000 000 美元存入公司的开户银行（中国银行），假设当日即期汇率为 1 美元 = 6.38 元人民币，其中 6 000 000 元人民币为注册资本的组成部分。假定投资合同签订的汇率为 1 美元 = 6.40 元人民币。

要求：编写相关会计分录。

收到 M 公司的投资时，GY 公司的会计分录如下：

借：银行存款——中国银行（美元）　　　　　6 380 000(1 000 000 × 6.38)
　　贷：实收资本——M 外商　　　　　　　　　　6 000 000
　　　　资本公积——资本溢价　　　　　　　　　　380 000

▶▶▶▶ 二、资产负债表日或结算日的会计处理

资产负债表日是指企业结账和编制资产负债表的日期。这里所说的资产负债表日主要指年度末的资产负债表日，即每年的 12 月 31 日。对资产负债表日的交易或事项进行会计处理时，企业应当按外币货币性项目和外币非货币性项目分别进行处理。

（一）外币货币性项目

外币货币性项目，是指企业持有的外币货币资金和将以固定或可确定的金额收取的资产或者偿付的负债。货币性项目分为货币性资产和货币性负债。其中，货币性资产包括现金、银行存款、应收账款、其他应收款、长期应收款等；货币性负债包括应付账款、其他应付款、长期应付款等。

针对资产负债表日或结算日的货币性项目，企业应当采用资产负债表日的即期汇率进行折算，因汇率波动产生的汇兑差额计入当期损益（财务费用）；同时调增或调减外币货币性项目的记账本位币金额，需要计提减值准备的，应当按资产负债表日的即期汇率折算后，再计提减值准备。

【例题 3-7】承接例题 3-2，2023 年 4 月 30 日，GD 公司仍未收到 A 公司购货款，假设当日即期汇率为 1 欧元 = 9.08 元人民币。

要求：编写相关会计分录。

解题过程如下：

对该笔交易产生的外币货币性项目"应收账款"采用期末的即期汇率进行折算，折算成记账本位币 4 540 000(500 000 × 9.08) 元，与其原记账本位币之间的差额 105 000 元计入当期损益。

期末调整汇率时，GD 公司的会计分录如下：

借：应收账款——A 公司（欧元）　　　　　　105 000 [500 000 ×（9.08 - 8.87）]

　　贷：财务费用——汇兑差额　　　　　　　105 000

假定 2023 年 5 月 3 日收到上述货款，兑换成人民币直接存入中国银行，当日银行的欧元买入价为 1 欧元 = 9.28 元人民币。

期末调整汇率时，GD 公司的会计分录如下：

借：银行存款——中国银行（人民币）　　　　4 640 000（500 000 × 9.28）

　　贷：应收账款——A 公司（欧元）　　　　　4 540 000

　　　　财务费用——汇兑差额　　　　　　　　100 000

【例题 3-8】 承接例题 3-3，2023 年 2 月 28 日，DZ 公司尚未向 K 公司支付所欠货款，假设当日即期汇率为 1 美元 = 6.8 元人民币。

要求：编写相关会计分录。

解题过程如下：

对该笔交易产生的外币货币性项目"应付账款"采用期末的即期汇率进行折算，折算成记账本位币 680 000（100 000 × 6.8）元，与其原记账本位币之间的差额 8 000 元计入当期损益。

期末调整汇率时，DZ 公司的会计分录如下：

借：应付账款——K 公司（美元）　　　　　8 000 [100 000 ×（6.8 - 6.88）]

　　贷：财务费用——汇兑差额　　　　　　　8 000

【例题 3-9】 承接例题 3-5，假定 2023 年 2 月 28 日即期汇率为 1 英镑 = 9.75 元人民币。

要求：编写相关会计分录。

解题过程如下：

对该笔交易产生的外币货币性项目"短期借款——中国银行（英镑）"采用期末的即期汇率进行折算，折算成记账本位币为 3 900 000（400 000 × 9.75）元，与其原记账本位币之间的差额 32 000 元计入当期损益。

期末调整汇率时，CJ 公司的会计分录如下：

借：短期借款——中国银行（英镑）　　　　32 000 [400 000 ×（9.75 - 9.83）]

　　贷：财务费用——汇兑差额　　　　　　　32 000

2023 年 6 月 13 日以人民币归还所借英镑，假设当日银行的英镑卖出价为 1 英镑 = 11.27 元人民币，假定借款利息在到期归还本金时一并支付，假定 2023 年 5 月 31 日的即期汇率为 1 英镑 = 9.75 元人民币。

当日应归还银行借款利息 10 000（400 000 × 5% ÷ 12 × 6）英镑，按当日英镑卖出价折算成人民币 112 700（10 000 × 11.27）元。

偿还借款时，CJ 公司的会计分录如下：

借：短期借款——中国银行（英镑）　　　　3 900 000

　　财务费用——汇兑差额　　　　　　　　608 000

　　贷：银行存款——中国银行（人民币）　　　4 508 000（400 000 × 11.27）

借：财务费用——利息费用   112 700(10 000 × 11.27)
      贷：银行存款——中国银行 (人民币)   112 700

（二）外币非货币性项目

外币非货币性项目实际上是在物价变动情况下，其本身的价格可以随着物价变动而变动的项目，主要包括存货、固定资产、无形资产等非货币性资产和递延收入、应在未来提供商品或服务责任的项目等外币非货币性负债，以及大部分股东权益项目。

(1) 对于以历史成本计量的外币非货币性项目，由于已在交易发生日按当日即期汇率进行折算，故资产负债表日不应改变其原记账本位币金额，不产生汇兑差额。

【例题 3-10】TZ 公司以人民币为记账本位币，发生的外币交易业务采用交易日的即期汇率进行折算。2023 年 2 月 12 日进口一台机器设备，支付价款 2 000 000 美元，假设已按当日即期汇率 (1 美元 = 6.30 元人民币) 折算为人民币并记入"固定资产"账户。

要求：判断该项目是否需要按照期末即期汇率进行调整。

解题过程如下：

由于"固定资产"属于非货币性项目，因此，在资产负债表日不需要按照当日即期汇率进行调整。

(2) 由于存货以成本与可变现净值两者中的较低者计量，故在以外币购入存货并且该存货在资产负债表日的可变现净值以外币反映的情况下，确定资产负债表日存货价值时应当考虑汇率变动的影响。实务中，可以通过将可变现净值按资产负债表日的即期汇率折算为记账本位币金额，再和记账本位币反映的存货成本进行比较，从而确定此项存货的期末价值。

【例题 3-11】HP 公司为医疗设备经销商，以人民币为记账本位币，发生的外币交易业务采用交易日即期汇率进行折算。2023 年 9 月 8 日，HP 公司以 1 000 欧元 / 台的价格从国外购入在国内市场尚无供应的新型 F 医疗设备 200 台，假设当日即期汇率为 1 欧元 = 7.61 元人民币。2023 年 12 月 31 日，尚有 120 台该设备未销售出去，国内市场仍无该设备供应，其在国际市场的价格已降至 900 欧元 / 台。假设 2023 年 12 月 31 日即期汇率为 1 欧元 = 7.21 元人民币。假定不考虑增值税等相关税费。

要求：编写相关会计分录。

解题过程如下：

由于存货以成本与可变现净值两者中的较低者在资产负债表日进行计量，因此，在以外币购入存货并且该存货在资产负债表日的可变现净值以外币反映的情况下，确定该项存货的期末价值时应当考虑汇率变动的影响。

2023 年 12 月 31 日，HP 公司对该项设备应计提的存货跌价准备 = 1 000 × 120 × 7.61 - 900 × 120 × 7.21 = 913 200 - 778 680 = 134 520(元)。

计提存货减值准备时，HP 公司的会计分录如下：

借：资产减值损失——存货——F 医疗设备   134 520
      贷：存货跌价准备——F 医疗设备   134 520

(3) 在外币非货币性项目中，对于以公允价值计量的项目，期末公允价值以外币反映的，应当先将该外币金额按照公允价值确定当日的即期汇率折算为记账本位币金额，再与原记账本位币金额进行比较。属于以公允价值计量且变动计入当期损益的金融资产，如股票、基金等，折算后的记账本位币金额与原记账本位币金额之间的差额应当作为公允价值变动损益（包括汇率变动等），计入当期损益。属于指定为以公允价值计量且变动计入其他综合收益的非交易性权益工具投资，其折算后的记账本位币金额与原记账本位币金额之间的差额应当计入其他综合收益。

【例题 3-12】LP 公司以人民币为记账本位币，发生的外币交易业务采用交易日的即期汇率进行折算。2023 年 6 月 13 日，LP 公司（开户银行为中国银行）以每股 5 美元的价格购入 A 公司股票 20 000 股，将其划分为以公允价值计量且变动计入当期损益的金融资产，假设当日汇率为 1 美元 = 6.39 元人民币，款项已支付。2023 年 6 月 30 日，A 公司股票的市价变为每股 4.5 美元，当日汇率为 1 美元 = 6.46 元人民币。假定不考虑相关税费的影响。

要求：编写相关会计分录。

解题过程如下：

2023 年 6 月 13 日购入股票时，LP 公司的会计分录如下：

借：交易性金融资产——A 公司股票——成本　　　　　639 000(5 × 20 000 × 6.39)
　　贷：银行存款——中国银行（美元）　　　　　　　　　　　639 000

根据《企业会计准则第 22 号——金融工具确认和计量》的相关规定，交易性金融资产以公允价值计量。由于该项交易性金融资产以外币计价，在资产负债表日，不仅应考虑股票市价的波动，还应当考虑美元与人民币之间汇率变动的影响。上述交易性金融资产在 2023 年 6 月 30 日（资产负债表日）应按 581 400(4.5 × 20 000 × 6.46) 元入账，与原账面价值 639 000 元的差额 (57 600 元) 应当直接计入公允价值变动损益。这 57 600 元差额实际上既包含了 LP 公司所购 A 公司股票公允价值变动的影响，又包含了人民币与美元之间汇率变动的影响。

持有期间股票价值变动时，LP 公司的会计分录如下：

借：公允价值变动损益　　　　　　　　　　　　　　57 600
　　贷：交易性金融资产——A 公司股票——公允价值变动　　57 600

2023 年 7 月 28 日，LP 公司将所购 A 公司股票按当日市价每股 5.2 美元全部售出，所得价款为 104 000 美元，按当日汇率 (1 美元 = 6.48 元人民币) 折算为 673 920(5.2 × 20 000 × 6.48) 元，与其原账面价值 581 400 元之间的差额为 92 520 元。在这里，对于汇率的变动和股价的变动不再进行区分，都作为投资收益进行处理。

出售 A 公司股票时，LP 公司的会计分录如下：

借：银行存款——中国银行（美元）　　　　　　　　　673 920
　　交易性金融资产——A 公司股票——公允价值变动　　57 600
　　贷：交易性金融资产——A 公司股票——成本　　　　　　639 000

| | 投资收益——A 公司股票 | 92 520 |

【例题 3-13】 XR 公司以人民币为记账本位币，发生的外币交易业务采用交易日的即期汇率进行折算，并按月计算汇兑损益。XR 公司在中国银行开设有欧元账户。

XR 公司有关外币账户 2023 年 4 月 30 日的余额如表 3-1 所示。

表 3-1　外币账户折算本位币账户余额表

项　　目	外币账户余额 / 欧元	汇率	人民币账户余额 / 人民币元
银行存款	1 000 000	7.76	7 760 000
应收账款	500 000	7.76	3 880 000
应付账款	200 000	7.76	1 552 000

XR 公司 2023 年 5 月发生的有关外币交易或事项如下：

① 5 月 7 日，以人民币向银行买入 500 000 欧元。假设当日即期汇率为 1 欧元 = 7.74 元人民币，当日银行欧元的卖出价为 1 欧元 = 7.80 元人民币。

② 5 月 13 日，从国外 A 公司进口一批甲原料，总价款为 400 000 欧元。甲原料已验收入库，货款尚未支付。假设当日即期汇率为 1 欧元 = 7.78 元人民币。同时，用银行存款支付该原材料的进口关税 466 000 元和增值税 465 140 元。

③ 5 月 18 日，向国外 N 公司出口销售一批乙商品，销售价款为 600 000 欧元，货款尚未收到。假设当日即期汇率为 1 欧元 = 7.70 元人民币。假设不考虑相关税费。

④ 5 月 24 日，收到 5 月出口商品给 E 公司发生的应收账款 300 000 欧元，款项已存入银行。假设当日即期汇率为 1 欧元 = 7.72 元人民币。

⑤ 5 月 31 日，假设即期汇率为 1 欧元 = 7.68 元人民币。

要求：编写相关会计分录。

解题过程如下：

买入欧元时，XR 公司编制如下会计分录：

借：银行存款——中国银行（欧元）　　　　　　3 870 000(500 000 × 7.74)

　　财务费用——汇兑差额　　　　　　　　　　30 000

　　　贷：银行存款——中国银行（人民币）　　　　　　3 900 000(500 000 × 7.80)

进口材料时，XR 公司的会计分录如下：

借：原材料——甲材料　　　　　　　　　　　3 578 000(400 000 × 7.78 + 466 000)

　　应交税费——应交增值税（进项税额）　　465 140

　　　贷：应付账款——A 公司（欧元）　　　　　　3 112 000(400 000 × 7.78)

　　　　　银行存款——中国银行（人民币）　　　　931 140

出口乙商品时，XR 公司的会计分录如下：

借：应收账款——N 公司（欧元）　　　　　　4 620 000(600 000 × 7.70)

　　　贷：主营业务收入——出口乙商品　　　　　　4 620 000

收到 E 公司货款时，XR 公司的会计分录如下：

借：银行存款——中国银行（欧元）　　　　　　　　2 316 000(300 000 × 7.72)

　　财务费用——汇兑差额　　　　　　　　　　　　12 000

　　　贷：应收账款——E 公司（欧元）　　　　　　　　2 328 000(300 000 × 7.76)

2023 年 5 月 31 日，计算期末各个项目产生的汇兑差额。

银行存款欧元账户余额 ＝ 1 000 000 + 500 000 + 300 000 = 1 800 000(欧元)

按当日的即期汇率折算的人民币金额 ＝ 1 800 000 × 7.68 = 13 824 000 (元)

汇兑差额 ＝ 13 824 000 − (7 760 000 + 3 870 000 + 2 316 000) = −122 000 (元)

因此，由于汇率变化，银行存款项目汇兑损失为 122 000 元。

应收账款欧元账户余额 ＝ 500 000 + 600 000 − 300 000 = 800 000(欧元)

按当日的即期汇率折算的人民币金额 ＝ 800 000 × 7.68 = 6 144 000 (元)

汇兑差额 ＝ 6 144 000 − (3 880 000 + 4 620 000 − 2 328 000) = −28 000 (元)

因此，由于汇率变化，应收账款项目汇兑损失为 28 000 元。

应付账款欧元账户余额 ＝ 200 000 + 400 000 = 600 000(欧元)

按当日的即期汇率折算的人民币金额 ＝ 600 000 × 7.68 = 4 608 000 (元)

汇兑差额 ＝ 4 608 000 − (1 552 000 + 3 112 000) = −56 000 (元)

因此，由于汇率变化，应付账款项目汇兑收益为 56 000 元。

综合上述计算，应当计入当期损益的汇兑差额 ＝ − 122 000 − 28 000 + 56 000 = −94 000(元)

因此，结合 XR 公司银行存款、应收账款、应付账款三个项目的汇兑损益，形成综合汇兑损失 94 000 元。

期末汇率变动形成汇兑损益时，XR 公司的会计分录如下：

借：应付账款——A 公司（欧元）　　　　　　　　　56 000

　　财务费用——汇兑差额　　　　　　　　　　　　94 000

　　　贷：银行存款——中国银行（欧元）　　　　　　　　122 000

　　　　　应收账款——N 公司（欧元）　　　　　　　　 28 000

任务三　外币财务报表的折算

▶▶▶▶　一、外币财务报表折算的一般原则

（一）境外经营财务报表的折算

外币财务报表的折算，是指企业将境外经营通过合并财务报表或权益法核算等纳入本企业财务报表中时，如果境外经营的记账本位币与本企业的记账本位币不同，且境外经营处于非恶性通货膨胀的经济情况下，需要将境外经营的财务报表折算为以企业记账本位币

反映的财务报表的过程。

实务中，对境外经营财务报表进行折算前，企业应当调整境外经营的会计期间和会计政策，使之与企业会计期间、会计政策相一致，根据调整后的会计政策和会计期间编制相应货币（记账本位币以外的货币）的财务报表，然后按照以下几个方面的规定进行折算。

(1) 资产负债表中的资产和负债项目，采用资产负债表日的即期汇率进行折算，所有者权益项目除"未分配利润"项目外，其他项目采用发生时的即期汇率进行折算。

(2) 利润表中的收入和费用项目，采用交易发生日的即期汇率进行折算，也可以采用按照系统合理的方法确定的、与交易发生日的即期汇率近似的汇率进行折算。

(3) 产生的外币财务报表折算差额，在资产负债表中所有者权益项目下"其他综合收益"项目列示。

【例题 3-14】TY 公司以人民币为记账本位币，M 公司是 TY 公司在英国的子公司，M 公司确定的记账本位币为英镑。TY 公司拥有 M 公司 70% 的股权，并能够对 M 公司的财务和经营政策实施控制。TY 公司采用当期平均汇率折算 M 公司利润表项目。M 公司相关资料如下：

假设 2023 年 12 月 31 日的即期汇率为 1 英镑 = 8.60 元人民币，2023 年的平均汇率为 1 英镑 = 8.88 元人民币，实收资本、资本公积发生日的即期汇率为 1 英镑 = 12.87 元人民币。2023 年 12 月 31 日的股本为 10 000 000 英镑，折算成人民币为 128 700 000 元；盈余公积为 1 000 000 英镑，折算成人民币为 13 000 000 元；未分配利润为 2 000 000 英镑，折算成人民币为 26 000 000 元。TY 公司和 M 公司均在年末提取盈余公积，M 公司 2023 年提取的盈余公积为 700 000 英镑。

要求：编制 M 公司的外币折算报表。

解题过程如下：

利润表简表、所有者权益变动表简表和资产负债表简表分别见表 3-2、表 3-3 和表 3-4。

表 3-2　利润表简表

编制单位：M公司　　　　　　　　　　　2023年度

项　目	本年金额（英镑）/ 万元	折算汇率	折算为人民币金额 / 万元
一、营业收入	2 400	8.88	21 312
减：营业成本	1 800	8.88	15 984
税金及附加	50	8.88	444
管理费用	120	8.88	1 065.6
财务费用	10	8.88	88.8
加：投资收益	30	8.88	266.4
二、营业利润	450	8.88	3 996
加：营业外收入	50	8.88	444

续表

项　目	本年金额（英镑）/ 万元	折算汇率	折算为人民币金额 / 万元
减：营业外支出	20	8.88	177.6
三、利润总额	480	8.88	4 262.4
减：所得税费用	130	8.88	1 154.4
四、净利润	350	8.88	3 108
五、其他综合收益的税后净值			
六、综合收益总额	350	—	3 108
七、每股收益			

表 3-3　所有者权益变动表简表

编制单位：M公司　　　　　　　　2023年度

项　目	实收资本			其他综合收益	盈余公积			未分配利润		所有者权益合计
	英镑/万元	折算汇率	人民币/万元	人民币/万元	英镑/万元	折算汇率	人民币/万元	英镑/万元	人民币/万元	人民币/万元
一、本年年初余额	1 000	12.87	12 870		100		1 300	200	2 600	16 770
二、本年增减变动金额										
（一）综合收益总额										-2 118
净利润								350	3 108	3 108
其他综合收益的税后净额				-5 226						-5 226
其中：外币报表折算差额				-5 226						-5 226
（二）利润分配										
提取盈余公积					70	8.88	621.6	-70	-621.6	0
本年年末余额	1 000	12.87	12 870	-5 226	170		1 921.6	480	5 086.4	14 652

注意：在所有者权益变动表中，当期计提的盈余公积采用当期平均汇率进行折算时，期初盈余公积为以前年度计提的盈余公积按相应年度平均汇率折算后金额的累计数，期初未分配利润记账本位币金额为以前年度未分配利润记账本位币金额的累计数。

表 3-4　资产负债表简表

2023年12月31日

资　产	期末数（英镑）/ 万元	折算汇率	折算为人民币金额 / 万元	负债和所有者权益	期末数（英镑）/ 万元	折算汇率	折算为人民币金额 / 万元
流动资产：				流动负债：			
货币资金	230	8.88	2 042.4	短期负债	50	8.88	444
应收票据及应收账款	230	8.88	2 042.4	应付票据及应付账款	340	8.88	3 019.2
存货	280	8.88	2 486.4	其他流动负债	130	8.88	1 154.4
其他流动资产	240	8.88	2 131.2	流动负债合计	520	8.88	4 617.6
流动资产合计	980	8.88	8 702.4	非流动负债：		8.88	0
非流动资产：				长期借款	170	8.88	1 509.6
长期应收款	140	8.88	1 243.2	应付债券	100	8.88	888
固定资产	660	8.88	5 860.8	其他非流动负债	90	8.88	799.2
在建工程	590	8.88	5 239.2	非流动资产合计	360	8.88	3 196.8
无形资产	120	8.88	1 065.6	负债合计	880	8.88	7 814.4
其他非流动资产	40	8.88	355.2	所有者权益：			
非流动资产合计	1 550	8.88	13 764	实收资本	1 000	12.87	12 870
				其他综合收益			−5 226
				盈余公积	170		1 921.6
				未分配利润	480		5 086.4
				所有者权益合计	1 650		14 652
资产合计	2 530		22 466.4	负债和所有者权益合计	2 530		22 466.4

　　实务中，报表中外币折算差额应当是以记账本位币反映的净资产减去以记账本位币反映的实收资本、资本公积、盈余公积和未分配利润等项目后的余额。如果企业的记账本位币不是人民币，应当按照境外经营财务报表折算原则，将财务报表折算为人民币财务报表。

（二）包含境外经营的合并财务报表编制的特殊处理

如果企业境外经营为其子公司，那么企业在编制合并财务报表时，对于境外经营财务报表折算差额的处理，需要在母公司与子公司少数股东之间按照各自在境外经营所有者权益中所享有的份额进行分摊。其中，归属于母公司应分担的部分在合并资产负债表和合并所有者权益变动表中的"所有者权益"项目下"其他综合收益"项目列示，属于子公司少数股东应分担的部分应并入"少数股东权益"项目列示。

实务中，若企业存在实质上构成对境外经营子公司净投资的外币货币性项目的情况，则在编制合并财务报表时，应按以下两种情况编制抵销分录。

(1) 实质上构成以母公司或子公司的记账本位币反映对子公司净投资的外币货币性项目，应在抵销长期应收应付项目的同时，将产生的汇兑差额转入"其他综合收益"项目。

(2) 实质上构成以母公司或子公司的记账本位币以外的货币反映对子公司净投资的外币货币性项目，则应将母公司或子公司此项外币货币性项目产生的汇兑差额相互抵销，差额转入"其他综合收益"项目。

如果合并财务报表时，各子公司之间也存在实质上构成对另一境外经营子公司净投资的外币货币性项目，在编制合并财务报表时应比照上述原则编制相应的抵销分录。

▶▶▶▶ **二、境外经营的处置**

实务中，企业处置境外经营时，应当将资产负债表的权益项目中与该境外经营相关的外币财务报表折算差额从"所有者权益"项目转入处置当期损益；部分处置境外经营的，应当按处置的比例计算处置部分的外币财务报表折算差额，转入处置当期损益。

▌▌▶ 项目总结

本项目内容主要包括记账本位币的确定、外币交易发生日折算汇率的选择、外币交易初始确认的会计处理、资产负债表日（及结算日）折算汇率选择及所产生汇兑差额的会计处理等。

▌▌▶ 习题巩固

一、单项选择题

1. 下列关于记账本位币变更会计处理的表述，正确的是（　　）。

A. 记账本位币变更日所有者权益项目按照历史汇率折算为变更后的记账本位币

B. 记账本位币变更日资产负债项目按照当日的即期汇率折算为变更后的记账本位币

C. 记账本位币变更当年年初至变更日的利润表项目按照交易发生日的即期汇率折算为变更后的记账本位币

D. 记账本位币变更当年年初至变更日的现金流量表项目按照与交易发生日即期汇率近似的汇率折算为变更后的记账本位币

2. 企业将收到的投资者以外币投入的资本折算为记账本位币时，应采用的折算汇率是（　　）。

　　A. 投资合同签订时的即期汇率　　　　B. 投资合同约定的汇率

　　C. 收到投资款当月的平均汇率　　　　D. 收到投资款时的即期汇率

3. H 公司的记账本位币为人民币，属于增值税一般纳税人，购买商品适用的增值税税率为 13%。2023 年 5 月 15 日，从国外购入 B 原材料共计 400 万欧元（不含增值税），假设当日的即期汇率为 1 欧元＝7.6 元人民币，按照规定计算应缴纳的进口关税为 304 万元人民币，进口增值税税额为 434.72 万元人民币，货款尚未支付，进口关税及增值税已由银行存款支付，H 公司购入 B 原材料的成本为（　　）万元人民币。

　　A. 3 040　　　　　　　　　　　　　B. 3 344

　　C. 3 575.04　　　　　　　　　　　D. 3 879.04

4. F 外商投资企业以人民币作为记账本位币，收到外商作为实收资本投入的设备一台，协议价为 200 万美元，假设当日的市场汇率为 1 美元＝6.5 元人民币。投资合同约定汇率为 1 美元＝6.6 元人民币。另外，发生运杂费 4 万元人民币、进口关税 10 万元人民币、安装调试费 6 万元人民币，上述相关税费均以银行存款（人民币户）支付。不考虑其他因素，该设备的入账价值为（　　）万元人民币。

　　A. 1 310　　　　　　　　　　　　　B. 1 300

　　C. 1 320　　　　　　　　　　　　　D. 1 290

5. 下列项目中，不属于外币资产期末发生的汇兑差额计入当期损益的是（　　）。

　　A. 其他债权投资　　　　　　　　　　B. 其他权益工具投资

　　C. 债权投资　　　　　　　　　　　　D. 应收账款

6. H 公司对外币交易采用交易发生日即期汇率折算，按月计算汇兑损益，记账本位币为人民币。H 公司 2023 年 3 月 8 日出口销售一批设备，价款总额为 400 万美元，合同规定购货方应于 4 个月后支付货款。假设销售时的即期汇率为 1 美元＝6.63 元人民币，3 月 31 日即期汇率为 1 美元＝6.66 元人民币，4 月 30 日即期汇率为 1 美元＝6.64 元人民币，5 月 1 日即期汇率为 1 美元＝6.65 元人民币，5 月 31 日即期汇率为 1 美元＝6.67 元人民币。不考虑相关税费等其他因素，H 公司 2023 年 5 月对该外币债权确认的汇兑收益为（　　）万元人民币。

　　A. -8　　　　　　　　　　　　　　　B. 12

　　C. 8　　　　　　　　　　　　　　　D. 16

7. K 企业以人民币作为记账本位币，外币交易采用当日即期汇率折算，其银行存款（美元）账户上期期末余额为 2 000 万美元，上期期末即期汇率为 1 美元＝6.30 元人民币。K 企业本月 10 日将其中 400 万美元在银行兑换为人民币，假设银行当日美元买入价为 1 美元＝6.25 元人民币，当日即期汇率为 1 美元＝6.32 元人民币。K 企业本期没有其他涉及美元账户的业务，假设期末即期汇率为 1 美元 = 6.28 元人民币，则 K 企业本期计入财务费用（汇兑损失）的金额共计（　　）万元人民币。

A. 24
B. -4
C. 52
D. 28

8. M 公司记账本位币为人民币，2023 年 12 月 31 日，M 公司有关资产、负债项目的期末余额如表 3-5 所示。

表 3-5　M 公司资产、负债项目的期末余额

项　目	外币金额 / 万美元	按照 2023 年 12 月 31 日即期汇率调整前的人民币账面余额 / 万元人民币
银行存款	600	4 080
预付账款	200	1 360

2023 年 12 月 31 日，假设即期汇率为 1 美元 = 6.90 元人民币。M 公司在 2023 年度个别财务报表中因外币货币性项目期末汇率调整，应当确认的汇兑损失为（　　）万元人民币。

A. -60
B. -80
C. 60
D. 80

9. 下列项目中，涉及外币资产和负债发生的汇兑差额，不应计入财务费用的是（　　）。

A. 应收票据

B. 长期借款

C. 以公允价值计量且其变动计入其他综合收益的非交易性权益工具投资

D. 应付账款

10. N 公司以人民币作为记账本位币，对外币业务采用交易发生日的即期汇率折算。2023 年年初 N 公司购入国外 C 公司和 D 公司的股票，分别支付 60 万美元、200 万美元，分别划分为以公允价值计量且其变动计入当期损益的金融资产、以公允价值计量且其变动计入其他综合收益的金融资产核算，假设交易当日即期汇率为 1 美元 = 6.60 元人民币。2023 年年末，两项金融资产的公允价值分别为 80 万美元、240 万美元。假设 2023 年 12 月 31 日的即期汇率为 1 美元 = 6.67 元人民币，则上述交易对 N 公司 2023 年损益的影响金额为（　　）万元人民币。

A. 280.8
B. 418.4
C. 188.1
D. 137.6

二、多项选择题

1. 下列关于企业外币交易会计处理的说法，正确的有（　　）。

A. 结算外币应收账款形成的汇兑差额计入财务费用

B. 结算外币长期借款形成的汇兑差额计入财务费用

C. 期末调整外币银行存款产生的汇兑差额计入财务费用

D. 期末调整外币应付票据产生的汇兑差额计入财务费用

2. 下列关于外币交易会计处理的表述,正确的有(   )。

A. 外币交易在初始确认时,可以采用按照系统合理的方法确定的、与交易日即期汇率近似的汇率折算

B. 外币交易应当在初始确认时,采用交易发生日的即期汇率或即期汇率的近似汇率将外币金额折算为记账本位币金额

C. 资产负债表日,对于外币应收项目,应当根据汇率变动计算汇兑差额计入财务费用,无须计提坏账准备

D. 资产负债表日,对以历史成本计量的外币非货币性项目,仍采用交易发生日的即期汇率折算,不改变原记账本位币金额

3. 下列关于企业外币交易会计处理的表述,正确的有(   )。

A. 结算资本化期间外币专门借款应付利息的汇兑差额应予以资本化

B. 结算外币应付账款形成的汇兑差额应计入财务费用

C. 持有外币交易性金融资产(股票投资)期末公允价值变动应计入财务费用

D. 持有外币其他债权投资的汇兑差额应计入财务费用

4. 下列项目中,属于外币货币性项目的有(   )。

A. 预付款项   B. 应收票据

C. 应付账款   D. 合同负债

5. 下列项目中,属于企业对境外经营财务报表进行折算时可用资产负债表日的即期汇率进行折算的有(   )。

A. 持有待售资产   B. 其他权益工具

C. 交易性金融负债   D. 未分配利润

6. 下列项目中,属于企业发生交易或事项产生的汇兑差额应计入当期损益的有(   )。

A. 以公允价值计量且变动计入其他综合收益的非交易性权益工具投资产生的汇兑差额

B. 接受外币资本性投资

C. 外币计价的交易性金融资产(基金投资)公允价值变动

D. 买入外汇

7. 下列项目中,在对境外经营财务报表进行折算时选用的汇率,符合规定的有(   )。

A. 股本采用股东出资日的即期汇率折算

B. 投资性房地产采用资产负债表日即期汇率折算

C. 未分配利润项目采用报告期平均汇率折算

D. 合同负债采用资产负债表日即期汇率折算

8. M 公司持有在境外注册的 N 公司 100% 股权,能够对 N 公司的财务和经营决策实施控制。M 公司以人民币为记账本位币,N 公司以港元为记账本位币。2023 年 12 月 31 日,M 公司对 N 公司的长期应收款余额为 6 000 万港元,实质上构成了对 N 公司境外经营的

净投资，2023 年 12 月 31 日即期汇率调整前的账面余额为 5 040 万元人民币。假设 2023 年 12 月 31 日的即期汇率为 1 港元 = 0.82 元人民币，则下列关于 M 公司的会计处理正确的有（   ）。

A. M 公司个别报表中应确认汇兑损失 120 万元人民币

B. M 公司个别报表中不应确认汇兑损失

C. M 公司合并报表中应确认其他综合收益－120 万元人民币

D. M 公司个别报表中确认的汇兑差额在合并报表中应转入其他综合收益

9. 下列关于外币财务报表折算的说法，正确的有（   ）。

A. 资产和负债项目应当采用资产负债表日的即期汇率进行折算

B. 所有者权益项目中，除"未分配利润"项目外，其他项目均应采用交易发生时的即期汇率进行折算

C. 企业对境外子公司的外币利润表中的收入和费用项目进行折算时，可以采用交易发生日即期汇率，也可以采用按照系统合理的方法确定的、与交易发生日即期汇率近似的汇率

D. 在部分处置境外经营时，应将资产负债表中所有者权益项目下列示的、与境外经营相关的全部其他综合收益转入当期损益

10. 在母公司含有实质上构成对子公司（境外经营）净投资的外币长期应收款项目的情况下，不考虑其他因素，下列关于合并财务报表有关外币报表折算的会计处理的表述，错误的有（   ）。

A. 外币货币性项目以母公司记账本位币反映的，在抵销母子公司长期应收应付项目的同时，应将产生的汇兑差额在财务费用项目列示

B. 外币货币性项目以母公司或子公司以外的货币反映的，在抵销母子公司长期应收应付项目的同时，应将产生的汇兑差额在财务费用项目列示

C. 归属于少数股东的外币财务报表折算差额应在少数股东权益项目列示

D. 外币货币性项目以子公司记账本位币反映的，在抵销母子公司长期应收应付项目的同时，应将产生的汇兑差额在财务费用项目列示

三、判断题

1. 在企业不提供资金的情况下，境外经营活动产生的现金流量难以偿还其现有债务和正常情况下可预期债务的，境外经营应当选择与企业记账本位币相同的货币作为记账本位币。（   ）

2. 企业记账本位币和编报货币均应选择人民币。（   ）

3. 企业因经营所处的主要经济环境发生重大变化，确需变更记账本位币的，应当采用变更当日的即期汇率将货币性项目折算为变更后的记账本位币。（   ）

4. 企业的外币专门借款利息在期末按即期汇率折算的人民币金额与原账面已折算的人民币金额之间的差额一定影响营业利润。（   ）

5. 货币性项目是企业持有的货币和将以固定或可确定金额的货币收取的资产或者偿付的负债。　　　　　　　　　　　　　　　　　　　　　　　　　　　（　　）

6. 企业收到的投资者以外币投入的资本，应采用合同约定汇率折算。　　（　　）

7. 以公允价值计量且其变动计入其他综合收益的非交易性权益工具投资的外币现金股利产生的汇兑差额，应当计入当期损益。　　　　　　　　　　　　　　（　　）

8. 企业对境外经营财务报表进行折算时，资产负债表各项目均采用资产负债表日的即期汇率折算，利润表各项目均采用交易发生日的即期汇率或与交易发生日即期汇率近似的汇率折算。　　　　　　　　　　　　　　　　　　　　　　　　　　（　　）

9. 少数股东应分担的外币财务报表折算差额，应在合并资产负债表"其他综合收益"项目列示。　　　　　　　　　　　　　　　　　　　　　　　　　　　（　　）

10. 企业当期产生的外币财务报表折算差额，应在利润表"财务费用"项目中列示。
　　　　　　　　　　　　　　　　　　　　　　　　　　　　　　　　（　　）

四、计算分析题

2023 年 1 月 1 日，H 公司为建造 M 工程项目专门以面值发行公司债券 2 000 万美元，票面年利率为 6%，期限为 3 年，假定不考虑与发行债券有关的辅助费用、未支出专门借款的利息收入或投资收益。合同约定，H 公司于每年 1 月 1 日支付上年度利息，到期还本。M 工程于 2023 年 1 月 1 日开始实体建造，2024 年 6 月 30 日完工，达到预定可使用状态，期间发生的资产支出如下：2023 年 1 月 1 日，支出 400 万美元；2023 年 7 月 1 日，支出 1 000 万美元；2024 年 1 月 1 日，支出 600 万美元。

H 公司的记账本位币为人民币，外币业务采用交易发生时的即期汇率折算。相关汇率如下：

2023 年 1 月 1 日，假设即期汇率为 1 美元 = 6.40 元人民币。

2023 年 12 月 31 日，假设即期汇率为 1 美元 = 6.45 元人民币。

2024 年 1 月 1 日，假设即期汇率为 1 美元 = 6.47 元人民币。

2024 年 6 月 30 日，假设即期汇率为 1 美元 = 6.50 元人民币。

要求：

(1) 计算 2023 年 H 公司因专门借款产生的汇兑差额资本化金额，并编制相关会计分录。

(2) 计算 2024 年 1 月 1 日实际支付利息时产生的汇兑差额，并编制会计分录。

(3) 计算 2024 年 6 月 30 日 H 公司因专门借款产生的汇兑差额资本化金额，并编制相关会计分录。

项目四
借 款 费 用

知识目标

- 了解借款费用的概念、范围和确认原则。
- 理解借款费用资本化的借款范围、条件、时间。
- 掌握借款费用资本化金额的确定及业务处理。

技能目标

- 能够熟练运用借款费用的相关知识。
- 能够独立完成借款费用的计算分析及会计处理。

思维导图

```
                        ┌─── 借款费用的概念
            认识借款费用 ──┤
                        └─── 借款费用的确认
借款费用 ──⊖──┤
                        ┌─── 借款利息资本化金额的确定
            借款费用的  ──┼─── 借款辅助费用资本化金额的确定
            会计处理      └─── 外币专门借款汇兑差额资本化金额的确定
```

任务一 ▰▰▰ 认识借款费用

▶▶▶▶ **一、借款费用的概念**

借款费用是指企业在日常经营活动中向债权人借入资金而承担的代价，主要包括借款的利息、折价或者溢价的摊销金额、外币借款的汇兑差额、辅助费等。

（一）借款利息

借款利息是企业承担借款费用的主要部分，包括企业向银行或其他金融机构等借入资金所产生的利息，发行债券产生的利息，为购建或者生产符合资本化条件的资产而产生的带息债务所承担的利息等。

（二）借款折价或溢价摊销

借款折价或溢价摊销实际上是借款的合同利率低于或高于市场利率所形成的差异，从而导致在借款期间内对这部分差异进行分摊。实务中，在长期借款和发行债券中容易出现折价或者溢价，其实质是对长期借款、债券票面利息进行调整（即将债券票面利率调整为实际利率），属于借款费用的范畴。

（三）外币借款汇兑差额

外币借款汇兑差额实际上是汇率变动导致市场汇率与账面汇率出现差异，从而对外币借款本金及利息的记账本位币金额所产生影响的金额。实务中，外汇汇率随着外汇市场需求变化而波动，从而对借款的记账本位币金额产生波动。当然，汇率波动有可能对企业有利，减少企业外币借款的负担；也有可能对企业不利，增加企业外币借款的负担。

（四）借款辅助费用

借款辅助费用实际上是企业在借款过程中发生的手续费、佣金、印刷费、公关费等，这些费用是由于借款而发生的，也属于借入资金所承担的代价，是借款费用的组成部分。

【例题 4-1】 T 公司发生了借款手续费 200 000 元，发行公司债券佣金 20 000 000 元，发行公司股票佣金 30 000 000 元，借款利息 1 200 000 元。

要求：分析在这些支出中，哪些属于借款费用。

解题过程如下：

T 公司发生的借款手续费 200 000 元、发行公司债券佣金 20 000 000 元和借款利息

1 200 000 元属于借款费用。T 公司发行股票产生的佣金 30 000 000 元在发生时冲减资本溢价，不属于借款费用范畴。

▶▶▶▶ 二、借款费用的确认

（一）确认原则

关于对借款费用的确认，实际上是明确企业发生的借款费用是计入当期损益，还是计入相关资产的成本。实务中，企业发生的不能够资本化的借款费用，应当在发生当期确认为费用，计入当期损益；企业发生的可以资本化的借款费用，应当予以资本化，计入相关资产成本。其中，符合资本化条件的资产，是指需要经过很长一段时间的购建或者生产活动才能达到预定可使用或者可销售状态的固定资产、投资性房地产和存货等。

【例题 4-2】G 公司向银行借入的资金分别用于生产 A 产品和 B 产品，其中，A 产品的生产时间较短，为三个月；B 产品属于大型生产设备，生产周期较长，为一年零九个月。

要求：请分析哪些费用应当费用化，哪些费用应当资本化。

解题过程如下：

G 公司为生产 A、B 产品而借入的借款，产生的借款费用能够资本化的，应当予以资本化；不能够资本化的，应当费用化，计入当期费用。由于 B 产品的生产时间为一年零九个月，属于需要经过很长一段时间的生产才能达到预定可销售状态的资产，属于能够资本化的，因此，为生产 B 产品发生的借款费用应当资本化，计入 B 产品的成本中。由于 A 产品的生产时间为三个月，不属于需要经过很长一段时间的生产才能达到预定可销售状态的资产，属于不能够资本化的，因此，为生产 A 产品发生的借款费用应当费用化，计入当期财务费用。

（二）借款费用资本化的范围

借款通常分为专门借款和一般借款。其中，专门借款是指企业为购建或生产符合资本化条件的资产而专门借入的款项；一般借款是指企业借入的除专门借款以外的各种借款。

实务中，企业借入的专门借款和为构建或生产符合资本化条件的资产所占用的一般借款，都属于借款费用资本化的范围。

（三）借款费用资本化的期间

明确借款费用资本化的期间，是企业对借款费用进行确认、计量的前提。企业只能把发生在资本化期间的符合资本化条件的借款费用进行资本化。借款费用资本化期间，是指从借款费用开始资本化时点到停止资本化时点的时间段，但不包括借款费用暂停资本化的期间。

1. 借款费用开始资本化的时点

企业发生的借款费用开始资本化应当同时满足以下三个条件。

(1) 资产支出已经发生。资产支出已经发生，是指企业已经发生了支付现金、转移非现金资产或者承担带息债务所发生的支出。其中，支付现金是指企业用货币资金支付符合资本化条件的资产构建或生产支出；转移非现金资产是指企业用非现金资产支付符合资本化条件的资产构建或生产支出；承担带息债务是指企业为购建或生产符合资本化条件的资产而承担的带息应付款项。

实务中，企业为构建或生产符合资本化条件的资产，其赊购物资承担带息债务的情况下，企业要为这笔债务支付利息，在该带息债务发生时，视同资产支出已经发生。

(2) 借款费用已经发生。借款费用已经发生，是指企业已经发生了因购建或生产符合资本化条件的资产而专门借款的借款费用，或者占用了一般借款的借款费用。

(3) 为使资产达到预定可使用或者可销售状态所必要的购建或生产活动已经开始。为使资产达到预定可使用或者可销售状态所必要的购建或生产活动已经开始，是指符合资本化条件的资产的实体建造或生产工作已经开始。

2. 借款费用暂停资本化的时间

实务中，企业在资产构建或生产过程中发生非正常中断，且中断时间连续超过三个月的，应当对符合资本化条件的借款费用暂停资本化。其中，非正常中断是指企业管理决策上的原因或其他不可预见的原因等所导致的中断。

实务中，企业处理借款费用暂停资本化业务时，应当遵循"实质重于形式"的原则，判断借款费用暂停资本化的时间，如果相关资产购建或生产中断时间超过三个月且满足暂停资本化其他条件的，相关借款费用应当暂停资本化。反之，企业对生产过程中发生的正常中断不能暂停借款费用资本化。

【例题 4-3】XR 公司在 2023 年 11 月 1 日利用专门借款开工建设厂房，支出已经发生，因此借款费用从当日起开始资本化。工程预计于 2025 年 9 月完工。2024 年 1 月 10 日，工程施工发生安全事故，导致工程中断，直到 5 月 5 日才复工。

要求：计算借款费用暂停资本化的期间。

解题过程如下：

XR 公司发生的安全事故导致了厂房工程项目建设中断，该中断属于非正常中断，且中断的时间超过 3 个月，应当暂停借款费用资本化；暂停借款费用资本化的时间为 2024 年 1 月 10 日至 5 月 5 日。

【例题 4-4】W 公司在 HLJ 省边远地区建造厂房工程期间，每年都会遇上冰冷季节（当地通常为 4 个月）无法施工，从而导致工程中断，待冰冷季节过后方能继续进行建设施工。

要求：判断该工程施工中断是否属于正常中断。

解题过程如下：

该地区每年都会出现 4 个月时间的冰冻时期，在这段时间内无法开展建设施工，所导致的施工中断是可预见的不可抗力因素导致的中断，属于正常中断。在正常中断期间所发生的借款费用可以继续资本化，计入相关资产的成本。

3. 借款费用停止资本化的时点

企业购建或生产符合资本化条件的资产达到预定可使用或可销售状态时，应当停止借款费用资本化。企业在资产达到预定可使用或可销售状态之后发生的借款费用，应当在发生时计入当期损益。其中，资产达到预定可使用或可销售状态，是指企业所购建或生产的符合资本化条件的资产已经达到建造方、购买方或者企业自身等预先设计、计划或者合同约定的可以使用或者可以销售的状态。

实务中，企业在确定借款费用停止资本化的时点时，应当综合运用职业判断，遵循"实质重于形式"的原则，具体情况具体分析，依据经济实质判断所购建或者生产的资产达到预定可使用或可销售状态的时点。如果企业购建或生产符合资本化条件的资产需要试生产或试运行的，通过试生产结果证实该资产能够正常生产出合格的产品或试运行结果证实该资产能够正常营业时，应当认为该资产已经达到预定可使用或可销售状态。

【例题 4-5】P 公司借入一笔款项，并在 2023 年 7 月 1 日采用出包方式开工兴建办公大楼。2024 年 1 月 10 日办公大楼工程已经全部完工，达到合同约定要求；1 月 30 日工程验收合格；2 月 15 日办理工程竣工结算；2 月 20 日完成全部资产移交手续；3 月 11 日厂房正式投入使用。

要求：确定办公大楼达到预定可使用状态的时点。

解题过程如下：

P 公司应当把 2024 年 1 月 10 日确定为办公大楼工程达到预定可使用状态的时点，即作为借款费用停止资本化的时点。后续的办公大楼工程的验收日期、竣工结算日期、资产移交日期和投入使用日期都不应作为借款费用停止资本化的时点。

实务中，在资产实际购建或生产过程中（符合资本化条件），所购建或生产的资产分别建造、分别完工，企业应当遵循"实质重于形式"的原则，判断借款费用停止资本化的时点。如果所购建或生产的符合资本化条件的资产的各部分分别完工，且每部分在其他部分继续建造或生产过程中可以单独使用或可对外销售，同时为使该部分资产达到预定可使用或可销售状态所必要的购建或生产活动实质上已经完成，在这种情况下，企业应当停止与该部分资产相关的借款费用的资本化。如果企业购建或生产的资产的各部分分别完工，但必须等到整体完工后才可以使用或对外销售，在这种情况下，企业应当在该资产整体完工时停止借款费用的资本化。

【例题 4-6】T 汽车生产集团在建造涉及数项子工程的新能源汽车项目（符合借款费用资本化条件）时，每个单项工程都是根据设定的各道造车工序建造的。

要求：分析借款费用停止资本化的时间。

解题过程如下：

由于每个单项工程都是根据设定的各道造车工序建造的，只有在每项工程都建造完毕后，整个新能源汽车项目才能正常运转，达到生产和设计要求，所以每一个单项工程完工后不应认为资产已经达到了预定可使用状态，T 汽车生产集团只有等到整个新能源汽车项目全部完工，达到预定可使用状态时，才能停止借款费用的资本化。

任务二 借款费用的会计处理

▶▶▶▶ 一、借款利息资本化金额的确定

实务中，在资产实际购建或生产过程中（符合资本化条件），涉及借款费用资本化金额的确定的，应当按照以下几个方面的要求进行确定。

(1) 属于为购建或生产符合资本化条件的资产而借入专门借款的，企业应当以专门借款当期实际发生的利息费用，减去将尚未动用的借款资金存入银行取得的利息收入或进行暂时性投资取得的投资收益后的金额确定。

(2) 属于为购建或生产符合资本化条件的资产而占用了一般借款的，企业应当根据累计资产支出超过专门借款部分的资产支出加权平均数乘以所占用一般借款的资本化率，计算确定一般借款资本化的利息金额。其中，资本化率应当根据一般借款加权平均利率计算确定。占用一般借款的借款费用资本化的计算公式如下：

占用一般借款的利息费用资本化金额 = 累计资产支出超过专门借款费用部分的资产
支出加权平均数 × 占用一般借款的资本化率

占用一般借款的资本化率 = 占用一般借款加权平均利率

$$= \frac{占用一般借款当期实际发生的利息之和}{占用一般借款本金加权平均数}$$

(3) 企业在每一会计期间确认的利息资本化金额，不应当超过当期相关借款实际发生的利息金额。

【例题 4-7】Y 公司于 2023 年 1 月 1 日正式动工兴建一栋办公楼，工期预计为 1 年 6 个月。该栋办公楼工程采用出包方式建造，分别在 2023 年 1 月 1 日、2023 年 7 月 1 日和 2024 年 1 月 1 日分次支付工程进度款。

Y 公司为建造办公楼于 2023 年 1 月 1 日专门借款 60 000 000 元，借款期限为 3 年，年利率为 5%。另外，在 2023 年 7 月 1 日又专门借款 120 000 000 元，借款期限为 5 年，年利率为 6%。借款利息按年支付，不考虑其他因素。

假设 Y 公司将尚未使用到的借款资金用于固定收益的短期债券投资，该短期债券投资月收益率为 0.5%。

该栋办公楼在 2024 年 6 月 30 日达到预定可使用状态。

Y 公司为建造该栋办公楼的具体支出金额如表 4-1 所示。

表 4-1 Y 公司办公楼建造资产支出及尚未使用到的借款资金投资情况表

单位：元

工程进度款支付时间	每一期资产支出金额	累计资产支出金额	尚未使用到的借款资金用于短期债券投资的金额
2023 年 1 月 1 日	30 000 000	30 000 000	30 000 000
2023 年 7 月 1 日	70 000 000	100 000 000	80 000 000
2024 年 1 月 1 日	70 000 000	170 000 000	10 000 000
总 计	170 000 000	—	120 000 000

要求：计算专门借款利息的资本化金额，并编写相关会计分录。

解题过程如下：

由于 Y 公司使用了专门借款建造办公楼，而且办公楼建设支出没有超过专门借款金额，因此，公司 2023 年、2024 年建造办公楼资本化的利息金额计算如下：

① 借款费用资本化期间为 2023 年 1 月 1 日至 2024 年 6 月 30 日。

② 在资本化期间内专门借款实际发生的利息金额计算过程。

$$2023年专门借款发生的利息金额 = 60\,000\,000 \times 5\% + \frac{120\,000\,000 \times 6\% \times 6}{12} = 6\,600\,000(元)$$

$$2024 年 1 月 1 日至 6 月 30 日专门借款发生的利息金额 = \frac{60\,000\,000 \times 5\% \times 6}{12} +$$

$$\frac{120\,000\,000 \times 6\% \times 6}{12} = 5\,100\,000(元)$$

③ 计算在资本化期间内利用尚未使用的专门借款资金进行短期债券投资的收益。

2023 年短期投资收益 = 30 000 000 × 0.5% × 6 + 80 000 000 × 0.5% × 6 = 3 300 000 (元)

2024 年 1 月 1 日至 6 月 30 日短期投资收益 = 10 000 000 × 0.5% × 6 = 300 000 (元)

④ 由于在资本化期间内，专门借款利息费用的资本化金额应当由其实际发生的利息费用减去将尚未动用的借款资金进行短期债券投资取得的投资收益后的金额确定。

公司 2023 年的利息资本化金额 = 6 600 000 - 3 300 000 = 3 300 000 (元)

公司 2024 年的利息资本化金额 = 5 100 000 - 300 000 = 4 800 000 (元)

⑤ Y 公司有关账务处理。

2023 年 12 月 31 日确认利息费用资本化时，Y 公司的会计分录如下：

借：在建工程——办公楼　　　　　　　　　　3 300 000

　应收利息 (或银行存款)　　　　　　　　　3 300 000

　　贷：应付利息　　　　　　　　　　　　　　　　6 600 000

2024 年 6 月 30 日确认利息费用资本化时，Y 公司的会计分录如下：

借：在建工程——办公楼　　　　　　　　　　4 800 000

　应收利息 (或银行存款)　　　　　　　　　300 000

贷：应付利息   5 100 000

【例题 4-8】承接例题 4-7，假定 Y 公司建设办公楼没有专门借款，占用的都是一般借款。假设 Y 公司为建造办公楼占用的一般借款有两笔，具体如下：

① 向某银行长期贷款 40 000 000 元，期限为 2022 年 12 月 1 日至 2025 年 12 月 1 日，年利率为 6%，按年支付利息。

② 发行公司债券 2 亿元，于 2022 年 1 月 1 日发行，期限为 5 年，年利率为 8%，按年支付利息。

假定这两笔一般借款除了用于办公楼建设外，没有用于其他符合资本化条件的资产的购建或生产活动。假定全年按照 360 天计算。

要求：计算占用一般借款的利息资本化金额，并编写相关会计分录。

解题过程如下：

由于 Y 公司建造办公楼没有占用专门借款，而是占用了一般借款，因此，Y 公司应当首先计算占用一般借款的加权平均利率并将其作为资本化利率；然后计算建造办公楼的累计资产支出加权平均数，将其与资本化率相乘，计算求得当期应予资本化的借款利息金额。

① 计算占用一般借款资本化率。

$$一般借款资本化率（年）=\frac{40\,000\,000\times6\%+200\,000\,000\times8\%}{40\,000\,000+200\,000\,000}\times100\%\approx7.67\%$$

② 计算累计资产支出加权平均数。

$$2023\,年累计资产支出加权平均数=\frac{30\,000\,000\times360}{360}+\frac{70\,000\,000\times180}{360}=65\,000\,000（元）$$

$$2024\,年累计资产支出加权平均数=\frac{170\,000\,000\times180}{360}=85\,000\,000（元）$$

③ 计算每期利息资本化金额。

2023 年为建造办公楼的利息资本化金额 = 65 000 000 × 7.67% = 4 985 500(元)

2023 年实际发生的一般借款利息费用 = 40 000 000 × 6% + 200 000 000 × 8% = 18 400 000(元)

2024 年 1 月 1 日至 6 月 30 日为建造办公楼的利息资本化金额 = 85 000 000 × 7.67% = 6 519 500(元)

$$2024\,年1月1日至6月30日实际发生的一般借款利息费用=\frac{40\,000\,000\times6\%\times180}{360}+\frac{200\,000\,000\times8\%}{360}=9\,200\,000（元）$$

经过上述计算可知，利息资本化金额没有超过两笔一般借款实际发生的利息费用，可以进行资本化。

④ Y 公司的账务处理。

2023 年 12 月 31 日确认利息费用资本化时，Y 公司的会计分录如下：

借：在建工程——办公楼　　　　　　4 985 500
　　财务费用　　　　　　　　　　 13 414 500
　　贷：应付利息　　　　　　　　　　　　　　 18 400 000

2024 年 6 月 30 日确认利息费用资本化时，Y 公司的会计分录如下：

借：在建工程——办公楼　　　　　　6 519 500
　　财务费用　　　　　　　　　　　2 680 500
　　贷：应付利息　　　　　　　　　　　　　　　9 200 000

【例题 4-9】承接例题 4-7 和例题 4-8，假定 Y 公司为建造办公楼于 2023 年 1 月 1 日专门借款 60 000 000 元，借款期限为 3 年，年利率为 5%。除此之外，没有其他专门借款。在办公楼建设过程中占用的一般借款仍为两笔，一般借款有关资料和例题 4-8 一样。其他相关资料均与例题 4-7、例题 4-8 一样。

要求：计算专门借款利息的资本化金额、占用一般借款的利息资本化金额，并编写相关会计分录。

解题过程如下：

在这种情况下，Y 公司应当首先计算专门借款利息的资本化金额，然后计算占用一般借款利息的资本化金额。具体计算分析过程如下所述。

① 计算专门借款利息资本化金额。

2023 年专门借款利息资本化金额 = 60 000 000 × 5% − 30 000 000 × 0.5% × 6 = 2 100 000（元）

$$2024 \text{ 年专门借款利息资本化金额} = \frac{60\ 000\ 000 \times 5\% \times 180}{360} = 1\ 500\ 000\ (\text{元})$$

② 计算一般借款资本化金额。

Y 公司在建设办公楼过程中，自 2023 年 7 月 1 日起已经有 40 000 000 元占用了一般借款。另外，2024 年 1 月 1 日支出的 70 000 000 元也占用了一般借款。计算这两笔资产支出的加权平均数的过程如下所述。

$$2023 \text{ 年占用了一般借款的资产支出加权平均数} = \frac{40\ 000\ 000 \times 180}{360} = 20\ 000\ 000\ (\text{元})$$

由于一般借款利息资本化率承接上述例题，为 7.67%，所以

2023 年应予资本化的一般借款利息金额 = 20 000 000 × 7.67% = 1 534 000（元）

$$2024 \text{ 年占用了一般借款的资产支出加权平均数} = \frac{(40\ 000\ 000 + 70\ 000\ 000) \times 180}{360} = 55\ 000\ 000\ (\text{元})$$

2024 年应予资本化的一般借款利息金额 = 55 000 000 × 7.67% = 4 218 500（元）

③ 根据上述计算过程及结果，确定建造办公楼资本化的利息金额。

2023 年利息资本化金额 = 2 100 000 + 1 534 000 = 3 634 000（元）

2024 年利息资本化金额 = 1 500 000 + 4 218 500 = 5 718 500（元）

④ Y 公司的账务处理。

2023 年实际发生的借款利息 = 60 000 000 × 5% + 40 000 000 × 6% + 200 000 000 × 8% = 21 400 000(元)

2023 年 12 月 31 日确认利息费用资本化时,Y 公司的会计分录如下:

借:在建工程——办公楼　　　　　　3 634 000
　　财务费用　　　　　　　　　　　16 866 000
　　应收利息(或银行存款)　　　　　　900 000
　　　贷:应付利息　　　　　　　　　　　　21 400 000

2024 年 1 月 1 日至 6 月 30 日实际发生的借款利息 = $\dfrac{21\,400\,000}{2}$ = 10 700 000(元)

2024 年 6 月 30 日确认利息费用时,Y 公司的会计分录如下:

借:在建工程——办公楼　　　　　　5 718 500
　　财务费用　　　　　　　　　　　4 981 500
　　　贷:应付利息　　　　　　　　　　　10 700 000

【例题 4-10】T 公司拟在工业园区内建造第六生产车间的厂房,相关资料如下:

① 2022 年 1 月 1 日,向银行专门借款 12 000 000 元,期限为 3 年,年利率为 6%,每年 1 月 1 日付息。

② 除了该笔专门借款以外,T 公司只有一笔一般借款,系公司在 2021 年 12 月 1 日借入的长期借款 14 400 000 元,期限为 3 年,年利率为 8%,每年 12 月 1 日付息,假设 T 公司在 2022 年年底和 2023 年年底都未支付当年利息。

③ 在第六生产车间厂房的设计建设中,由于办手续时间延缓等,故第六生产车间厂房于 2022 年 4 月 1 日才开始动工建设,并在当日支付了工程款 4 800 000 元。工程建设期间的具体支出数据如表 4-2 所示。

表 4-2　T 公司第六生产车间厂房建设资产支出及尚未使用借款资金投资情况表

单位:元

工程进度款支付时间	每一期资产支出金额	累计资产支出金额	尚未使用到的借款资金用于投资的金额
2022 年 4 月 1 日	4 800 000	4 800 000	7 200 000
2022 年 6 月 1 日	2 400 000	7 200 000	4 800 000
2022 年 7 月 1 日	7 200 000	14 400 000	占用一般借款
2023 年 1 月 1 日	2 400 000	16 800 000	
2023 年 4 月 1 日	1 200 000	18 000 000	
2023 年 7 月 1 日	1 200 000	19 200 000	
总　计	19 200 000	—	—

T 公司第六生产车间厂房的建设工程在 2023 年 9 月 30 日完工,达到预定可使用状态。其中,由于施工程序不符合要求,存在质量问题,故工程在 2022 年 9 月 1 日至 12 月 31

日停工了 4 个月。

④ 该笔专门借款中尚未使用的部分全部存入银行。假定月利率为 0.25%，全年按照 360 天计算，每月按照 30 天计算。

要求：计算专门借款利息的资本化金额、占用一般借款的利息资本化金额，并编写相关会计分录。

解题过程如下：

① 计算 2022 年、2023 年全年发生的专门借款和一般借款利息费用。

2022 年专门借款发生的利息金额 = 12 000 000 × 6% = 720 000(元)

2022 年一般借款发生的利息金额 = 14 400 000 × 8% = 1 152 000(元)

2023 年专门借款发生的利息金额 = 12 000 000 × 6% = 720 000(元)

2023 年一般借款发生的利息金额 = 14 400 000 × 8% = 1 152 000(元)

② 借款费用资本化的时间确定。

虽然专门借款在 2022 年 1 月 1 日已经借入，但由于第六生产车间厂房建设在 2022 年 4 月 1 日才开始建设，因此该笔专门借款的利息费用只有在 2022 年 4 月 1 日起才符合资本化的条件。另外，第六生产车间厂房建设在 2022 年 9 月 1 日至 2022 年 12 月 31 日这段时间内由于工程质量问题发生非正常中断，且中断的时间为 4 个月，因此在 2022 年 9 月 1 日至 2022 年 12 月 31 日发生的利息费用应当暂停资本化。

③ 计算 2022 年借款利息资本化金额和应计入当期损益金额。

计算 2022 年专门借款资本化的利息金额的过程如下。

2022 年 1 月至 3 月和 9 月至 12 月专门借款发生的利息费用 = $\dfrac{12\,000\,000 \times 6\% \times 210}{360}$ = 420 000(元)

2022 年专门借款转存入银行取得的利息收入 = 12 000 000 × 0.25% × 3 + 7 200 000 × 0.25% × 2 + 4 800 000 × 0.25% × 1 = 138 000(元)

其中，专门借款在资本化期间内取得的利息收入 = 7 200 000 × 0.25% × 2 + 4 800 000 × 0.25% × 1 = 48 000(元)

公司在 2022 年资本化的专门借款利息金额 = 720 000 − 420 000 − 48 000 = 252 000(元)

公司在 2022 年应当计入财务费用的专门借款利息金额(减利息收入) = 720 000 − 252 000 − 138 000 = 330 000(元)

计算 2022 年占用一般借款资本化的利息金额的过程如下：

公司在 2022 年占用了一般借款资金的资产支出加权平均数 =

$$\dfrac{(4\,800\,000 + 2\,400\,000 + 7\,200\,000 - 12\,000\,000) \times 60}{360} = 400\,000\,(元)$$

在 2022 年占用一般借款资本化的利息金额 = 400 000 × 8% = 32 000(元)

在 2022 年应当计入财务费用的一般借款利息金额 = 1 152 000 − 32 000 = 1 120 000(元)

计算 2022 年资本化和应当计入财务费用的借款利息金额的过程如下：

在 2022 年应予资本化的借款利息金额 = 252 000 + 32 000 = 284 000(元)

在 2022 年应当计入财务费用的借款利息金额 = 330 000 + 1 120 000 = 1 450 000(元)

④ T 公司在 2022 年的账务处理。

确认 2022 年度利息费用时，T 公司的会计分录如下：

借：在建工程——第六生产车间厂房　　　　　284 000

　　财务费用　　　　　　　　　　　　　　 1 450 000

　　银行存款　　　　　　　　　　　　　　　 138 000

　　　贷：应付利息　　　　　　　　　　　　　　　　 1 872 000

⑤ 计算 2023 年借款利息、资本化金额和应计入当期损益金额。

计算 2023 年专门借款资本化的利息金额的过程如下：

$$在2023年资本化的专门借款利息金额 = \frac{12\ 000\ 000 \times 6\% \times 270}{360} = 540\ 000\ (元)$$

在 2023 年应当计入财务费用的专门借款利息金额 = 720 000 − 540 000 = 180 000(元)

计算 2023 年一般借款资本化的利息金额的过程如下。

$$在 2023 年占用了一般借款资金的资产支出加权平均数 = \frac{4\ 800\ 000 \times 270}{360} +$$

$$\frac{1\ 200\ 000 \times 180}{360} + \frac{1\ 200\ 000 \times 90}{360} = 4\ 500\ 000\ (元)$$

在 2023 年一般借款资本化的利息金额 = 4 500 000 × 8% = 360 000(元)

在 2023 年应当计入财务费用的一般借款利息金额 = 1 152 000 − 360 000 = 792 000(元)

计算 2023 年资本化和应当计入财务费用的借款利息金额的过程如下：

在 2023 年资本化的借款利息金额 = 540 000 + 360 000 = 900 000(元)

在 2023 年应当计入财务费用的借款利息金额 = 180 000 + 792 000 = 972 000(元)

⑥ T 公司在 2023 年的账务处理。

确认 2023 年度利息费用时，T 公司的会计分录如下：

借：在建工程——第六生产车间厂房　　　　　900 000

　　财务费用　　　　　　　　　　　　　　　 972 000

　　　贷：应付利息　　　　　　　　　　　　　　　　 1 872 000

▶▶▶▶ 二、借款辅助费用资本化金额的确定

借款辅助费用是指企业为了获得借款而发生的一系列必要的费用，主要包括借款手续费、佣金等。借款辅助费用实际上是企业为借入资金而承担的一种代价，是借款成本的组成部分。

实务中，对于企业发生的专门借款辅助费用，属于在所购建或生产（符合资本化条件）的资产达到预定可使用或可销售状态之前发生的，应当在发生时进行资本化；属于在所购建或生产（符合资本化条件）的资产达到预定可使用或可销售状态之后发生的，应当在发

生时计入当期损益。

▶▶▶▶ 三、外币专门借款汇兑差额资本化金额的确定

实务中，企业涉及外币专门借款的，在所购建或生产（符合资本化条件）的资产达到预定可使用或可销售状态之前发生的借款本金及利息的汇兑差额，应当予以资本化，计入相关资产的成本。

【例题 4-11】 K 公司产品已经进入美国市场，为节约生产成本，决定在当地建造生产工厂并设立分公司，2023 年 1 月 1 日，为该工厂工程项目专门向当地银行借入 2 000 000 美元，年利率为 8%，期限为 3 年，假定不考虑其他费用。合同约定，K 公司于每年 1 月 1 日支付借款利息，到期偿还借款本金。

该工厂工程在 2023 年 1 月 1 日开始实体建造，2024 年 6 月 30 日完工，达到预定可使用状态。期间发生的资产支出如下：

2023 年 1 月 1 日，支出 400 000 美元。

2023 年 7 月 1 日，支出 1 000 000 美元。

2024 年 1 月 1 日，支出 600 000 美元。

公司的记账本位币为人民币，外币业务采用外币业务发生时当日即期汇率（即市场汇率）折算。相关汇率如下：

2023 年 1 月 1 日，假设市场汇率为 1 美元 = 6.70 元人民币。

2023 年 12 月 31 日，假设市场汇率为 1 美元 = 6.75 元人民币。

2024 年 1 月 1 日，假设市场汇率为 1 美元 = 6.77 元人民币。

2024 年 6 月 30 日，假设市场汇率为 1 美元 = 6.80 元人民币。

要求：计算专门借款利息的资本化金额，并编写相关会计分录。

解题过程如下：

① 计算 2023 年汇兑差额资本化金额。

应付利息 = 2 000 000 × 8% × 6.75 = 1 080 000（元）

确认利息资本化时，K 公司的会计分录如下：

借：在建工程——工厂工程　　　　　　1 080 000

　　贷：应付利息　　　　　　　　　　　　1 080 000

外币借款本金及利息汇兑差额 = 2 000 000 × (6.74 − 6.70) + 160 000 × (6.74 − 6.75) = 78 400（元）

确认外币汇兑差额资本化时，K 公司的会计分录如下：

借：在建工程——工厂工程　　　　　　78 400

　　贷：长期借款——汇兑差额　　　　　　78 400

② 2024 年 1 月 1 日实际支付利息时，应当支付 160 000 美元，折算成人民币为 1 083 200 元。该金额与原账面金额之间的差额 3 200 元应当继续进行资本化，计入在建工程成本。

支付利息及外币汇兑差额资本化时，K 公司的会计分录如下：

借：应付利息　　　　　　　　　　　1 080 000

　　在建工程——工厂工程　　　　　　　　3 200

　　　贷：银行存款　　　　　　　　　　　　　1 083 200

③ 计算 2024 年 6 月 30 日的汇兑差额资本化金额。

$$应付利息 = \frac{2\ 000\ 000 \times 8\% \times 1}{2} \times 6.80 = 544\ 000（元）$$

确认利息资本化时，K 公司的会计分录如下：

借：在建工程——工厂工程　　　　　　544 000

　　　贷：应付利息　　　　　　　　　　　　544 000

外币借款本金及利息汇兑差额 = 2 000 000 × (6.80 − 6.75) + 80 000 × (6.80 − 6.80) =
100 000(元)

确认外币汇兑差额资本化时，K 公司的会计分录如下：

借：在建工程——工厂工程　　　　　　100 000

　　　贷：长期借款——汇兑差额　　　　　　　100 000

▮▮▶ 项目总结

本项目内容主要包括借款费用概念，借款费用资本化条件，借款费用资本化时间，暂停资本化时间，借款费用业务的确认、核算及会计处理等。

▮▮▶ 习题巩固

一、单项选择题

1. 2023 年 2 月 18 日，乙公司以自有资金支付了建造厂房的首期工程款，工程于 2023 年 3 月 2 日开始施工。2023 年 6 月 1 日乙公司从银行借入于当日开始计息的专门借款，并于 2023 年 6 月 26 日使用该项专门借款支付第二期工程款，该项专门借款利息开始资本化的时点为（　　）。

A. 2023 年 6 月 26 日　　　　　　　　B. 2023 年 3 月 2 日

C. 2023 年 2 月 18 日　　　　　　　　D. 2023 年 6 月 1 日

2. 符合资本化条件的资产在购建或者生产过程中发生非正常中断且中断时间连续超过 3 个月的，应当暂停借款费用的资本化。下列属于非正常中断的是（　　）。

A. 南方梅雨季节导致的中断

B. 北方冰冻天气导致的中断

C. 工程建造到一定阶段必须暂停进行质量安全检查而导致的中断

D. 质量纠纷导致的中断

3. B 企业 2023 年 1 月 1 日开始建造一项固定资产，预计工期为 1 年，未取得专门借款而全部占用一般借款。一般借款包括：2023 年 1 月 1 日从银行借入 3 年期借款 3 000 万元，年利率为 6%；2023 年 1 月 1 日发行 5 年期债券 2 000 万元，票面年利率为 5%，到期一次还本、分次付息，发行价为 2 000 万元。2023 年 1 月 1 日、4 月 1 日、10 月 1 日分别支出 2 000 万元、1 000 万元、1 000 万元。则 2023 年一般借款资本化金额为（　　）万元。

A. 168　　　　　　　　　　B. 174.6

C. 211.33　　　　　　　　 D. 205

4. 下列不属于借款费用的是（　　）。

A. 外币借款发生的汇兑损失

B. 借款过程发生的承诺费

C. 发行公司债券发生的折价

D. 发行公司债券溢价的摊销

5. A 企业于 2023 年 1 月 1 日开工建造一项固定资产，当日资产支出已经发生，该企业为建造该固定资产于 2022 年 12 月 1 日专门借入一笔款项，本金为 1 000 万元，年利率为 9%，期限为 2 年。该企业另借入两笔一般借款：第一笔为 2023 年 1 月 1 日借入的 800 万元，借款年利率为 8%，期限为 2 年；第二笔为 2023 年 7 月 1 日借入的 500 万元，借款年利率为 6%，期限为 3 年。2023 年 12 月 31 日该固定资产全部完工并投入使用，该企业 2023 年为购建固定资产而占用的一般借款所使用的资本化率为（　　）。（保留小数点后两位小数）

A. 7.00%　　　　　　　　 B. 7.52%

C. 6.80%　　　　　　　　 D. 6.89%

6. 甲公司 2023 年 1 月 2 日取得施工证准备建造固定资产，由于拆迁补偿未得到解决，故当日未动工建造；2 月 18 日取得专门借款存入银行；3 月 17 日支付工程款项；4 月 16 日拆迁补偿得到解决，正式动工建造。A 公司专门借款利息开始资本化的时间为（　　）。

A. 3 月 17 日　　　　　　 B. 4 月 16 日

C. 2 月 18 日　　　　　　 D. 1 月 2 日

二、多项选择题

1. 以下情形中，属于非正常原因停工的有（　　）。

A. 因可预见的不可抗力因素而停工

B. 因与工程建设有关的劳动纠纷而停工

C. 资金周转困难而停工

D. 与施工方发生质量纠纷而停工

2. 下列各项中，影响企业一般借款利息资本化金额的有（　　）。

A. 闲置资金的投资收益

B. 所占用一般借款的资本化利率

C. 累计资产支出超过专门借款部分的资产支出加权平均数

D. 借款费用开始资本化时点

3. 下列情况不能表明"为使资产达到预定可使用或者可销售状态所必要的购建或者生产活动已经开始"的有 (   )。

A. 厂房的实体建造活动开始

B. 购入工程物资

C. 为建写字楼购入了建筑用地，但尚未开工

D. 建造生产线的主体设备的安装

4. 下列项目中，影响专门借款利息资本化金额的有 (   )。

A. 资本化期间

B. 专门借款的费用化期间的利息费用总额

C. 专门借款闲置资金收益率

D. 专门借款资产支出加权平均数

5. 下列各项中，可以据以判断资产已达到预定可使用或可销售状态的有 (   )。

A. 资产的实体建造 (包括安装) 或者生产活动已经全部完成或实质上已经完成

B. 所购建或者生产的符合资本化条件的资产与设计要求、合同规定或者生产要求相符

C. 所购建或者生产的符合资本化条件的资产与设计要求、合同规定或者生产要求基本相符，已能正常使用或者销售

D. 继续发生在所购建或生产的符合资本化条件的资产上的支出金额很少或者几乎不再发生

三、判断题

1. 企业所借入的外币专门借款发生的汇兑差额，属于借款费用，应当予以资本化。(   )

2. 企业计算超过专门借款部分的资产支出加权平均数时，应当与资产支出相挂钩。(   )

3. 在借款费用资本化期间内，一般借款有闲置资金的，利息资本化金额还应扣除一般借款闲置资金产生的利息或收益。   (   )

4. 借款利息仅包括企业向银行或者其他金融机构等借入资金发生的利息、发行公司债券发生的利息。   (   )

5. 在符合资本化条件的资产的实际购建或者生产过程中，如果所购建或者生产的符合资本化条件的资产分别建造、分别完工，则企业在界定借款费用停止资本化时点时，应当遵循及时性原则。   (   )

四、计算分析题

2023 年 1 月 1 日，A 公司采用出包方式兴建一幢厂房，当日开始动工，预计工期为 1.5 年，有关资料如下所述。

(1) 2023 年 1 月 1 日，为建造该厂房，甲公司从银行取得专门借款 5 000 万元，期限为 3 年，年利率为 6%，按年支付利息。除此之外，无其他专门借款。闲置专门借款资金

用于固定收益债券临时性投资，暂时性投资月收益率为0.5%。

(2) 该厂房的建造还占用了两笔一般借款。

① 2023年1月1日从银行取得的长期借款5 000万元，期限为3年，年利率为6%，按年支付利息。

② 2023年7月1日从银行取得的长期借款6 000万元，期限为5年，年利率为8%，按年支付利息。

(3) 2023年与厂房建造相关的支出如下：1月1日，支出2 000万元；4月1日，支出4 200万元；10月1日，支出3 600万元。

(4) 2023年6月1日至2023年9月30日，与施工方发生质量纠纷，导致工程停工；2023年10月1日，工程重新开工。

不考虑其他因素，要求：

(1) 计算A公司2023年专门借款利息资本化金额。

(2) 计算A公司2023年一般借款利息资本化金额。

(3) 计算A公司2023年借款利息计入当期损益的金额。

(4) 编制A公司2023年与借款利息有关的会计分录。

项目五
债务重组

知识目标

- 了解债务重组的概念、债务重组的方式。
- 理解债务重组中债权和债务终止确认的条件。
- 掌握债务重组中债权人的会计处理和债务人的会计处理。

技能目标

- 能够熟练运用债务重组的基本知识。
- 能够独立完成债务重组业务的会计处理。

思维导图

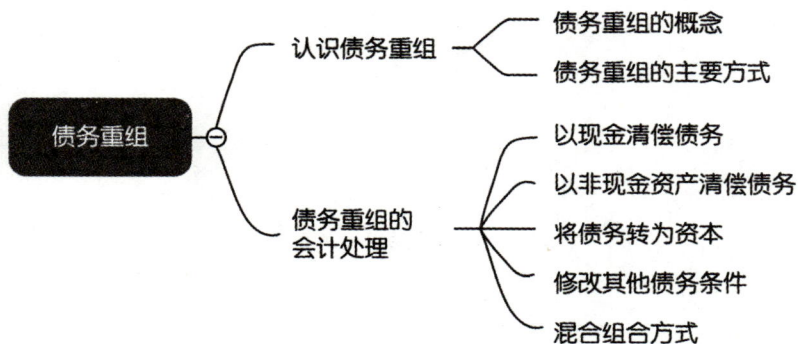

任务一 认识债务重组

▶▶▶ 一、债务重组的概念

实务中，由赊销业务而形成的债权债务关系以及由借贷形成的债权债务关系，因为债务人没有按照约定的时间履约还债，所以债权债务关系不能按照约定的时间消除，在这样的情况下，就会出现债权人与债务人协商或法院裁定处理违约债务，从而在偿还债务金额、时间和方式上进行调整，形成债务重组现象。

所谓债务重组，是指在不改变交易对方的情况下，经债权人和债务人协定或法院裁定，就清偿债务的时间、金额或方式等重新达成协议的交易。也就是说，只要修改了原定债务偿还条件的，都属于债务重组。

实务中，企业发生债务重组，不强调在债务人发生财务困难的背景下进行，也不强调债权人对债务是否做出让步。即不管是什么原因导致债务人未按照原定条件偿还债务，也不管双方是否同意债务人以低于债务的金额清偿债务，只要出现债权人和债务人就债务条款重新达成了协议，就属于债务重组的范畴。例如，债权人在减免债务人部分债务本金的同时提高剩余债务的利息或债权人同意债务人用等值存货抵偿到期债务等，都是债务重组。

▶▶▶ 二、债务重组的主要方式

实务中，企业发生的债务重组主要有以下几种方式。

（一）以资产清偿债务

以资产清偿债务，是指债务人转让其资产给债权人以清偿债务的债务重组方式。债务人用于清偿债务的资产主要有货币资金、存货、金融资产、固定资产、无形资产等。

（二）将债务转为资本

将债务转为资本，是指债务人将债务转为资本，同时债权人将债权转为股权的债务重组方式。将债务转为资本形成的结果包括两个方面：一是债务人因债务重组增加了股本（或实收资本）；二是债权人因债务重组增加了长期股权投资等。

（三）修改其他债务条件

修改其他债务条件，是指在债务重组中修改不包括上述两种方式在内的其他债务条件进行债务重组的方式，如减少债务本金、降低利率、减少或免去债务利息、延长偿还期限等。

（四）混合组合方式

混合组合方式，是指债务人采用以资产清偿债务、债务人将债务转为权益工具、修改其他条款三种方式中一种以上方式的组合清偿债务的债务重组方式。

任务二　债务重组的会计处理

▶▶▶▶　一、以现金清偿债务

实务中，债务人采用以现金清偿债务的方式结束债权债务关系，实际上往往是债务人以低于债务账面价值的现金对债务进行清偿。

（一）债务人的会计处理

在采用现金清偿债务的情况下，债务人应当在满足金融负债终止确认条件时，终止确认重组债务，并将重组债务的账面价值与实际支付现金之间的差额计入当期损益（投资收益）。

以现金清偿债务时，债务人的会计分录如下：

借：应付账款
　　长期借款等
　　贷：银行存款等
　　　　投资收益

（二）债权人的会计处理

在采用现金清偿债务的情况下，债权人应当将重组债权的账面余额与收到现金之间的差额，计入当期损益（投资收益）。债权人已对债权计提减值准备的，应当先将该差额冲减已计提的减值准备金额，冲减后尚有余额的，计入投资收益的借方（属于债务重组损失）；冲减后减值准备仍有余额的，应当予以转回并抵减当期的资产减值损失。

收到以现金清偿债务时，债权人的会计分录如下：

借：银行存款等
　　坏账准备
　　投资收益
　　贷：应收账款等

【例题 5-1】HP 公司于 2023 年 12 月 7 日销售一批 A 材料给 LS 公司，开具的增值税专用发票上显示不含税价款为 500 000 元，增值税税额为 65 000 元。按合同规定，LS 公司应于 2024 年 2 月 7 日前偿付价款。由于 LS 公司发生财务困难，无法按合同规定的期限偿还债务，故经双方协商于 2024 年 4 月 1 日进行债务重组。债务重组协议规定，HP 公司同意减免 LS 公司 100 000 元债务，余额用银行存款立即清偿。HP 公司于 2024 年 4 月 8 日收到 LS 公司通过银行转账偿还的剩余款项。HP 公司已为该项应收款计提了 50 000 元坏账准备。

要求：计算债权人债务重组损失的金额、债务人债务重组利得的金额，并编写相关会计分录。

解题过程如下：

LS 公司债务重组利得 = 应付账款账面余额 - 支付的现金 = 565 000 - 465 000 = 100 000（元）

HP 公司债务重组损失 = 应收账款账面余额 - 收到的银行存款 - 已计提坏账准备 = 565 000 - 465 000 - 50 000 = 50 000（元）

以现金清偿债务时，LS 公司的会计分录如下：

借：应付账款——HP 公司　　　　565 000
　　贷：银行存款　　　　　　　　　　465 000
　　　　投资收益　　　　　　　　　　100 000

收到以现金清偿债务时，HP 公司的会计分录如下：

借：银行存款　　　　　　　　　465 000
　　坏账准备　　　　　　　　　　50 000
　　投资收益　　　　　　　　　　50 000
　　贷：应收账款——LS 公司　　　　565 000

▶▶▶▶ 二、以非现金资产清偿债务

实务中，债务人采用以非现金资产清偿债务的方式结束债权债务关系，实际上是债务人以低于债务账面价值的非现金资产（转让存货、固定资产、无形资产等）对债务进行清偿。

（一）债务人的会计处理

在采用非现金资产清偿债务的情况下，债务人应当将重组债务的账面价值与转让非现金资产公允价值之间的差额，计入当期损益（其他收益——债务重组收益）；所转让非现金资产的公允价值与其账面价值之间的差额，计入当期损益。

以非现金资产清偿债务时，债务人的会计分录如下：

借：应付账款
　　长期借款等
　　贷：主营业务收入（非现金资产公允价值）
　　　　其他业务收入（非现金资产公允价值）
　　　　固定资产清理（非现金资产公允价值）

无形资产等（非现金资产公允价值）

应交税费——应交增值税（销项税）

其他收益——债务重组收益（如固定资产、无形资产、存货等）

实务中，债务人转让非现金资产的公允价值与账面价值的差额，应当按照以下几种情况进行处理。

(1) 非现金资产为存货的，应当视同销售业务进行处理，按非现金资产的公允价值确认销售商品收入，同时结转相应的成本。

(2) 非现金资产为固定资产、无形资产的，其公允价值和账面价值的差额计入资产处置损益。

(3) 非现金资产为长期股权投资等投资的，其公允价值和账面价值的差额计入投资收益。

（二）债权人的会计处理

在采用非现金资产清偿债务的情况下，债权人应当对接受的非现金资产按其公允价值入账，并将重组债权的账面余额与接受的非现金资产的公允价值之间的差额，计入当期损益（投资收益）。债权人已对债权计提减值准备的，应当先将该差额冲减已计提的减值准备，减值准备不足以冲减的部分，计入当期损益（投资收益），冲减后减值准备仍有余额的，应当予以转回并抵减当期信用减值损失。

收到以非现金清偿债务时，债权人的会计分录如下：

借：原材料（按公允价值入账）

库存商品（按公允价值入账）

固定资产（按公允价值入账）

无形资产等（按公允价值入账）

应交税费——应交增值税（进项税额）

坏账准备

投资收益

贷：应收账款等

银行存款（由债权人承担的相关税费和其他费用）

（三）以非现金资产清偿债务的会计处理

1. 以库存的原材料、商品抵偿债务

实务中，债务人以库存的原材料、商品抵偿债务，应当视同销售业务进行会计处理，即将该项业务分为两部分：一是将库存的原材料、商品出售给债权人，取得货款，其发生的损益计入当期损益；二是用已取得的货款清偿债务，只是这项业务中并没有实际的现金流入和流出。

【例题 5-2】DZ 公司向 LP 公司购买了一批货物，含税价款为 450 000 元，按照购销

合同约定，DZ 公司于 2023 年 11 月 13 日前支付货款，但至 2023 年 11 月 30 日 DZ 公司尚未支付。由于 DZ 公司财务发生困难，短期内不能偿还债务，故经双方协商，LP 公司同意 DZ 公司以其生产的产品偿还债务。该产品公允价值为 360 000 元，实际成本为 310 000，适用的增值税税率为 13%。LP 公司于 2023 年 12 月 7 日收到 DZ 公司用于抵债的商品，作为商品入库；LP 公司对该项应收账款计提了 10 000 元坏账准备。

要求：计算债权人债务重组损失的金额、债务人债务重组利得的金额，并编写相关会计分录。

解题过程如下：

DZ 公司债务重组利得 = 450 000 − (360 000 + 360 000 × 13%) = 43 200(元)

以自产商品抵偿债务时，DZ 公司的会计分录如下：

借：应付账款——LP 公司　　　　　　　　　　　　450 000
　　贷：主营业务收入　　　　　　　　　　　　　　360 000
　　　　应交税费——应交增值税 (销项税额)　　　 46 800
　　　　其他收益——债务重组收益　　　　　　　　 43 200

同时

借：主营业务成本　　　　　　　　　　　　　　　310 000
　　贷：库存商品　　　　　　　　　　　　　　　　310 000

LP 公司债务重组损失 = 450 000 − 10 000 − 360 000 − 360 000 × 13% = 33 200(元)

收到以商品偿还的债务时，LP 公司的会计分录如下：

借：库存商品　　　　　　　　　　　　　　　　　360 000
　　应交税费——应交增值税 (进项税额)　　　　　 46 800
　　坏账准备　　　　　　　　　　　　　　　　　 10 000
　　投资收益　　　　　　　　　　　　　　　　　 33 200
　　贷：应收账款——DZ 公司　　　　　　　　　　450 000

2. 以固定资产清偿债务

实务中，债务人以固定资产清偿债务，债务人应当先将固定资产的公允价值与该项固定资产账面价值、清理费用的差额作为转让固定资产的损益处理 (资产处置损益)；再将固定资产公允价值与重组债务账面价值的差额，确认为当期损失 (其他收益——债务重组收益)。如果固定资产计提了减值准备，还应当结转相关的减值准备金额。

【例题 5-3】2023 年 4 月 12 日，LS 公司销售一批材料给 A 公司，含税价款为 1 100 000 元，按购销合同约定，A 公司应于 2023 年 7 月 12 日前支付货款，但到 2023 年 9 月 30 日 A 公司尚未支付货款。经过协商，LS 公司同意 A 公司用其一台甲设备抵偿债务。甲设备的账面原价为 1 200 000 元 (假定增值税进项税额于购入时正常抵扣)，累计折旧为 330 000 元，公允价值为 850 000 元。抵债设备已于 2023 年 10 月 10 日运抵 LS 公司，LS 公司将其用于本企业产品的生产。

要求：计算债权人债务重组损失的金额、债务人债务重组利得的金额，并编写相关会计分录。

解题过程如下：

A 公司债务重组利得 = 1 100 000 − (850 000 + 850 000 × 13%) = 139 500(元)

计算甲设备清理损益 = 850 000 − (1 200 000 − 330 000) = −20 000(元)

以甲设备抵偿债务时，A 公司的会计分录如下：

借：固定资产清理——甲设备　　　　　　　　　870 000

　　累计折旧　　　　　　　　　　　　　　　　330 000

　　　贷：固定资产——甲设备　　　　　　　　　　　　1 200 000

借：应付账款——LS 公司　　　　　　　　　　1 100 000

　　　贷：固定资产清理——甲设备　　　　　　　　　　　850 000

　　　　应交税费——应交增值税 (销项税额)　　　　　110 500

　　　　其他收益——债务重组收益　　　　　　　　　　139 500

借：资产处理损益——处置非流动资产损失　　　 20 000

　　　贷：固定资产清理——甲设备　　　　　　　　　　　20 000

LS 公司债务重组损失 = 1 100 000 − (850 000 + 850 000 × 13%) = 139 500(元)

收到用于抵债的甲设备时，LS 公司的会计分录如下：

借：固定资产——甲设备　　　　　　　　　　　850 000

　　应交税费——应交增值税 (进项税额)　　　　110 500

　　投资收益　　　　　　　　　　　　　　　　139 500

　　　贷：应收账款——A 公司　　　　　　　　　　　　1 100 000

3. 以股票、债券等金融资产抵偿债务

实务中，债务人以股票、债券等金融资产抵偿债务，应当将相关金融资产的公允价值与其账面价值的差额，作为转让金融资产的利得或损失处理；将相关金融资产的公允价值与重组债务账面价值的差额，作为债务重组利得 (投资收益)。

【 例题 5-4 】XR 公司于 2023 年 5 月 6 日销售给 LP 公司一批 F 产品，含税价款为500 000 元，按购销合同约定，LP 公司应于 2023 年 9 月 5 日前支付货款。到 2023 年 9 月10 日，LP 公司尚未支付。经过协商，XR 公司同意 LP 公司以其所持有的作为交易性金融资产核算的 H 公司股票抵偿债务。该股票账面价值为 440 000 元，前期累计计入公允价值变动损益的金额为 0，债务重组日的公允价值为 450 000 元。XR 公司为该项应收账款提取了坏账准备 35 000 元。用于抵债的股票已于 2023 年 9 月 19 日办理了相关转让手续；XR公司将取得的股票作为交易性金融资产核算。假定不考虑相关税费和其他因素。

要求：计算债权人债务重组损失的金额、债务人债务重组利得的金额，并编写相关会计分录。

解题过程如下：

LP 公司债务重组利得 = 500 000 − 450 000 = 50 000(元)

转让股票收益 = 450 000 - 440 000 = 10 000(元)

以股票偿还债务时，LP 公司的会计分录如下：

借：应付账款——XR 公司　　　　　　　　500 000

　　贷：交易性金融——H 公司股票——成本　　　　　440 000

　　　　投资收益　　　　　　　　　　　　　60 000 (50 000 + 10 000)

XR 公司债务重组损失 = 500 000 - 450 000 - 25 000 = 25 000(元)

收到以股票偿还的债务时，XR 公司的会计分录如下：

借：交易性金融——H 公司股票——成本　　　450 000

　　坏账准备　　　　　　　　　　　　　　　35 000

　　投资收益　　　　　　　　　　　　　　　15 000

　　贷：应收账款——LP 公司　　　　　　　　　　500 000

▶▶▶▶ 三、将债务转为资本

实务中，债务人采用将债务转为资本的方式结束债权债务关系，实际上是债务人将债务转为本企业的资本，同时债权人将债权转为股权的债务重组方式。债务人将债务转为资本，通常有以下两种情况。

(一) 债务人为股份有限公司

债务人为股份有限公司时，债务人应当在满足金融负债终止确认条件时，终止确认重组债务，并将债权人放弃债权而享有股份的面值总额确认为股份；股份的公允价值总额与股本之间的差额确认为股本溢价，计入资本公积。重组债务账面价值超过股份公允价值总额的差额，作为债务重组利得计入当期损益 (投资收益)。债务人因发行权益工具而支付的相关税费等，应当依次冲减资本公积、盈余公积、未分配利润等。

(二) 债务人为其他企业

债务人为其他企业时，债务人应当在满足金融负债终止确认条件时，终止确认重组债务，并将债权人放弃债权而享有的股份份额确认为实收资本；股权公允价值与实收资本之间的差额确认为资本溢价，计入资本公积。重组债务账面价值超过股权公允价值的差额，作为债务重组利得计入当期损益 (投资收益)。债务人因发行权益工具而支付的相关税费等，应当依次冲减资本公积、盈余公积、未分配利润等。

实务中，债权人应当在满足金融资产终止确认条件时，终止确认重组债权，并将因放弃债权而享有股份的公允价值确认为对债务人的投资，重组债权的账面余额与股份的公允价值之间的差额确认为债务重组损失 (投资收益)。债权人已对债权计提减值准备的，应当先将该差额冲减已计提的减值准备，减值准备不足以冲减的部分，作为债务重组损失计入当期损益，减值准备冲减后仍有余额的，应当转回并抵减当期信用减值损失。

【例题 5-5】2023 年 9 月 13 日，WR 公司销售一批乙材料给 LJ 公司，含税价款为 300

000 元，合同约定 6 个月后结清款项。6 个月后，由于 LJ 公司发生债务困难，无法支付该价款，故与 WR 公司协商进行债务重组。经双方协议，WR 公司同意 LJ 公司将该债务转为 LJ 公司的股份。WR 公司对该项应收账款计提了坏账准备 20 000 元。转股后 LJ 公司注册资本为 1 000 000 元，抵债股权占 LJ 公司注册资本的 20%，该投资对 LJ 公司构成重大影响。债务重组日，抵债股权的公允价值为 252 000 元。2023 年 5 月 1 日，相关手续办理完毕。假定不考虑其他相关税费。

要求：计算债权人债务重组损失的金额、债务人债务重组利得的金额，并编写相关会计分录。

解题过程如下：

应计入资本公积的金额 = 252 000 − 1 000 000 × 20% = 52 000（元）

LJ 公司债务重组利得 = 300 000 − 252 000 = 48 000（元）

将债务转为资本时，LJ 公司的会计分录如下：

借：应付账款——WR 公司　　　　　　　　　300 000
　　贷：实收资本——WR 公司　　　　　　　　　　　　200 000
　　　　资本公积——资本溢价　　　　　　　　　　　　52 000
　　　　投资收益　　　　　　　　　　　　　　　　　48 000

WR 公司债务重组损失 = 300 000 − 252 000 − 20 000 = 28 000（元）

将债务转为资本时，WR 公司的会计分录如下：

借：长期股权投资——LJ 公司　　　　　　　252 000
　　坏账准备　　　　　　　　　　　　　　　20 000
　　投资收益　　　　　　　　　　　　　　　28 000
　　贷：应收账款——LJ 公司　　　　　　　　　　　　300 000

▶▶▶▶ 四、修改其他债务条件

实务中，债务人采用修改其他债务条件的方式结束债权债务关系，实际上是债务人用除了现金、非现金资产、债务转为资本以外的其他方式进行的债务重组。债务人采用修改其他债务条件进行债务重组，应当区分是否涉及或有应付（或应收）金额进行会计处理。其中，或有应付（或应收）金额，是指需要根据未来某种事项出现而发生的应付（或应收）金额，而且该未来事项的出现具有不确定性。

（一）不涉及或有应付（或应收）金额的债务重组

对债务人而言，以修改其他债务条件进行债务重组，如果修改后的债务条款中不涉及或有应付金额，则债务人应当将重组债务的账面价值大于重组后债务的入账价值的差额，作为债务重组利得，计入当期损益（投资收益）。

对债权人而言，债权人在重组日应当将修改其他债务条件后的债权公允价值作为重组后债权的账面价值，重组债务的账面余额与重组后债权的账面价值之间的差额作为债务重

组损失，计入当期损益（投资收益）。如果债权人已经对该项债权计提了坏账准备，应当首先冲减已计提的坏账准备，减值准备不足以冲减的部分作为债务重组损失。

【例题 5-6】KL 商业银行 2021 年 12 月 31 日应收 FQ 公司贷款的账面余额为 9 700 000 元，其中，700 000 元为累计应收的利息，贷款年利率为 7%。由于 FQ 公司连年亏损，资金周转困难，不能偿付应于 2021 年 12 月 31 日到期的贷款，故经双方协商，于 2022 年 1 月 1 日进行债务重组。KL 商业银行同意将贷款本金减至 8 000 000 元，免去债务人所欠的全部利息；将利率从 7% 降低到 5%（等于实际利率），并将债务到期延长至 2023 年 12 月 31 日，利息按年支付。该项债务重组协议从协议签订日起开始实施。KL 商业银行为该项贷款计提了 500 000 元贷款损失准备。

要求：计算债权人债务重组损失的金额、债务人债务重组利得的金额，并编写相关会计分录。

解题过程如下：

FQ 公司债务重组利得 = 9 700 000 - 8 000 000 = 1 700 000（元）

修改其他债务条件重组时，FQ 公司的会计分录如下：

借：长期借款——KL 商业银行　　　　　　　　　　　9 700 000
　　贷：长期借款——债务重组——KL 商业银行　　　　　　8 000 000
　　　　投资收益　　　　　　　　　　　　　　　　　　1 700 000

计提和支付利息时，FQ 公司的会计分录如下：

借：财务费用　　　　　　　　　　　　　　　　　　　400 000
　　贷：应付利息——KL 商业银行　　　　　　　　　　　400 000
借：应付利息——KL 商业银行　　　　　　　　　　　　400 000
　　贷：银行存款　　　　　　　　　　　　　　　　　　400 000

偿还本金及剩余利息时，FQ 公司的会计分录如下：

借：财务费用　　　　　　　　　　　　　　　　　　　400 000
　　贷：应付利息——KL 商业银行　　　　　　　　　　　400 000
借：长期借款——债务重组——KL 商业银行　　　　　　8 000 000
　　应付利息——KL 商业银行　　　　　　　　　　　　400 000
　　贷：银行存款　　　　　　　　　　　　　　　　　　8 400 000

KL 商业银行债务重组损失 = 9 700 000 - 8 000 000 - 500 000 = 1 200 000（元）

修改其他债务条件重组时，KL 商业银行的会计分录如下：

借：长期贷款——债务重组——FQ 公司——本金　　　　8 000 000
　　贷款损失准备　　　　　　　　　　　　　　　　　500 000
　　投资收益　　　　　　　　　　　　　　　　　　　1 200 000
　　贷：长期贷款——FQ 公司——本金、利息调整、应计利息　9 700 000

收到利息时，KL 商业银行的会计分录如下：

借：吸收存款——FQ 公司　　　　　　　　　　　　　400 000

　　　　贷：利息收入　　　　　　　　　　　　　　　　　　　　　400 000
　　收到本金及最后一年利息时，KL 商业银行的会计分录如下：
　　借：吸收存款——FQ 公司　　　　　　　　　　　8 400 000
　　　　贷：长期存款——债务重组——FQ 公司本金　　　　　　8 000 000
　　　　　　利息收入　　　　　　　　　　　　　　　　　　　　400 000

（二）涉及或有应付（或应收）金额的债务重组

　　以修改其他债务条件进行债务重组的，修改后的债务条款如涉及或有应付金额，且该或有应付金额符合预计负债确认条件的，债务人应当将该或有应付金额确认为预计负债。实务中，如果债务重组协议规定债务人在债务重组后一定期间内，其业绩改善到一定程度或符合一定要求（如扭亏为盈、摆脱财务困境等），则应当向债权人额外支付一定数额的款项。当债务人承担的或有应付金额符合预计负债确认条件时，应当将该或有应付金额确认为预计负债。债务人应当将重组债务的账面价值与重组后债务的入账价值和预计负债金额之和的差额作为债务重组利得，计入投资收益。或有应付金额在随后的会计期间没有发生的，企业应当冲销已确认的预计负债。

　　以修改其他债务条件进行债务重组的，修改后的债务条款中涉及或有应收金额的，债权人不应当确认或有应收金额，不得将其计入重组后债权的账面价值。按照谨慎性要求，或有应收金额属于或有资产，或有资产不予确认。只有在或有应收金额实际发生时，才计入当期损益。

▶▶▶ 五、混合组合方式

　　实务中，债务人采用混合组合的方式结束债权债务关系，实际上是债务人用现金清偿债务、非现金资产清偿债务、债务转为资本、修改其他债务条件组合进行的，主要有以下几种情况。

　　(1) 用现金、非现金资产两种方式的组合清偿某项债务。用现金、非现金资产两种方式的组合清偿某项债务的，债务人应当将重组债务的账面价值与支付的现金、转让的非现金资产的公允价值之间的差额作为债务重组利得；债权人应当将重组债权的账面余额与收到的现金、受让的非现金资产的公允价值、已提减值准备之间的差额作为债务重组损失。

　　(2) 用现金、将债务转为资本两种方式的组合清偿某项债务。用现金、将债务转为资本两种方式的组合清偿某项债务的，债务人应当将重组债务的账面价值与支付的现金、债权人因放弃债权而享有股权的公允价值之间的差额作为债务重组利得，股权的公允价值与股本（或实收资本）的差额作为资本公积；债权人应当将重组债权的账面余额与收到的现金、因放弃债权而享有股权的公允价值、已提减值准备之间的差额作为债务重组损失。

　　(3) 用非现金资产、将债务转为资本两种方式的组合清偿某项债务。用非现金资产、将债务转为资本两种方式的组合清偿某项债务的，债务人应当将重组债务的账面价值与转让的非现金资产的公允价值、债权人因放弃债权而享有股权的公允价值之间的差额作为债务重组利得，股权的公允价值与股本（或实收资本）的差额作为资本公积；债权人应当将重组债权的账面余额与受让的非现金资产的公允价值、因放弃债权而享有股权的公允价值、已提减值准备之间的差额作为债务重组损失。

(4) 用现金、非现金资产、将债务转为资本三种方式的组合清偿某项债务。用现金、非现金资产、将债务转为资本三种方式的组合清偿某项债务的，债务人应当将重组债务的账面价值与支付的现金、转让的非现金资产的公允价值、债权人因放弃债权而享有股权的公允价值之间的差额作为债务重组利得；债权人应当将重组债权的账面余额与收到的现金、受让的非现金资产的公允价值、因放弃债权而享有的股权的公允价值、已提减值准备之间的差额作为债务重组损失。

(5) 用资产、将债务转为资本等方式清偿某项债务的一部分，并对该项债务的另一部分以修改其他债务条件进行债务重组。在这种方式下，债务人应当先以支付的现金、转让的非现金资产的公允价值、债权人因放弃债权而享有股权的公允价值冲减重组债务的账面价值，余额与将来应付金额进行比较，据此计算债务重组利得，股权的公允价值与股本（或实收资本）的差额作为资本公积；债权人应当先以收到的现金、受让的非现金资产的公允价值、因放弃债权而享有股权的公允价值冲减重组债权的账面价值，余额与将来应收金额进行比较，据此计算债务重组损失。

【例题 5-7】2023 年 1 月 16 日，WQ 公司销售一批产品给 MT 公司，含税价款为 1 300 000 元。到 2023 年 12 月 31 日，WQ 公司对该应收账款计提的坏账准备为 18 000 元。由于 MT 公司发生财务困难，无法偿还债务，故与 WQ 公司协商进行债务重组。2024 年 1 月 5 日，WQ 公司与 MT 公司达成的债务重组协议如下：

① W 公司以一批甲材料偿还部分债务。该批甲材料的账面价值为 280 000 元（未提取跌价准备），公允价值为 300 000 元，适用的增值税税率为 13%。假定材料同日送抵 WQ 公司，MT 公司开出增值税专用发票，WQ 公司将该批甲材料作为原材料验收入库。

② 将 250 000 元的债务转为对 MT 公司投资的股份，其中 50 000 元为股份面值。假定股份转让手续同日办理完毕，WQ 公司将其作为长期股权投资核算。

③ WQ 公司同意减免 MT 公司所负全部债务扣除实物抵债和股权抵债后剩余债务的 40%，其余债务的偿还期延长至 2024 年 6 月 30 日。

要求：计算债权人债务重组损失的金额、债务人债务重组利得的金额，并编写相关会计分录。

解题过程如下：

债务重组后债务的公允价值 = [1 300 000 − 300 000 × (1 + 13%) − 250 000] × (1 − 40%) = 426 600（元）

MT 公司债务重组利得 = 1 300 000 − 339 000 − 250 000 − 426 600 = 284 400（元）

采用混合方式重组时，MT 公司的会计分录如下：

借：应付账款——WQ 公司　　　　　　　　　　　　1 300 000
　　贷：其他业务收入——销售甲材料　　　　　　　　　　　300 000
　　　　应交税费——应交增值税（销项税额）　　　　　　　 39 000
　　　　股本——WQ 公司　　　　　　　　　　　　　　　 50 000
　　　　资本公积——股本溢价　　　　　　　　　　　　　　200 000
　　　　应付账款——债务重组——WQ 公司　　　　　　　　426 600
　　　　其他收益——债务重组利得　　　　　　　　　　　　284 400

同时

借：其他业务成本——销售甲材料　　　　　　　　　　　　280 000
　　贷：原材料——甲材料　　　　　　　　　　　　　　　　280 000

WQ 公司债务重组损失 = 1 300 000 − 339 000 − 250 000 − 426 600 − 18 000 = 266 400（元）

采用混合方式重组时，WQ 公司的会计分录如下：

借：原材料——甲材料　　　　　　　　　　　　　　　　　300 000
　　应交税费——应交增值税（进项税额）　　　　　　　　　 39 000
　　长期股权投资——MT 公司　　　　　　　　　　　　　250 000
　　应收账款——债务重组——MT 公司　　　　　　　　　426 600
　　坏账准备　　　　　　　　　　　　　　　　　　　　　 18 000
　　投资收益　　　　　　　　　　　　　　　　　　　　　266 400
　　贷：应收账款——MT 公司　　　　　　　　　　　　　1 300 000

▶ 项目总结

　　本项目内容主要包括债务重组的概念、债务重组的主要方式、用现金清偿债务的会计处理、用非现金资产清偿债务的会计处理、将债务转为资本的会计处理、修改其他债务条件的会计处理、混合组合方式的会计处理等。

▶ 习题巩固

一、单项选择题

1. 下列项目中，应当按照债务重组准则进行会计处理的是（　　）。

A. 公司放弃应收债权取得子公司投资

B. 公司放弃应收债权取得联营企业投资

C. 公司放弃应收债权取得其他权益工具投资

D. 公司放弃应收债权取得交易性金融资产

2. M 公司是 N 公司的股东。2023 年 3 月 31 日，M 公司应收 N 公司账款 4 000 万元，采用摊余成本进行后续计量。为解决 N 公司资金周转困难的问题，M 公司和 N 公司的其他债权人共同决定对 N 公司的债务进行重组，并于 2023 年 4 月 2 日与 N 公司签订了债务重组合同。根据债务重组合同的约定，M 公司免除 70% 应收 N 公司账款的还款义务，N 公司其他债权人免除 40% 应收 N 公司账款的还款义务，豁免的债务在合同签订当日解除，对于其余未豁免的债务，N 公司应于 2023 年 4 月底前偿还。2023 年 4 月 20 日，M 公司收到 N 公司支付的账款 1 200 万元。不考虑其他因素，则 N 公司 2023 年度与 M 公司债务重组业务应确认的利得金额为（　　）万元。

A. 0
B. 1 200
C. 1 600
D. 2 800

3. H 公司和 K 公司均为增值税一般纳税人。2024 年 1 月 1 日，H 公司与 K 公司进行债务重组，合同签订日 H 公司应收 K 公司账款账面余额为 480 万元，已提坏账准备 40 万元，其公允价值为 460 万元，K 公司以一批存货抵偿上述账款。2024 年 1 月 10 日 H 公司收到 K 公司交付的商品，该批库存商品的公允价值为 400 万元，增值税税额为 52 万元，为取得库存商品支付的运费和保险费为 2 万元。假定不考虑其他因素，则 H 公司债务重组取得 K 公司存货的入账价值为（　　）万元。

A. 410
B. 400
C. 402
D. 390

4. 2024 年 1 月 1 日，Q 公司与 W 公司进行债务重组，合同签订日 Q 公司应收 W 公司账款账面余额为 2 000 万元，已提坏账准备 160 万元，其公允价值为 1 900 万元，W 公司以持有的 A 公司 20% 股权抵偿上述账款。2024 年 1 月 15 日，Q 公司和 W 公司办理完成股权转让手续，该项股权投资的公允价值为 2 000 万元，Q 公司为取得该项股权投资支付直接相关费用 12 万元，取得该项股权投资后，Q 公司对 A 公司能够施加重大影响。假定不考虑其他因素，则 Q 公司债务重组取得长期股权投资的初始投资成本为（　　）万元。

A. 2 000
B. 2 012
C. 1 912
D. 1 900

5. 2024 年 1 月 1 日，M 公司与 N 公司签订债务重组协议，协议签订日 M 公司应收 N 公司账款账面余额为 400 万元，已提坏账准备 20 万元，其公允价值为 360 万元，N 公司以持有的 A 公司 3% 股权抵偿上述账款，该项股权投资的公允价值为 350 万元。2024 年 1 月 20 日，N 公司向 M 公司转让上述股权投资，该日股权投资的公允价值为 356 万元，M 公司为取得该项股权投资支付直接相关费用 2 万元，取得该项股权投资后，M 公司将其作为交易性金融资产核算。假定不考虑其他因素，则 M 公司债务重组取得交易性金融资产的入账价值为（　　）万元。

A. 356
B. 350
C. 360
D. 358

6. H 公司为 T 公司和 Y 公司的母公司。2024 年 6 月 15 日，H 公司与 T 公司进行债务重组，合同签订日 T 公司应收 H 公司账款账面余额为 8 000 万元，已提坏账准备 800 万元，其公允价值为 7 600 万元。2024 年 6 月 30 日 H 公司以其持有的 Y 公司 80% 股权偿还上述债务，其公允价值为 7 700 万元，同日，Y 公司个别报表中净资产的账面价值为 9 200 万元，

H 公司合并报表中 Y 公司按购买日可辨认净资产公允价值持续计算的净资产账面价值为 9 600 万元。不考虑其他因素的影响，则 2024 年 6 月 30 日，T 公司债务重组业务影响损益的金额为（　　）万元。

A. 500   B. 400

C. 480   D. 0

7. 2024 年 6 月 20 日，甲公司与乙公司进行债务重组，合同签订日甲公司应收乙公司账款账面余额为 14 000 万元，已提坏账准备 1 400 万元，其公允价值为 13 200 万元。乙公司按每股 6 元的价格增发每股面值为 1 元的普通股股票 2 000 万股，并以此为对价偿还乙公司前欠甲公司债务，甲公司取得该股权投资后占乙公司发行在外股份的 70%，能够对乙公司实施控制。2024 年 6 月 30 日，乙公司办理了相关增资手续，甲公司另以银行存款支付审计费、评估费等共计 40 万元。在此之前，甲公司和乙公司不存在关联方关系。乙公司可辨认净资产公允价值为 16 000 万元。不考虑其他因素，甲公司债务重组日影响损益的金额为（　　）万元。

A. -40   B. 560

C. 600   D. -1 440

8. 甲公司与 M 公司均为增值税一般纳税人，2024 年 6 月 10 日甲公司与 M 公司进行债务重组，M 公司以库存商品偿还其所欠全部债务。合同签订日，甲公司应收 M 公司债权的账面余额为 4 000 万元，已计提坏账准备 3 000 万元，公允价值为 1 400 万元。2024 年 6 月 20 日 M 公司用于偿债商品的账面价值为 960 万元，公允价值为 1 200 万元，增值税税额为 156 万元。不考虑其他因素，则甲公司因上述交易影响损益的金额为（　　）万元。

A. -200   B. 240

C. 200   D. 400

9. N 公司与乙公司均为增值税一般纳税人，2024 年 3 月 10 日 N 公司与乙公司进行债务重组，乙公司以一项无形资产偿还其所欠全部债务。2024 年 3 月 20 日，乙公司应付债务的账面余额为 1 600 万元，乙公司用于偿债的无形资产账面价值为 960 万元（原价为 1 200 万元，累计摊销为 240 万元），公允价值为 1 200 万元，增值税税额为 72 万元。不考虑其他因素，则乙公司因上述交易影响当期损益的金额为（　　）万元。

A. 400   B. 568

C. 640   D. 328

10. K 企业应付甲企业账款的账面余额为 520 万元，甲企业与 K 企业进行债务重组，K 企业以增发其普通股偿还债务。假设普通股每股面值为 2 元，重组日每股市价为 3 元，K 企业以 160 万股普通股抵偿该项债务，并支付给有关证券机构佣金手续费 2 万元。则 K 企业应计入资本公积的金额为（　　）万元。

A. 158   B. 160

C. 38   D. 40

二、多项选择题

1. 下列项目中，不应按债务重组准则进行会计处理的有（　　）。

A. 债务重组中涉及的债权、重组债权、债务、重组债务和其他金融工具的确认、计量

B. 通过债务重组形成企业合并

C. 债权人与债务人在债务重组前后均受同一方或相同的多方最终控制，且该债务重组的交易实质是债权人、债务人进行了权益性分配或接受了权益性投入

D. 以存货清偿债务

2. 下列关于债权人债务重组会计处理的表述，正确的有（　　）。

A. 以资产清偿债务进行债务重组的，应当在相关资产符合其定义和确认条件时予以确认

B. 将债务转为权益工具方式进行债务重组的，应当在相关资产符合其定义和确认条件时予以确认

C. 债权人计入当期损益的金额只是放弃债权的公允价值与账面价值之间的差额

D. 通过债务重组形成同一控制下子公司投资的，长期股权投资成本包括放弃债权的公允价值和可直接归属于该资产的税金等其他成本

3. 以资产清偿债务方式进行债务重组的，债权人初始确认受让的金融资产以外的资产时，下列表述正确的有（　　）。

A. 投资性房地产的成本，包括放弃债权的公允价值和可直接归属于该资产的税金等其他成本

B. 固定资产的成本，包括放弃债权的公允价值和使该资产达到预定可使用状态前所发生的可直接归属于该资产的税金、运输费、装卸费、安装费、专业人员服务费、员工培训费等其他成本

C. 存货的成本包括放弃债权的公允价值，以及使资产达到当前位置和状态所发生的可直接归属于该资产的税金、运输费、装卸费、保险费等其他成本

D. 无形资产的成本包括取得无形资产的公允价值和可直接归属于使该资产达到预定用途所发生的税金等其他成本

4. 2023 年 11 月 30 日，G 公司应收乙公司账款账面余额为 520 万元，已提坏账准备 26 万元，其公允价值为 500 万元。G 公司与乙公司协商进行债务重组，乙公司以增发其普通股偿还债务。假设普通股每股面值为 2 元，合同签订日乙公司股票收盘价为 6 元／股，乙公司以 160 万股普通股抵偿该项债务。2023 年 12 月 30 日，双方办理完成股权转让手续，G 公司发生直接相关税费 4 万元，乙公司股票当日收盘价为 6.2 元／股，G 公司取得乙公司普通股后能够对乙公司施加重大影响。不考虑其他因素。2023 年 12 月 30 日 G 公司和乙公司的下列会计处理中正确的有（　　）。

A. G 公司长期股权投资初始投资成本为 504 万元

B. 该项业务影响 G 公司 2023 年当期损益金额为 6 万元

C. 该项业务影响乙公司 2023 年当期损益金额为 40 万元

D. 该项业务影响乙公司 2023 年当期损益金额为 24 万元

5. 以资产清偿债务下列关于债权人会计处理表述正确的有（　　）。

A. 取得的金融资产按《金融工具确认和计量》准则的规定确认和计量

B. 取得的资产为存货，放弃债权的公允价值与账面价值之间的差额，应当计入当期损益

C. 取得的金融资产为其他债权投资，放弃债权的公允价值与账面价值之间的差额，应当计入当期损益

D. 取得多项资产时，按金融资产之外的各项资产的账面价值比例对放弃债权的公允价值扣除受让金融资产确认金额后的净额进行分配，并以此为基础分别确定各项资产的成本

6. W 公司销售商品产生应收 R 公司货款 2 400 万元，因 R 公司资金周转困难，已逾期 1 年以上尚未支付。2023 年 10 月 5 日，双方经协商达成以下协议：R 公司以其生产的 200 件 P 产品和一项应收银行承兑汇票偿还所欠 W 公司货款，W 公司就该债权计提了 480 万元坏账准备，其公允价值为 2 000 万元。10 月 25 日，W 公司收到 R 公司的 200 件 P 产品及银行承兑汇票，R 公司用以偿债的 P 产品单位成本为 5 万元，市场价格（不含税）为每件 8 万元，银行承兑汇票的公允价值为 240 万元，R 公司向甲公司开具了增值税专用发票，双方债权债务结清。W 公司和 R 公司均为增值税一般纳税人，销售商品适用的增值税税率均为 13%。不考虑其他因素，则下列关于 W 公司该项交易会计处理的表述正确的有（　　）。

A. 确认当期损益 80 万元　　　　　　B. 确认增值税进项税额 208 万元

C. 确认丙产品入账价值 1 600 万元　　D. 确认应收票据入账价值 240 万元

7. 以资产清偿债务方式进行债务重组的，下列关于债务人会计处理表述正确的有（　　）。

A. 应当在相关资产和所清偿债务符合终止确认条件时予以终止确认

B. 应付债务账面价值与抵债资产公允价值的差额计入当期损益

C. 抵债资产公允价值与账面价值之间的差额计入当期损益

D. 应付债务账面价值与抵债资产账面价值的差额计入当期损益

8. M 公司与 N 公司均为增值税一般纳税人，购买及销售商品、设备适用的增值税税率均为 13%。M 公司销售给 N 公司一批商品，价款为 2 000 万元，增值税税额为 260 万元，款项尚未收到，因 N 公司发生财务困难，故已无力偿还 M 公司的全部货款。2023 年 10 月 5 日双方签订债务重组合同，M 公司同意 N 公司分别用一项债权投资、一批材料和一项设备（固定资产）予以抵偿。M 公司对该笔应收账款已计提坏账准备 400 万元，其公允价值为 2 000 万元。合同签订日，债权投资公允价值为 600 万元，原材料的成本为 300 万元，已计提存货跌价准备 20 万元，公允价值为 200 万元；设备原价为 800 万元，已提折旧 200 万元，未计提减值准备，公允价值为 800 万元。2023 年 10 月 25 日，M 公司收到上述资产，双方解除债权债务关系，该日债权投资的公允价值为 610 万元。不考虑其他因素，则下列关于 M 公司的会计处理中正确的有（　　）。

A. 债权投资入账价值为 610 万元   B. 原材料入账价值为 254 万元

C. 固定资产入账价值为 1 016 万元   D. 计入当期损益的金额为 140 万元

9. 甲公司销售商品产生应收 F 公司货款 2 000 万元，因 F 公司资金周转困难，已逾期 1 年以上尚未支付。2024 年 6 月 5 日，双方经协商达成以下协议：F 公司以一台机器设备抵偿上述债务，该日应收债权的公允价值为 1 800 万元，已提坏账准备 400 万元，双方办理完成资产转让手续，甲公司将取得的设备划分为持有待售类别，该日设备的公允价值减去出售费用后的净额为 1 700 万元。不考虑增值税等因素的影响，则甲公司对该债务重组业务的会计处理正确的有（   ）。

A. 持有待售资产入账价值为 1 700 万元   B. 固定资产入账价值为 1 800 万元

C. 影响当期损益的金额为 100 万元   D. 应计入投资收益的金额为 200 万元

10. 下列关于债务重组会计处理的表述，正确的有（   ）。

A. 以固定资产清偿债务方式进行债务重组的，债务人应当在固定资产和所清偿债务符合终止确认条件时予以终止确认，所清偿债务账面价值与转让固定资产账面价值之间的差额计入当期损益

B. 以无形资产清偿债务方式进行债务重组的，债务人应当在无形资产和所清偿债务符合终止确认条件时予以终止确认，所清偿债务账面价值与转让无形资产公允价值之间的差额计入当期损益

C. 将债务转为权益工具方式进行债务重组的，债务人应当在所清偿债务符合终止确认条件时予以终止确认。债务人初始确认权益工具时应当按照权益工具的公允价值计量，权益工具的公允价值不能可靠计量的，应当按照所清偿债务的公允价值计量。所清偿债务账面价值与权益工具确认金额之间的差额，应当计入当期损益

D. 采用修改其他条款方式进行债务重组的，债务人应当按照《企业会计准则第 22 号——金融工具确认和计量》和《企业会计准则第 37 号——金融工具列报》的规定，确认和计量重组债务

三、判断题

1. 债务重组是指在债务人发生财务困难的情况下，债权人按照其与债务人达成的协议或者法院的裁定做出让步的事项。（   ）

2. 债务重组构成权益性交易的，应当适用权益性交易的有关会计处理规定，债权人和债务人不确认构成权益性交易的债务重组相关损益。（   ）

3. 对于在报告期间已经开始协商，但在报告期资产负债表日后的债务重组，不属于资产负债表日后调整事项。（   ）

4. 债务重组采用以资产清偿债务或者将债务转为权益工具方式进行的，债权人应当在受让的相关资产符合其定义和确认条件时予以确认。（   ）

5. 债务人以资产清偿债务，且债权人在取得日未将受让的相关资产作为非流动资产核算，而是将其划分为持有待售类别的，债权人应当在初始计量时，比较假定其不划分

为持有待售类别情况下的初始计量金额和公允价值减去出售费用后的净额，以两者孰高计量。　　　　　　　　　　　　　　　　　　　　　　　　　　　　（　　）

6. 债务人以单项或多项金融资产清偿债务的，债务的账面价值与偿债金融资产账面价值的差额，计入"其他收益"科目。　　　　　　　　　　　　　　　　　（　　）

7. 债务人以库存商品清偿债务的，应将库存商品的公允价值与应付债务的账面价值的差额计入当期损益。　　　　　　　　　　　　　　　　　　　　　　　　（　　）

8. 债务重组采用以资产清偿债务、将债务转为权益工具、修改其他条款等方式的组合进行的，对于权益工具，债务人应当在初始确认时按照权益工具的公允价值计量，权益工具的公允价值不能可靠计量的，应当按照所清偿债务的公允价值计量。　　　　（　　）

9. 债务人以单项或多项非金融资产清偿债务，或者以包括金融资产和非金融资产在内的多项资产清偿债务的，不需要区分资产处置损益和债务重组损益，也不需要区分不同资产的处置损益，而应将所清偿债务账面价值与转让资产账面价值之间的差额计入"其他收益——债务重组收益"科目。　　　　　　　　　　　　　　　　　　　　（　　）

10. 以存货清偿债务应按债务重组准则进行会计处理。　　　　　　　　　　（　　）

四、计算分析题

甲公司应收乙公司账款账面余额为 4 000 万元，已提坏账准备 400 万元，因乙公司发生财务困难，故甲公司于 2023 年 6 月 10 与乙公司进行债务重组，合同签订日甲公司应收债权的公允价值为 3 400 万元。甲公司同意乙公司以处置组抵偿上述债务，处置组中包括其他权益工具投资、库存商品、一台机器设备及一笔短期借款，合同签订日的公允价值分别为 800 万元、840 万元、1 960 万元和 400 万元。2023 年 6 月 30 日，甲公司和乙公司办理完成处置组转让手续，双方解除债权债务关系。该日，其他权益工具投资的账面价值为 787 600 万元（成本为 380 万元，公允价值变动为 20 万元），公允价值为 820 万元，库存商品的账面价值为 800 万元，设备的账面价值为 1 800 万元（原价为 2 000 万元，累计折旧 200 万元），短期借款的账面价值和公允价值均为 400 万元。假定甲公司取得处置组中的资产和负债的分类同乙公司相同，甲公司和乙公司按净利润的 10% 提取法定盈余公积，不考虑增值税及其他因素的影响。

要求：

(1) 编制甲公司 2023 年 6 月 30 日债务重组的会计分录。

(2) 编制乙公司 2023 年 6 月 30 日债务重组的会计分录。

项目六
或 有 事 项

知识目标

- 了解或有事项的概念、特征和内容。
- 理解或有负债和或有资产的概念、预计负债的确认条件、预计负债的计量原则。
- 掌握或有事项的具体业务处理（未决诉讼、未决仲裁、产品质量保证、亏损合同和重组）。

技能目标

- 能够灵活运用或有事项的基本知识。
- 能够独立完成或有事项的会计处理。

思维导图

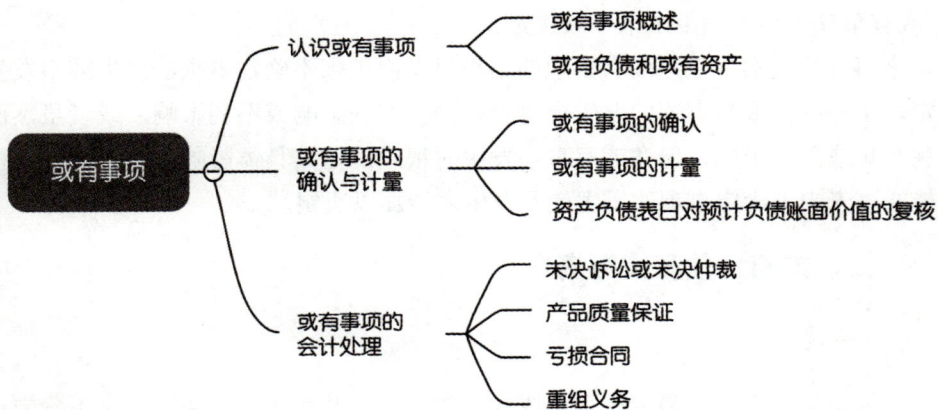

任务一 ▶ 认识或有事项

▶▶▶ **一、或有事项概述**

（一）或有事项的概念

或有事项是指由过去的交易或事项形成的，其结果须由某些未来事项的发生或不发生才能决定的不确定事项。实务中，企业经常遇到或有事项，主要包括产品质量保证、亏损合同、未决仲裁或未决诉讼、债务担保、重组义务、环境污染整治等。

（二）或有事项的特征

或有事项具有以下三个方面的特征。

(1) 或有事项是由过去的交易或事项形成的。

或有事项是一项已经发生的事项，虽然或有事项的结果由未来某些事项的发生或不发生来证实，但或有事项的状况是过去的交易或事项所引起的客观性存在。实务中，企业发生的产品质量保证、亏损合同、未决仲裁或未决诉讼等都是过去的交易或事项形成的，属于或有事项。

(2) 或有事项的结果具有不确定性。

或有事项的结果具有不确定性实际上是或有事项的结果会不会发生具有不确定性，或者说或有事项的结果估计会发生，但什么时候发生或发生多少金额具有不确定性。实务中，企业发生的产品质量保证、亏损合同、未决仲裁或未决诉讼等事项的结果具有不确定性，需要通过未来某些事项的发生或不发生加以决定，属于或有事项。

(3) 或有事项的结果须由未来事项决定。

由未来事项决定实际上是或有事项的结果只能由未来不确定事项的发生或不发生才能加以决定。实务中，或有事项的发生会对企业产生有利影响或不利影响，或者虽然已经知道是有利影响或不利影响，但在或有事项发生时很难确定其具体影响的大小。在这种情况下，只能通过未来不确定事项的发生或不发生才能加以决定。

▶▶▶ **二、或有负债和或有资产**

（一）或有负债

或有负债是指过去的交易或事项形成的潜在义务，其存在必须通过未来不确定事项的发生或不发生予以证实；或者是指过去的交易或事项形成的现时义务，履行该义务不是很可能导致经济利益流出企业或该义务的金额不能可靠计量。

实务中，或有负债涉及潜在义务和现时义务。其中，潜在义务是指结果取决于未来不确定事项的可能义务。潜在义务最终能否转变为现时义务，是由某些未来不确定事项的发生或不发生才能加以决定的。现时义务是指企业在现行条件下已承担的义务，但该现时义务的履行不是很可能导致经济利益流出企业或该义务的金额不能可靠计量。

因为或有负债不管是潜在义务还是现时义务，都不符合负债的确认条件，所以不能在财务报表中进行确认，但应当在财务报表附注中披露相关信息，这主要包括或有负债的种类、形成原因、经济利益流出不确定性的说明、预计产生的财务影响以及获得补偿的可能性等。

【例题 6-1】 2021 年 10 月 12 日，TJ 公司的子公司（甲公司）从银行贷款人民币 16 000 000 元，期限两年，由 TJ 公司全额担保；2022 年 1 月 6 日，乙公司从银行贷款人民币 100 000 000 元，期限三年，由 TJ 公司全额担保；2022 年 7 月 3 日，丙公司从银行贷款 600 000 美元，期限 5 年，由 TJ 公司全额担保。

截至 2023 年 12 月 31 日的情况如下：甲公司的业务受灾情影响，贷款逾期未还，银行已起诉 TJ 公司和甲公司；乙公司经营状况良好，预期不存在还款困难；丙公司受灾情影响严重，可能不能偿还到期美元债务。

要求：判断上述或有事项的类型，并做简单的财务分析。

解题过程如下：

就甲公司而言，TJ 公司很可能因履行连带责任造成损失，但损失金额是多少，目前还难以预计。就乙公司而言，要求 TJ 公司履行连带责任的可能性极小。而就丙公司而言，TJ 公司可能需要履行连带责任。根据《企业会计准则》的规定，TJ 公司应在 2023 年 12 月 31 日的财务报表附注中做出相应披露，如表 6-1 所示。

表 6-1　TJ 公司财务报表附注披露信息表

被担保单位	担保金额	财务影响
甲公司	担保金额人民币 16 000 000 元，2023 年 10 月 12 日到期	甲公司的银行借款已逾期。贷款银行已起诉甲公司和本公司，由于对甲公司该笔银行贷款提供全额担保，因此诉讼结果将给本公司的财务造成重大不利影响，损失金额目前难以估计
乙公司	担保金额人民币 10 000 000 元，2025 年 1 月 6 日到期	乙公司目前经营情况良好，预期对银行贷款不存在还款困难，因此对乙公司的担保极小可能会给本公司造成不利影响，损失金额目前难以估计
丙公司	担保金额 600 000 美元，2027 年 7 月 3 日到期	丙公司受灾情影响本年度效率不如以往，可能不能偿还到期美元贷款，本公司可能因此承担相应的连带责任而发生损失，损失金额目前难以估计

(二) 或有资产

或有资产是指过去的交易或者事项形成的潜在资产，其存在须通过未来不确定事项的发生或不发生予以证实。或有资产实际上是一种潜在资产，其结果具有很大的不确定性；但是随着经济情况的改变，通过某些未来不确定事项的发生或不发生才能证实其是否形成企业的资产。因为或有资产不符合资产的确认条件，所以不能在财务报表中进行确认。实务中，企业一般不披露或有资产，但当或有资产很可能给企业带来经济利益时，应当披露其形成的原因、预计产生的财务影响等。

任务二　或有事项的确认与计量

▶▶▶▶　一、或有事项的确认

或有事项的确认实际上是对或有事项的相关义务进行确认，包括或有负债和或有资产。

实务中，或有事项形成的或有资产只有在企业基本确定 (概率大于 95% 且小于 100%) 能够收到的情况下，才能按照企业的资产进行确认。

实务中，与或有事项有关的义务符合以下三个条件时，应当确认为预计负债。

(1) 承担该义务属于企业的现时义务。

承担该义务属于企业的现时义务，是指与或有事项相关的义务属于企业在目前条件下已承担的义务。实务中，企业过去的事项会不会形成现时义务通常是明确的，但也存在某些事项是否已经发生，是否已经产生现时义务具有不确定性。因此，企业应当考虑资产负债表日后能够获得的所有证据和专家意见等，用来判断资产负债表日是否已经存在现时义务。根据上述手段判断后分情况处理，如果企业在资产负债表日很可能存在现时义务，且符合预计负债确认条件，应当确认一项预计负债；如果企业在资产负债表日存在现时义务的可能性很小，企业应当将其作为一项或有负债进行披露，但含有经济利益的资源流出企业的可能性极小的除外。

现时义务包括法定义务和推定义务。其中，法定义务是指由于合同、法律法规等形成的义务，即企业在经营活动中，依照经济法律法规的规定必须履行的义务；推定义务是指由于企业的特定行为而形成的义务。

(2) 履行该义务很可能导致经济利益流出企业。

履行该义务很可能导致经济利益流出企业，是指企业履行与或有事项相关的现时义务时，导致经济利益流出企业的可能性大于 50% 但小于或等于 95%。企业因或有事项而承担的现时义务，并不代表该现时义务就很可能导致经济利益流出企业。

实务中，履行或有事项相关义务导致经济利益流出企业的可能性，可以按照发生概率的区间进行判断。发生的概率可以分为基本确定、很可能、可能、极小可能四种情况。经济利益流出企业概率区间表如表 6-2 所示。

表 6-2 经济利益流出企业概率区间表

结果的可能性	对应的概率区间
极小可能	发生的概率大于 0 但小于或等于 5%
可能	发生的概率大于 5% 但小于或等于 50%
很可能	发生的概率大于 50% 但小于或等于 95%
基本可能	发生的概率大于 95% 但小于 100%

(3) 该义务的金额能够可靠地计量。

该义务的金额能够可靠地计量，是指与或有事项相关的现时义务的金额能够合理估计。由于或有事项的结果具有不确定性，故其形成现时义务的金额也具有不确定性，需要进行合理估计。实务中，对或有事项作为一项预计负债进行确认，其现时义务的金额应当能够合理估计。只有在或有事项的金额能够进行合理估计且同时满足其他两个确认条件时，企业才能进行确认。

▶▶▶ 二、或有事项的计量

或有事项的计量，是指与或有事项相关的义务所形成预计负债的计量。实务中，当与或有事项相关的义务符合确认为一项负债的条件时，应当将其确认为一项预计负债，预计负债应当将履行相关现时义务所需支付的最佳估计数作为初始计量金额。另外，企业清偿预计负债所需的支出有可能从第三方或其他方得到相应的补偿，所以企业对预计负债进行计量主要涉及最佳估计数的确定和预期可得到补偿的会计处理。

（一）最佳估计数的确定

预计负债应当将企业履行相关现时义务所需支出的最佳估计数作为初始计量金额。

实务中，最佳估计数的确定应当分别按照以下两种情况处理。

(1) 所需支出存在一个连续的范围，且在该范围内各种结果发生的可能性都相同，企业进行最佳估计数确定时应当按照该范围内的中间值确定。

【例题 6-2】 2023 年 11 月 5 日，HM 公司由于经济合同违约而被 FN 公司起诉。2023 年 12 月 31 日，HM 公司尚未收到人民法院的判决结果。HM 公司法律顾问预计，最终的法律判决很可能对公司不利。假设预计要支付的赔偿金额在 200 000 ～ 320 000 元之间，且在这个区间内的金额的发生概率是相同的。

要求：计算预计负债的金额，并编写相关会计分录。

解题过程如下：

HM 公司应当在 2023 年 12 月 31 日的资产负债表中确认一项预计负债，该项预计负债的金额 $= \dfrac{200\,000 + 320\,000}{2} = 260\,000$（元）

资产负债表日确认预计负债时，HM 公司的会计分录如下：

借：营业外支出——赔偿支出——FN 公司　　　　260 000

　　贷：预计负债——未决诉讼——FN 公司　　　　　260 000

(2) 所需支出不存在一个连续范围，或虽然存在一个连续范围，但在该范围内各种金额发生的可能性不相同，企业进行最佳估计数确定时应当按照以下两种方法确定。

① 如果或有事项只涉及单个项目，最佳估计数按照最有可能发生的金额确定。

【例题 6-3】2023 年 9 月 16 日，TN 公司涉及一起诉讼案件。2023 年 12 月 31 日，TN 公司尚未收到人民法院的判决结果。TN 公司的法律顾问进行合理分析后认为 TN 公司胜诉的可能性为 25%，败诉的可能性为 75%。如果 TN 公司败诉，最有可能形成的赔偿金额为 560 000 元。

要求：计算预计负债的金额，并编写相关会计分录。

解题过程如下：

TN 公司在 2023 年 12 月 31 日的资产负债表中应当确认一项预计负债，金额为 560 000 元。

资产负债表日确认预计负债时，TN 公司的会计分录如下：

借：营业外支出——赔偿支出　　　　560 000

　　贷：预计负债——未决诉讼　　　　　560 000

② 如果或有事项涉及多个项目，最佳估计数按照各种可能结果及相关概率加权计算确定。

【例题 6-4】KL 公司是一家生产 K 产品的企业，2023 年度第一季度销售 K 产品 10 000 件，销售收入为 7 200 000 元。KL 公司的产品质量保证条款显示：K 产品售出后一年内，如发生非人为质量问题，KL 公司将负责免费维修。根据以前年度的维修记录，发生较小质量问题所产生的维修费用为销售收入的 1%；发生较大质量问题所产生的维修费用为销售收入的 2%。根据 KL 公司质量部门的预测，1—3 月销售的甲产品有 80% 不会发生质量问题；有 15% 可能发生较小质量问题；有 5% 可能发生较大质量问题。

要求：计算预计负债的金额，并编写相关会计分录。

解题过程如下：

2023 年度第一季度末 KL 公司应当确认的预计负债金额 = 7 200 000 × (0 × 80% + 1% × 15% + 2% × 5%) = 18 000(元)

资产负债表日确认预计负债时，KL 公司的会计分录如下：

借：销售费用——产品质量保证——K 产品　　　　18 000

　　贷：预计负债——产品质量保证——K 产品　　　　　18 000

(二) 预期可得到补偿的会计处理

企业因或有事项确认的负债在清偿时所需支付的全部或部分金额预期由第三方或其他方补偿的，则该补偿金额只有在基本确定能够收到时，企业才能将其作为一项资产进行单独确认，但所确认的补偿金额不能超过所确认负债的账面价值。

实务中，企业预期从第三方获得的补偿实际上是一种潜在的资产，其最终能否转化为企业的资产具有不确定性，企业只有在基本确定能够收到补偿金额时才能对其进行确认。企业预期可得到的补偿在基本确定能够收到时应当单独确认为一项资产，不能冲减所确认预计负债的金额。

因此，企业在补偿金额的确认时涉及两个方面的问题：一是补偿金额的确认时间，企业只有在补偿金额"基本确定"能够收到时才进行确认；二是补偿金额的确认，企业确认补偿金额只能是基本确定能够收到的金额，且不能超过相关预计负债的账面价值。

【例题 6-5】2023 年 12 月 31 日，TJ 公司因或有事项而确认了一项金额为 320 000 元的预计负债；同时，TJ 公司因该或有事项基本确定可从 H 保险公司获得 180 000 元的赔偿。

要求：计算预计负债的金额和资产的金额。

解题过程如下：

TJ 公司应当分别确认一项金额为 320 000 元的预计负债和一项金额为 180 000 元的资产，但不能只确认一项金额为 140 000(320 000 − 180 000) 元的预计负债。同时，TJ 公司所确认的补偿金额 (180 000 元) 不能超过所确认的负债的账面价值 (320 000 元)。

（三）预计负债的计量应当考虑的其他因素

实务中，企业对预计负债进行计量，在确定最佳估计数时应当综合考虑与或有事项有关的风险、不确定性、货币时间价值和未来事项等因素。

1. 风险和不确定性

由于或有事项的结果会受到未来某些事项的发生或不发生的影响，形成风险和不确定性，风险的变动可能增加负债计量的金额，从而可能会增加企业的负担，所以企业在不确定的环境下对或有事项进行判断应当保持必要的谨慎，不得高估收入或资产，也不得低估费用或负债。但是，企业不能滥用谨慎性，以或有事项面临的不确定性确认过多的预计负债，也不能人为夸大支出或费用。实务中，企业应当慎重对待与或有事项有关的风险和不确定性，一方面不能忽略风险和不确定性对或有事项计量形成的影响，另一方面要避免对风险和不确定性做出重复调整。

2. 货币时间价值

企业所确认的预计负债金额应当等于未来应支付的金额。货币时间价值是指相同金额的货币在不同时间点的价值是不相同的。实务中，企业预计负债的确认时点与实际清偿有很长的时间间隔时，货币时间价值的影响就属于重大的，企业在确定预计负债的确认金额时，应当考虑采用现值计量。

3. 未来事项

在确认预计负债金额时，企业应当考虑可能影响现时义务所需金额的相关未来事项，即对于这些未来事项，如果有足够的客观证据表明它们将发生，则应当在预计负债计量中进行反映，但预期处置相关资产形成的利得不需要考虑。

▶▶▶▶ 三、资产负债表日对预计负债账面价值的复核

实务中，企业应当在资产负债表日对已确认的预计负债的账面价值进行复核。如果有确凿证据表明预计负债的账面价值不能可靠反映目前最佳估计数的，应当按照目前最佳估计数对预计负债的账面价值做出调整。

任务三 ◢◢◢ 或有事项的会计处理

▶▶▶▶ 一、未决诉讼或未决仲裁

诉讼是指国家审判机关（即人民法院）依照法律规定，在当事人和其他诉讼参与人的参加下，依法解决讼争的活动。实务中，在诉讼尚未裁决之前，对于被告而言，可能形成一项或有负债（或预计负债）；对于原告而言，可能形成一项或有资产。

仲裁是指各方当事人依照事先约定或事后达成的书面仲裁协议，共同选定仲裁机构并由其对争议依法做出具有约束力裁决的一种活动。实务中，仲裁双方当事人对仲裁的结果在仲裁决定公布以前是不确定的，可能会形成一项潜在义务或现时义务，可能会形成潜在资产。

【例题 6-6】FQ 公司 2023 年 8 月 7 日有一笔已到期的银行借款，本金为 2 000 000 元，利息为 300 000 元，FQ 公司具有还款能力，但因与 P 银行存在其他经济纠纷，从而未按时归还 P 银行的该项贷款。2023 年 10 月 26 日，P 银行向人民法院提起诉讼。截至 2023 年 12 月 31 日，人民法院尚未对该案件作出判决。FQ 公司法律顾问认为败诉的可能性为 80%，预计将要支付的罚息、诉讼费用在 200 000 ～ 240 000 元之间，其中诉讼费 10 000 元。

2021 年 11 月 8 日，FQ 公司委托银行向 LS 公司贷款 12 000 000 元，由于经营困难，到 2023 年 11 月 8 日贷款到期时，LS 公司无力偿还贷款，FQ 公司依法起诉 LS 公司。2023 年 12 月 9 日，人民法院一审判决 FQ 公司胜诉，责成 LS 公司向 FQ 公司偿付贷款本息 14 000 000 元，并支付罚息及其他费用 1 200 000 元，两项合计 15 200 000 元，但 LS 公司未履行判决，直到 2023 年 12 月 31 日，FQ 公司尚未采取进一步的措施。

要求：计算预计负债的金额，编写相关会计分录，进行简单财务分析。

解题过程如下：

① FQ 公司与 P 银行的业务分析。

FQ 公司败诉的可能性为 80%，即很可能败诉，且相关罚息和诉讼费用等支出能够可靠计量，因此，FQ 公司应在 2023 年 12 月 31 日确认一项预计负债，该项预计负债的金额为 220 000 [(200 000 + 240 000)÷2] 元；罚息支出为 210 000(220 000 - 10 000) 元。

确认预计负债时，FQ 公司的会计分录如下：

借：管理费用——诉讼费　　　　　　　　　　10 000

　　营业外支出——罚息支出　　　　　　　210 000

　　贷：预计负债——未决诉讼——P 银行　　　　　220 000

2023 年 12 月 31 日，FQ 公司应当在财务报表附注中进行的披露如下：

本公司欠 P 银行的贷款于 2023 年 8 月 7 日到期，到期本金和利息合计 2 300 000 元，由于与 P 银行存在其他经济纠纷，故本公司尚未偿还上述借款本金和利息。P 银行起诉本公司，除了要求本公司偿还本金和利息以外，还要求支付罚息等费用。基于上述情况，本公司在 2023 年 12 月 31 日确认了一项预计负债，为 220 000 元。目前，此案正在审理中。

②FQ 公司与 LS 公司的业务分析。

FQ 公司与 LS 公司的诉讼案件中，虽然一审判决 FQ 公司胜诉，将很可能从 LS 公司收回委托贷款本金、利息及罚息，但是由于 LS 公司本身经营困难，该款项能否全额收回存在很大的不确定性。因此，FQ 公司在 2023 年 12 月 31 日不应当确认资产。

2023 年 12 月 31 日，FQ 公司应当在财务报表附注中进行的披露如下：

本公司于 2021 年 11 月 8 日委托银行向 LS 公司贷款 12 000 000 元，LS 公司逾期未偿还。因此，本公司依法向人民法院起诉 LS 公司。2023 年 12 月 9 日，一审判决本公司胜诉，并可从 LS 公司索偿款项 15 200 000 元，其中贷款本金为 12 000 000 元、利息为 2 000 000 元、罚息等其他费用为 1 200 000 元。截至 2023 年 12 月 31 日，LS 公司未履行判决，本公司尚未采取进一步的措施。

▶▶▶▶ 二、产品质量保证

产品质量保证是指企业在销售产品或提供劳务后，对客户提供服务的一种承诺。在约定期内，如果所销售的产品或提供的劳务由于非人为情况出现质量或与质量相关的问题，则企业有免费维修、更换产品等责任。企业发生产品维修等相关支出符合预计负债确认条件的，应当在实现收入时确认相关预计负债。实务中，如果企业产品质量保证费用的实际发生额与预计数额相差较大，则应及时对计提比例做出调整；如果企业针对特定产品确认预计负债，则应在保修期结束后将"预计负债——产品质量保证"的余额冲销，同时冲减销售费用；如果企业不再生产产品了，则应当在相应的产品质量保证期满后，将原计提计入"预计负债——产品质量保证"的余额冲销，同时冲减销售费用。

【例题 6-7】CJ 公司是一家办公设备生产企业。CJ 公司对其销售的办公设备做出如下承诺：办公设备售出后 2 年之内如果出现非人为因素造成的办公设备质量问题，CJ 公司免费负责保修。CJ 公司 2023 年的第一季度、第二季度、第三季度和第四季度分别销售办公设备 80 台、120 台、160 台和 140 台，每台售价为 5 000 元。根据以往的经验，办公设备发生的保修费一般为销售额的 1%～1.5%。CJ 公司 2023 年四个季度实际发生的维修费用分别为 8 000 元、6 000 元、7 200 元和 14 000 元（假设全部费用均用银行存款支付）。假定 2022 年 12 月 31 日，"预计负债——产品质量保证——办公设备"科目年末余额为 48 000 元。

要求：分情况计算预计负债的金额，并编写相关会计分录。

解题过程如下：

CJ 公司由于销售办公设备做出承诺而承担了现时义务，该现时义务的履行很可能导致经济利益流出 CJ 公司，且该义务的金额能够可靠计量。因此，CJ 公司应当在每季度末确认一项预计负债。

① 第一季度业务的会计处理。

发生产品质量保证费用时，CJ 公司的会计分录如下：

借：预计负债——产品质量保证——办公设备　　　　8 000

　　贷：银行存款　　　　　　　　　　　　　　　　　8 000

销售产品的质量保证所确认的预计负债金额 $= \dfrac{80 \times 5\,000 \times (1\% + 1.5\%)}{2} = 5\,000$（元）

确认预计负债时，CJ 公司的会计分录如下：

借：销售费用——产品质量保证——办公设备　　　　5 000

　　贷：预计负债——产品质量保证——办公设备　　　5 000

第一季度末，"预计负债——产品质量保证——办公设备"科目余额为 45 000(48 000 + 5 000 - 8 000) 元。

② 第二季度业务的会计处理。

发生产品质量保证费用时，CJ 公司的会计分录如下：

借：预计负债——产品质量保证——办公设备　　　　6 000

　　贷：银行存款　　　　　　　　　　　　　　　　　6 000

销售产品的质量保证所确认的预计负债金额 $= \dfrac{120 \times 5\,000 \times (1\% + 1.5\%)}{2} = 7\,500$（元）

确认预计负债时，CJ 公司的会计分录如下：

借：销售费用——产品质量保证——办公设备　　　　7 500

　　贷：预计负债——产品质量保证——办公设备　　　7 500

第二季度末，"预计负债——产品质量保证——办公设备"科目余额为 46 500(45 000 - 6 000 + 7 500) 元。

③ 第三季度的业务处理。

发生产品质量保证费用时，CJ 公司的会计分录如下：

借：预计负债——产品质量保证——办公设备　　　　7 200

　　贷：银行存款　　　　　　　　　　　　　　　　　7 200

销售产品的质量保证所确认的预计负债金额 $= \dfrac{160 \times 5\,000 \times (1\% + 1.5\%)}{2} = 10\,000$（元）

确认预计负债时，CJ 公司的会计分录如下：

借：销售费用——产品质量保证——办公设备　　　　10 000

　　贷：预计负债——产品质量保证——办公设备　　　10 000

第三季度末，"预计负债——产品质量保证——办公设备"科目余额为 49 300

（46 500 − 7 200 + 10 000）元。

④ 第四季度业务的会计处理。

发生产品质量保证费用时，CJ 公司的会计分录如下：

借：预计负债——产品质量保证——办公设备　　　　14 000

　　贷：银行存款　　　　　　　　　　　　　　　　14 000

销售产品的质量保证所确认的预计负债金额 $= \dfrac{140 \times 5\,000 \times (1\% + 1.5\%)}{2} = 8\,750$（元）

确认预计负债时，CJ 公司的会计分录如下：

借：销售费用——产品质量保证——办公设备　　　　8 750

　　贷：预计负债——产品质量保证——办公设备　　　8 750

第四季度末，"预计负债——产品质量保证——办公设备"科目余额为 44 050(49 300 − 14 000 + 8 750) 元。

▶▶▶▶ 三、亏损合同

亏损合同是指履行合同义务不可避免会发生成本超过预期经济利益的合同。实务中，企业所签订的商品销售合同、劳务合同、租赁合同等都有可能变为亏损合同。企业待执行合同变成亏损合同时，亏损合同产生的义务满足预计负债确认条件的，企业应当将其确认为一项预计负债。预计负债的计量应当反映退出该合同的最低净成本，即履行该合同的成本与未能履行该合同而发生的补偿或处罚两者之中的较低者。

实务中，企业对亏损合同进行会计处理时，需要遵循以下两个方面的原则。

(1) 如果与亏损合同相关的义务不需支付任何补偿就可以撤销，企业不应确认预计负债；如果与亏损合同相关的义务不可以撤销，在满足该义务很可能导致经济利益流出企业和金额能够可靠地计量的情况下，企业应当确认预计负债。

(2) 如果亏损合同存在标的资产，则企业应当对标的资产做减值预测并按照相关规定确认减值损失，在这种情况下企业一般不需确认预计负债。如果预计亏损超过该减值损失，则企业应当将超过的部分确认为预计负债。如果合同不存在标的资产，亏损合同相关义务满足预计负债确认条件时，则企业应当确认预计负债。

【例题 6-8】DY 公司于 2023 年 9 月 6 日与 K 公司签订一份不可撤销合同，该合同约定在 2024 年 2 月 24 日以每件 400 元的价格向 K 公司提供 M 产品 2 000 件，如果不能按期交货，DY 公司将支付总价款 20% 的违约金。签订合同时 M 产品尚未开始生产，DY 公司准备采购原材料生产 M 产品时，原材料价格大幅度上涨，预计生产 M 产品的单位成本将超过合同单价。不考虑相关税费。

要求：分情况计算预计负债的金额，并编写相关会计分录。

解题过程如下：

第一种情况：如果生产甲产品的单位成本上升到 420 元。

DY 公司履行该合同发生的损失 = 2 000 × (420 − 400) = 40 000(元)

DY 公司不履行合同支付的违约金 = 2 000 × 400 × 20% = 160 000(元)

由此可见，DY 公司与 K 公司签订了不可撤销合同，但执行合同不可避免地会发生成本超过预期得到的经济利益，属于亏损合同。由于该待执行合同变为亏损合同时不存在标的资产，因此，DY 公司应当按照履行合同造成的损失与支付违约金两者中的较低者确认一项预计负债，即应确认预计负债 40 000 元。

确认预计负债时，DY 公司的会计分录如下：

借：营业外支出——亏损合同损失——M 产品　　　　40 000

　　贷：预计负债——亏损合同损失——M 产品　　　　　　40 000

在 M 产品生产完工后，DY 公司应当将已确认的预计负债冲减产品成本。

冲减预计负债时，DY 公司的会计分录如下：

借：预计负债——亏损合同损失——M 产品　　　　40 000

　　贷：库存商品——M 产品　　　　　　　　　　　　40 000

第二种情况：如果生产甲产品的单位成本上升到 540 元。

DY 公司履行合同发生的损失 = 2 000 × (540 − 400) = 280 000(元)

DY 公司不履行合同支付的违约金 = 2 000 × 400 × 20% = 160 000(元)

DY 公司应当按照履行合同造成的损失与支付违约金两者中的较低者确认一项预计负债，即应确认预计负债 160 000 元。

确认预计负债时，DY 公司的会计分录如下：

借：营业外支出——亏损合同损失——M 产品　　　　160 000

　　贷：预计负债——亏损合同损失——M 产品　　　　　　160 000

支付违约金时，DY 公司的会计分录如下：

借：预计负债——亏损合同损失——M 产品　　　　160 000

　　贷：银行存款　　　　　　　　　　　　　　　　160 000

【例题 6-9】TZ 公司与 Q 公司于 2023 年 5 月 2 日签订了一份不可撤销合同，该合同约定 TZ 公司向 Q 公司销售 H 产品 100 件，合同价格为不含税价每件 10 000 元。该批 H 产品在 2024 年 1 月 16 日交货。至 2023 年 12 月 31 日，TZ 公司已生产了 80 件 H 产品，由于原料价格大幅度上涨，H 产品单位成本达到了 10 500 元，每销售一件 H 产品亏损 500 元，因此这项合同已成为亏损合同。预计其余未生产的 20 件 H 产品的单位成本与已生产的 H 产品的单位成本相同。则 TZ 公司应对有标的 80 件 H 产品计提存货跌价准备，对没有标的 20 件 H 产品确认预计负债。不考虑相关税费。

要求：分有标的、无标的两种情况分别编写相关会计分录。

解题过程如下：

① 有标的部分业务的会计处理。

计提减值损失时，TZ 公司的会计分录如下：

借：资产减值损失——存货跌价损失——H 产品　　　　40 000

贷：存货跌价准备——H 产品　　　　　　　　40 000(80 × 500)

② 无标的部分业务的会计处理。

确认预计负债时，TZ 公司的会计分录如下：

借：营业外支出——亏损合同损失——H 产品　　10 000

　　贷：预计负债——亏损合同损失——H 产品　　　10 000(20 × 500)

TZ 公司在 H 产品生产出来后，将预计负债冲减 H 产品的成本。

冲减预计负债时，TZ 公司的会计分录如下：

借：预计负债——亏损合同损失——H 产品　　　10 000

　　贷：库存商品——H 产品　　　　　　　　　　10 000

▶▶▶▶ 四、重组义务

重组是指企业制订和控制的，将显著改变企业组织形式、经营范围或经营方式的计划实施行为。

（一）重组事项

实务中，重组的事项主要包括以下三种。

(1) 出售或终止企业的部分业务。

(2) 对企业的组织结构进行较大调整。

(3) 关闭企业的部分营业场所，或将营业活动由一个国家或地区迁移到其他国家或地区。

（二）重组义务的确认

企业由于重组而承担了义务，故在同时满足预计负债确认条件时，企业应当确认预计负债。实务中，企业同时存在以下情况的，表明企业承担了重组义务。

(1) 有详细、正式的重组计划，包括重组涉及的业务、主要地点、需要补偿的职工人数、预计重组支出、计划实施时间等。

(2) 该重组计划已对外公告，重组计划已经开始实施，或已向受其影响的各方通告了该计划的主要内容，从而使各方形成了对该企业将实施重组的合理预期。

【例题 6-10】2023 年 12 月 31 日，HY 公司董事会决定关闭一个分公司。2023 年度财务报告报出前，HY 公司董事会尚未将有关决定传达到受影响的各方，也未采取任何措施实施该项决定。

要求：判断上述业务是否需要确认预计负债，并进行简单分析。

解题过程如下：

在 2023 年 12 月 31 日，HY 公司不应对该项决定确认预计负债，原因是在 2023 年度财务报告报出前，HY 公司董事会尚未将有关决定传达到受影响的各方，也未采取任何措施实施该项决定。因此，不符合预计负债的确认条件。

（三）重组义务的计量

企业应当按照与重组有关的直接支出确定预计负债金额，并计入当期损益。其中，直接支出是指企业重组必须承担的，且与企业主体继续进行的活动没有关系的支出，但不包括留用职工的岗前培训、市场推广、新系统和营销网络投入等支出。与重组有关的具体支出的判断情况如表 6-3 所示。

表 6-3   与重组有关的具体支出的判断情况表

具体支出项目	包括	不包括	不包括理由
自愿遣散费用	√		
强制遣散费用（如果自愿遣散目标未满足）	√		
不再使用的厂房的租赁撤销费用	√		
将职工的设备从拟关闭的工厂转入继续使用的工厂的费用		√	支出与继续进行的活动相关
剩余职工的再培训费用		√	支出与继续进行的活动相关
新经理的招聘费用		√	支出与继续进行的活动相关
推广公司新形象的费用		√	支出与继续进行的活动相关
对新营销网络的投资费用		√	支出与继续进行的活动相关
重组的未来可辨认经营损失（最新预计值）		√	支出与继续进行的活动相关
特定固定资产的减值损失		√	资产减值准备应当按照《企业会计准则第 8 号——资产减值》进行计提

实务中，由于企业在计量预计负债时不应考虑预期处置相关资产的利得，故在计量、重组与义务相关的预计负债时，也不考虑处置相关资产可能形成的利得或损失。

▌▌▶ 项目总结

本项目内容主要包括或有事项的概念、特征、内容，或有负债，或有资产，或有事项的确认、计量，最佳估计数，预期可得到补偿的业务处理，预计负债的计量应当考虑的其他因素，或有事项的具体业务处理等。

▌▌▶ 习题巩固

一、单项选择题

1. 下列不属于或有事项的是（　　）。

A. 无形资产摊销   B. 企业存在环境污染整治义务

C. 待执行合同变为亏损合同　　　　　　　　D. 未决诉讼

2. 下列关于或有事项的表述，正确的是 (　　)。

A. 或有事项形成的资产应当在很可能收到时予以确认

B. 预计负债应当在与其相关的或有资产相抵后在资产负债表中以净额列报

C. 或有事项形成的预计负债是企业承担的现时义务

D. 预计负债计量应考虑与其相关的或有资产预期处置产生的损益

3. B公司因A公司延期交货而与A公司发生争议，并于2023年12月6日向法院提起诉讼，要求A公司赔偿延迟交货所造成的损失480万元。截至2023年12月31日，法院尚未对此诉讼进行审理。据A公司法律顾问分析，A公司很可能败诉，且赔偿金额很可能为460万元，另外还需承担诉讼费12万元。据查，A公司对B公司延期交货是C公司违约造成的。经与C公司交涉，基本确定可从C公司获得赔偿320万元。关于或有事项的确认和计量，下列说法中正确的是 (　　)。

A. A公司基本确定可从C公司获得的赔偿款应冲减预计负债

B. 诉讼费应计入管理费用

C. 赔偿支出和诉讼费均应计入营业外支出

D. 2023年12月31日，A公司确认预计负债的金额为460万元

4. 2023年12月31日，M公司涉及一项未决诉讼，预计很可能败诉，M公司若败诉，则需承担诉讼费20万元并支付赔款600万元，但基本确定可从保险公司获得120万元的补偿。2023年12月31日，M公司因该诉讼应确认预计负债的金额为 (　　) 万元。

A. 480　　　　　　　　　　　　　　　　B. 500

C. 600　　　　　　　　　　　　　　　　D. 620

5. M公司因合同违约被起诉，至2023年12月31日，人民法院尚未作出判决，经向公司法律顾问咨询，人民法院的最终判决很可能对M公司不利，预计赔偿金额在160万元至240万元之间，且该区间内每个金额发生的可能性相同，另需支付诉讼费用4万元。M公司2023年12月31日因该事项应确认预计负债的金额为 (　　) 万元。

A. 204　　　　　　　　　　　　　　　　B. 244

C. 160　　　　　　　　　　　　　　　　D. 200

6. 2023年12月10日，M公司因合同违约而涉及一桩诉讼案。根据M公司的法律顾问推断，最终的判决结果很可能对M公司不利。2023年12月31日，M公司尚未接到法院的判决，该诉讼需承担的赔偿金额无法准确地确定。不过，据专业人士估计，赔偿金额很可能在200万元至240万元之间，且该区间内各金额发生的可能性相同，含需承担的诉讼费4万元。M公司因该诉讼在2023年利润表中应确认的营业外支出的金额为 (　　) 万元。

A. 216　　　　　　　　　　　　　　　　B. 236

C. 220　　　　　　　　　　　　　　　　D. 196

7. M公司2023年销售A产品和B产品分别为2万件和4万件，销售单价分别为200元

和 100 元。M 公司向购买者承诺在产品售后 2 年内免费提供保修服务，预计保修期内将发生的保修费在销售额的 2% ～ 8% 之间（该区间内各金额发生的可能性相同）。2023 年实际发生保修费 12 万元，2023 年年初预计负债余额为 8 万元。假定无其他或有事项，则 M 公司 2023 年年末"预计负债"科目的金额为（　　）万元。

　　A. 16　　　　　　　　　　　　　　　B. 20

　　C. 32　　　　　　　　　　　　　　　D. 28

　　8. 2023 年 12 月 1 日，M 公司与 N 公司签订一项不可撤销的产品销售合同，合同规定：M 公司于 3 个月后提交 N 公司一批产品，合同价格（不含增值税）为 2 000 万元，如 M 公司违约，将支付违约金 400 万元。至 2023 年年末，M 公司为生产该产品已发生成本 80 万元，因原材料价格上涨，故 M 公司预计生产该产品的总成本为 2 320 万元。不考虑其他因素，则 2023 年 12 月 31 日，M 公司因该合同确认预计负债的金额为（　　）万元。

　　A. 80　　　　　　　　　　　　　　　B. 240

　　C. 320　　　　　　　　　　　　　　　D. 400

　　9. M 公司受国际金融危机的不利影响，决定对 N 事业部进行重组，将相关业务转移到其他事业部。经履行相关报批手续，M 公司对外正式公告了重组方案。M 公司根据该重组方案预计很可能发生的下列各项支出中，不应当确认为预计负债的是（　　）。

　　A. 自愿遣散费　　　　　　　　　　　B. 强制遣散费

　　C. 剩余职工岗前培训费　　　　　　　D. 不再使用厂房的租赁撤销费

　　10. 经董事会批准，M 公司于 2023 年 6 月 30 日至年底期间关闭了部分业务，发生相关费用如下：将关闭部分业务的设备转移至继续使用地点支付费用 3 000 万元；遣散部分职工支付补偿款 1 200 万元；对剩余职工进行再培训发生费用 500 万元；为提升公司形象而推出新广告发生费用 500 万元。下列项目中，应作为 M 公司与重组相关的直接支出确认预计负债的是（　　）。

　　A. 遣散部分职工支付的补偿

　　B. 将设备转移至继续使用地点支付的费用

　　C. 为提升公司形象推出新广告发生的费用

　　D. 对剩余职工进行再培训发生的费用

二、多项选择题

　　1. 下列属于或有事项的有（　　）。

　　A. 未决诉讼　　　　　　　　　　　　B. 债务担保

　　C. 企业与管理人员签订利润分享计划　　D. 重组义务

　　2. 下列关于或有事项计量的表述，正确的有（　　）。

　　A. 预计负债应当按照履行相关现时义务所需支出的最佳估计数进行初始计量

　　B. 企业清偿预计负债所需支出预期能够获得补偿的，扣除可能取得的补偿金额后确认预计负债

C. 货币时间价值影响重大的，应当通过对相关未来现金流量进行折现后确定最佳估计数

D. 企业在确定最佳估计数时，应当综合考虑与或有事项有关的风险、不确定性和货币时间价值等因素

3. M 公司于 2023 年 11 月 3 日收到法院通知，N 公司起诉 M 公司侵犯其专利权。N 公司认为，M 公司未经其同意，在试销的新产品中采用了 N 公司的专利技术，故要求 M 公司停止该项新产品的生产和销售，并一次性支付专利使用费 400 万元。M 公司认为其研制、生产和销售该项新产品并未侵犯 N 公司的专利权，遂于 11 月 15 日向法院提交答辩状，反诉 N 公司侵犯 M 公司的知识产权，要求 N 公司赔偿其损失费 240 万元。至 12 月 31 日，诉讼尚在进行中，M 公司无法估计可能得到的赔偿金和可能支付的赔偿金。M 公司的下列做法中正确的有（   ）。

A. M 公司不应确认预计负债

B. M 公司应确认或有资产 240 万元

C. M 公司应确认预计负债 400 万元

D. M 公司不能确认或有资产

4. 下列项目中，属于预计负债初始计量和后续计量需要考虑的因素的有（   ）。

A. 风险和不确定性

B. 货币时间价值

C. 已发生的事项

D. 资产负债表日对预计负债账面价值的复核

5. M 公司于 2023 年 11 月 3 日收到法院通知，S 银行已提起诉讼，要求 M 公司清偿到期借款本息 10 000 万元，另支付逾期借款罚息 400 万元。至 2023 年 12 月 31 日，法院尚未作出判决。对此项诉讼，M 公司预计除需偿还到期借款本息外，有 60% 的可能性还需支付逾期借款罚息 400 万元，并支付诉讼费用 10 万元。M 公司下列会计处理中正确的有（   ）。

A. 确认预计负债 410 万元

B. 确认预计负债 10 410 万元

C. 确认营业外支出 10 400 万元

D. 确认管理费用 10 万元

6. 下列关于在对产品质量保证确认预计负债时的说法，正确的有（   ）。

A. 如果发现保证费用的实际发生额与预计数相差较大，应及时对预计比例进行调整

B. 如果企业针对特定批次产品确认预计负债，则应在保修期结束时，将"预计负债——产品质量保证"科目余额冲销，同时冲减销售费用

C. 已对其确认预计负债的产品，若企业不再生产了，那么应在相应的产品质量保证期满后，将"预计负债——产品质量保证"科目余额冲销，同时冲减销售费用

D. 已对其确认预计负债的产品，若企业不再生产了，那么应在相应的产品质量保证

期满后，将"预计负债——产品质量保证"科目余额冲销，同时调整期初留存收益

7. 下列涉及预计负债的会计处理中，正确的有（　　　）。

A. 待执行合同变成亏损合同时，企业拥有合同标的资产的，应当先对标的资产进行减值测试并按规定确认减值损失，如预计亏损超过该减值损失，应将超过部分确认为预计负债，而不是全额确认为预计负债

B. 重组计划对外公告前不应就重组义务确认预计负债

C. 企业不应当就未来经营亏损确认预计负债

D. 企业因亏损合同确认的预计负债，应当按照退出该合同的最高净成本进行计量

8. 下列项目中，可能表明企业承担重组义务的有（　　　）。

A. 重组计划已对外公告，重组计划已经开始实施

B. 董事会决定关闭一个事业部，有关决定尚未传达到受影响的各方，也未采取任何措施实施该项决定

C. 重组计划尚未开始实施

D. 有详细、正式的重组计划，包括重组涉及的业务、主要地点、需要补偿的职工人数等

9. 下列关于重组义务的说法，正确的有（　　　）。

A. 企业承担的重组义务满足或有事项确认预计负债条件的，应当确认预计负债

B. 重组是指企业制订和控制的，将显著改变企业组织形式、经营范围或经营方式的计划实施行为

C. 企业应当按照与重组有关的直接支出确定预计负债金额

D. 与重组有关的直接支出包括遣散费、留用职工岗前培训、市场推广、新系统和营销网络投入等支出

10. 下列关于或有事项的表述，正确的有（　　　）。

A. 企业应当在资产负债表日对预计负债的账面价值进行复核

B. 企业清偿因或有事项而确认的负债所需支出全部或部分预期由第三方或其他方补偿的，则此补偿金额只有在基本确定能够收到时，才能作为资产单独确认，确认的补偿金额不能超过所确认负债的账面价值

C. 如果或有事项不属于连续范围、等概率，而是涉及多个项目，则最佳估计数应按照各种可能结果及相关概率加权计算确定

D. 有资产不符合资产确认条件，就不能在财务报表中确认

三、判断题

1. 或有事项是指由过去的交易或者事项形成的，其结果须由某些未来事项的发生或不发生才能决定的不确定事项。　　　　　　　　　　　　　　　　　（　　）

2. 计提存货跌价准备属于或有事项。　　　　　　　　　　　　　　　（　　）

3. 或有负债是指过去的交易或事项形成的潜在义务，或有事项确认负债是指过去的交易或事项形成的现时义务。　　　　　　　　　　　　　　　　　（　　）

4. 或有事项产生的经济利益基本确定流入企业时，企业应将该或有事项确认为资产。（　）

5. 企业通常不应当披露或有资产，但或有资产很可能给企业带来经济利益的，应当披露其形成的原因、预计产生的财务影响等。（　）

6. 或有事项确认资产应冲减预计负债的账面价值。（　）

7. 预计负债应当按照履行相关现时义务所需支出的最佳估计数进行初始计量。（　）

8. 待执行合同变成亏损合同，应确认预计负债。（　）

9. 企业在确定最佳估计数时，应当综合考虑与或有事项有关的风险、不确定性、货币时间价值和未来事项等因素。（　）

10. 企业因重组而承担了重组义务，并且同时满足预计负债确认条件时，才能确认预计负债。（　）

四、计算分析题

M 公司是增值税一般纳税人，购买或销售商品适用的增值税税率为 13%。有关资料如下所述。

(1) 2023 年 8 月 1 日，M 公司从 N 公司购入一台不需要安装的 A 生产设备并投入使用，已取得增值税专用发票，价款为 400 万元，增值税税额为 52 万元，款项尚未支付，付款期为 6 个月。

(2) 2023 年 11 月 1 日，应付 N 公司款项到期，M 公司虽有付款能力，但因该设备在使用过程中出现过故障，与 N 公司协商未果，所以未按时支付货款。2023 年 12 月 1 日，N 公司向人民法院提起诉讼，至当年 12 月 31 日，人民法院尚未判决。M 公司法律顾问认为败诉的可能性为 80%，预计支付诉讼费 1 万元，逾期利息在 4 万元至 6 万元之间，且该区间内每个金额发生的可能性相同。

(3) 2024 年 5 月 8 日，人民法院判决 M 公司败诉，承担诉讼费 1 万元，并向 N 公司支付欠款 452 万元和逾期利息 6 万元。M 公司和 N 公司均服从判决，同日 M 公司以银行存款支付上述所有款项。

(4) M 公司 2023 年度财务报告已于 2024 年 4 月 20 日报出，不考虑其他因素。

要求：

(1) 编制 M 公司购进固定资产的相关会计分录。

(2) 判断 M 公司 2023 年年末就该未决诉讼案件是否应当确认预计负债，并说明理由；如果应当确认预计负债，编制相关会计分录。

(3) 编制 M 公司支付款项的相关会计分录。

项目七
所 得 税

知识目标

- 了解所得税会计的概念与方法、核算的原理和程序。
- 理解暂时性差异的分类和具体情形、特定交易或事项涉及递延所得税的确认、合并财务报表中因抵销未实现内部交易损益产生的递延所得税。
- 掌握资产计税基础、负债计税基础的确认与计量，递延所得税资产、递延所得税负债的确认和计量，所得税费用的确认和计量。

技能目标

- 能够熟练运用所得税会计的基本知识。
- 能够独立完成所得税业务的会计处理。

思维导图

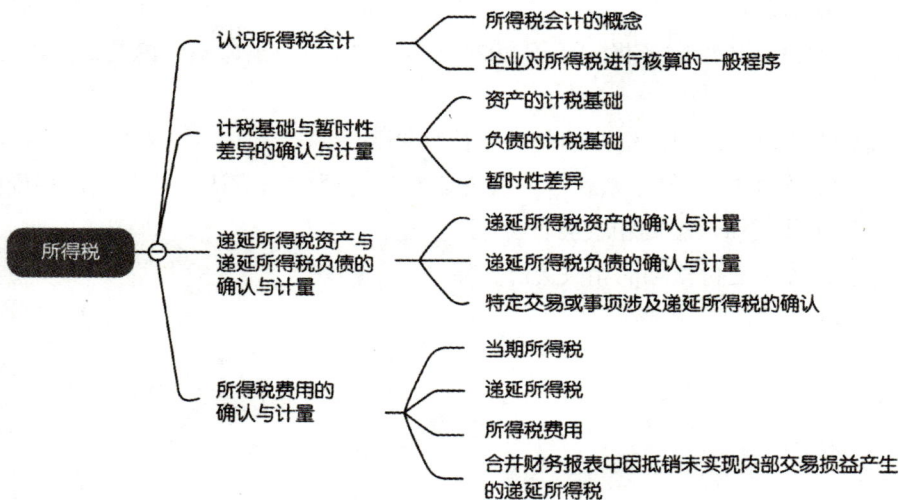

任务一 认识所得税会计

一、所得税会计的概念

所得税会计实际上是一种研究处理会计收益和应税收益差异的会计理论与方法。实务中，所得税会计的核算方法经历了递延法、利润表债务法、资产负债表债务法，经过长期研究和实践，其已发展得较为成熟。我国《企业会计准则》规定，我国境内的企业采用资产负债表债务法核算所得税。

所谓资产负债表债务法，是指从资产负债表出发，通过比对资产负债表列示的资产、负债项目，按照我国《企业会计准则》规定所确定的账面价值与税法规定所确定的计税基础，对于两者之间的差异分别形成应纳税暂时性差异与可抵扣暂时性差异，确认相关的递延所得税负债与递延所得税资产，并在此基础上确定每一会计期间利润表中的所得税费用。从本质上来看，该方法中涉及两张资产负债表：一张是按照《企业会计准则》的规定编制的资产负值表，有关资产、负债在该表上以其账面价值体现；另一张是假定按照税法规定进行核算编制的资产负债表，其中资产、负债列示的价值量为其计税基础，即从税法的角度来看，企业持有的有关资产、负债的金额。

二、企业对所得税进行核算的一般程序

企业采用资产负债表债务法核算所得税，通常在每一资产负债表日对所得税进行核算。企业发生特殊交易或事项时，在确认因某交易或事项取得的资产、负债时即应确认相关的所得税影响。

实务中，企业对所得税进行核算一般遵循以下几个方面的程序。

(1) 按照《企业会计准则》的相关规定确定，企业资产负债表中除了递延所得税资产和递延所得税负债以外的其他资产和负债项目的账面价值。

(2) 按照税法的相关规定，确定企业资产负债表中有关资产、负债项目的计税基础。

(3) 比较企业资产、负债的账面价值与计税基础，对于两者之间形成差异的，分析其性质，分别按照形成的可抵扣暂时性差异和应纳税暂时性差异，确定资产负债表日递延所得税资产和递延所得税负债的金额；通过与期初递延所得税资产、递延所得税负债的余额相比较，确定当期应当进一步确认的递延所得税资产和递延所得税负债的金额或应当转销的金额，最后形成利润表中所得税费用中的递延所得税费用。

(4) 按照税法的相关规定计算确定当期应纳税所得额，将应纳税所得额乘以适用的所得税税率的计算结果确认为当期所得税费用，形成利润表中所得税费用中的当期所得税

费用。

(5) 按照当期所得税费用和递延所得税费用之和确定利润表中的所得税费用。

实务中，研究所得税会计的关键在于确定企业在资产负债表日的计税基础，企业应当严格遵循税法的相关规定，准确计算资产、负债的计税基础。

任务二　计税基础与暂时性差异的确认与计量

▶▶▶▶ 一、资产的计税基础

资产的计税基础是指企业在收回资产账面价值过程中，计算应纳税所得额时按照税法规定可以从应税经济利益中抵扣的金额。实务中，资产的计税基础实际上是某一项资产在未来期间计税时可以税前扣除的金额。

企业在对某项资产进行初始确认时，其计税基础通常为取得该项资产时的成本。一般情况下，税法认可的资产初始成本为购入时实际支付的金额，但不包括可以抵扣的增值税。在资产后续计量中，可以在未来期间进行税前扣除的金额实际上是资产的初始成本减去以前期间按照税法规定已经税前扣除的金额后的差额。企业应当按照税法的相关规定计算资产的计税基础。

(一) 固定资产的账面价值与计税基础

实务中，企业通过各种方式取得的固定资产，在初始确认时按照《企业会计准则》相关规定计算的入账价值基本上是被税法认可的，即企业取得固定资产时的账面价值一般等于计税基础。

企业对固定资产进行后续计量时，由于会计上的账务处理与税法的相关规定存在差异，因此出现了固定资产的账面价值与固定资产的计税基础存在差异的现象。其计算公式如下：

固定资产的账面价值 = 初始成本 − 累计折旧 − 固定资产减值准备

固定资产计税基础 = 初始成本 − 税法认可的累计折旧

由以上两个公式可知，固定资产的账面价值与固定资产的计税基础之间的差异主要来自折旧方法、折旧年限的不同以及固定资产减值准备的计提。

1. 折旧方法、折旧年限产生的差异

我国《企业会计准则》规定，企业可以根据固定资产经济利益的预期实现方式选择合理的折旧方法，包括年限平均法、工作量法、双倍余额递减法和年数总和法。实务中，企业选择的固定资产折旧方法应当能够反映固定资产预期经济利益的实现方式。而我国税法规定，企业选择的可以税前抵扣的固定资产折旧方法主要是年限平均法。

另外，税法通常会规定每一类型固定资产的折旧年限，尤其是限定了最低年限；而

《企业会计准则》对固定资产折旧年限的要求是按照固定资产使用寿命估计确定的。对折旧年限的要求不同，导致企业的固定资产账面价值与固定资产计税基础之间产生差异。

2. 因计提固定资产减值准备产生的差异

企业在固定资产的使用寿命内，当出现可回收金额低于账面价值的情况时，根据《企业会计准则》的要求，企业需要计提减值准备；然而，税法的相关规定不认可企业计提的固定资产减值准备，企业所计提的固定资产减值准备在计提当期不允许税前扣除，从而造成固定资产账面价值与固定资产计税基础之间产生差异。

【例题 7-1】HN 公司在 2022 年 1 月 1 日开始对甲设备计提折旧，甲设备的原价为 600 000 元，使用年限为 10 年，采用年限平均法计提折旧，预计净残值为 0。税法规定类似固定资产采用加速折旧法计提折旧可以税前扣除，HN 公司在计税时采用双倍余额递减法计提折旧，预计净残值为 0。2023 年 12 月 31 日，HN 公司估计甲设备的可收回金额为 470 000 元。

要求：计算甲设备的账面价值与计税基础，并分析存在的差异。

解题过程如下：

截至 2023 年 12 月 31 日，甲设备累计计提折旧额 $= \dfrac{600\,000}{10} \times 2 = 120\,000$（元）

2023 年 12 月 31 日，甲设备计提减值准备金额 $= 600\,000 - 120\,000 - 470\,000 = 10\,000$（元）

2023 年 12 月 31 日，甲设备的账面价值 $= 600\,000 - 60\,000 \times 2 - 10\,000 = 470\,000$（元）

甲设备的计税基础 $= 600\,000 - 600\,000 \times 20\% - (600\,000 - 60\,000 \times 2) \times 20\% = 384\,000$（元）

经过上述计算可知，甲设备的账面价值为 470 000 元，甲设备的计税基础为 384 000 元，甲设备的账面价值与计税基础之间的差异为 86 000(470 000 - 384 000) 元，即甲设备的账面价值比计税基础多 86 000 元，形成应纳税暂时性差异。

【例题 7-2】HP 公司在 2020 年 12 月 17 日购入丙设备，丙设备的成本为 650 000 元，预计使用 10 年，预计净残值为 0，采用年限平均法计提折旧。2023 年 12 月 31 日，根据丙设备生产产品的市场占有率降低的情况，HP 公司估计其可收回金额为 400 000 元。假定税法规定的折旧方法、折旧年限与《企业会计准则》相同，企业的固定资产在发生实质性损失时才可以税前扣除（即 HP 公司计提固定资产减值准备不可以税前扣除）。

要求：计算丙设备的账面价值与计税基础，并分析存在的差异。

解题过程如下：

2023 年 12 月 31 日，丙设备的累计折旧 $= \dfrac{650\,000}{10} \times 3 = 195\,000$（元）

2023 年 12 月 31 日，丙设备的账面价值 $= 650\,000 - 65\,000 \times 3 = 455\,000$（元）

2023 年 12 月 31 日，由于丙设备的账面价值 455 000 元，可收回金额为 400 000 元，应当计提减值准备 55 000 元，计提减值准备后，丙设备的账面价值为 400 000 元。

丙设备的计税基础 = 650 000 - 65 000 × 3 = 455 000(元)

经过上述计算可知,丙设备的账面价值为 400 000 元,丙设备的计税基础为 455 000 元,丙设备的账面价值与计税基础之间的差异为 55 000(455 000 - 400 000)元,即丙设备的账面价值比计税基础少 55 000 元,形成可抵扣暂时性差异。

(二)无形资产的账面价值与计税基础

实务中,除了企业内部研究开发形成的无形资产以外,以其他方式取得的无形资产,初始确认入账价值与税法规定的计税基础之间通常不存在差异。

1. 企业内部研发的无形资产初始成本的差异

我国《企业会计准则》规定:企业内部研发形成的无形资产的支出分为研究阶段与开发阶段。其中,研究阶段的支出应当费用化计入当期损益,开发阶段符合资本化条件的支出应当计入无形资产的成本。我国税法规定:企业内部研发的无形资产,以开发过程中符合资本化条件后至达到预定可使用状态前发生的支出为计税基础。企业发生的研发费用,未形成无形资产计入当期损益的,在据实扣除的基础上,再按照研发费用的 75% 加计扣除;形成无形资产的,按照无形资产成本的 175% 摊销。对于无形资产的成本,由于《企业会计准则》的规定与税法的规定存在差异,故无形资产的账面价值与计税基础存在差异,形成可抵扣暂时性差异。

2. 无形资产后续计量的差异

实务中,无形资产在后续计量中,由于《企业会计准则》的规定与税法的规定存在差异,故无形资产的账面价值与计税基础之间存在差异,这种差异主要产生于对无形资产是否需要摊销及对无形资产是否计提减值准备。我国《企业会计准则》规定,企业应当根据无形资产预计使用寿命情况,将无形资产分为使用寿命有限的无形资产和使用寿命不确定的无形资产。对于使用寿命不确定的无形资产,不计提摊销,在会计期末应进行减值测试。我国税法规定,企业取得无形资产的成本,不管使用寿命是否确定,应当在一定期限内按照合理的方法计提摊销,所计提摊销额允许税前扣除,但无形资产在计提减值准备时所形成的减值损失金额不允许税前扣除。

由上述内容可知,企业对无形资产进行后续计量时,无形资产的账面价值与无形资产的计税基础存在差异。其计算公式如下:

无形资产的账面价值 = 初始成本 - 累计摊销 - 无形资产减值准备(使用寿命确定)

无形资产的账面价值 = 初始成本 - 无形资产减值准备(使用寿命不确定)

无形资产计税基础 = 初始成本 - 税法认可的累计摊销

【例题 7-3】2023 年度 XR 公司发生的研发支出共计 500 000 元,其中研究阶段支出 50 000 元,开发阶段符合资本化条件前发生的支出为 100 000 元,符合资本化条件后发生的支出为 350 000 元。假定开发形成的无形资产在当期期末已达到预定用途,但尚未进行摊销。

要求:计算该项资产的账面价值和计税基础,并判断该差异属于什么类型。

解题过程如下：

XR 公司 2023 年度发生的研发支出中，按照会计规定应当费用化的金额为 150 000 元，形成无形资产的初始成本为 350 000 元，即期末所形成无形资产的账面价值为 350 000 元。

XR 公司 2023 年度发生的 500 000 元研究开发支出，可在未来期间税前扣除的金额为 350 000 元。对于按照《企业会计准则》规定形成无形资产的部分，税法规定将无形资产成本的 175% 作为计算未来期间摊销额的基础，即该项无形资产在初始确认时的计税基础为 612 500(350 000 × 175%) 元。

该项无形资产的账面价值 350 000 元与其计税基础 612 500 元之间的差额为 262 500 元，即资产的账面价值小于计税基础，形成可抵扣暂时性差异。

【例题 7-4】TJ 公司于 2023 年 1 月 1 日取得 F 无形资产，成本为 200 000 元。TJ 公司根据各方面情况判断，无法合理预计 F 无形资产带来未来经济利益的期限，将其作为使用寿命不确定的无形资产。2023 年 12 月 31 日，对 F 无形资产进行减值测试表明未发生减值。TJ 公司在计税时，对 F 无形资产按照 10 年的期间进行摊销，有关摊销额允许税前扣除。

要求：计算该项资产的账面价值和计税基础，并判断该差异属于什么类型。

解题过程如下：

TJ 公司的会计将 F 无形资产作为使用寿命不确定的无形资产，在未发生减值的情况下，其账面价值为取得成本 200 000 元。

F 无形资产在 2023 年 12 月 31 日的计税基础为 180 000(200 000 − 200 000 ÷ 10) 元。

F 无形资产的账面价值 200 000 元与其计税基础 180 000 元之间的差额为 20 000 元，即资产的账面价值大于计税基础，形成应纳税暂时性差异。

（三）以公允价值计量且其变动计入当期损益的金融资产

按照我国《企业会计准则》规定，对于以公允价值计量且其变动计入当期损益的金融资产，在某一会计期末的账面价值就是公允价值。按照我国税法的相关规定，对按照《企业会计准则》规定确认的公允价值变动损益在计税时不进行考虑，金融资产在某一会计期末的计税基础就是初始确认成本。由于《企业会计准则》的规定与税法的规定存在差异，因此该类金融资产账面价值与计税基础之间存在差异，形成暂时性差异。

企业对以公允价值计量且其变动计入当期损益的金融资产进行后续计量时，由于会计上的账务处理与税法的相关规定存在差异，因此以公允价值计量且其变动计入当期损益的金融资产的账面价值与计税基础存在差异。其计算公式如下：

以公允价值计量且其变动计入当期损益的金融资产的账面价值 = 初始成本 + 公允价值变动收益 (− 公允价值变动损失)

以公允价值计量且其变动计入当期损益的金融资产的计税基础 = 初始成本

【例题 7-5】LP 公司 2023 年 7 月以 6 000 000 元取得 T 公司股票 1 000 000 股作为以公允价值计量且其变动计入当期损益的金融资产进行核算。2023 年 12 月 31 日，LP 公司尚未出售所持有的 T 公司股票，T 公司股票公允价值为每股 7 元。

要求：计算该股票的账面价值与计税基础。

解题过程如下：

作为以公允价值计量且其变动计入当期损益的金融资产的 T 公司股票在 2023 年 12 月 31 日的账面价值为 7 000 000(7 × 1 000 000) 元，其计税基础为原取得成本 6 000 000 元，两者之间产生 1 000 000 元的差异，形成应纳税暂时性差异。

（四）其他资产

实务中，由于《企业会计准则》的规定与税法的规定不同，故企业持有的其他资产可能会造成账面价值与计税基础之间的差异。若计提了资产减值准备的其他资产，则由于企业计提的减值准备在资产发生实质性损失前不允许税前扣除，即该项资产的计税基础不会随着企业计提减值准备而发生变化，因此该项资产的账面价值与计税基础之间存在差异。例如，对于采用成本模式进行后续计量的投资性房地产企业，其账面价值与计税基础的确认与固定资产、无形资产相同；对于采用公允价值模式进行后续计量的投资性房地产企业，其计税基础的确认类似于固定资产或无形资产计税基础的确认。

【例题 7-6】 DY 公司的 M 建筑物于 2021 年 12 月 21 日投入使用并直接出租，成本为 85 000 000 元。DY 公司对投资性房地产采用公允价值模式进行后续计量。2023 年 12 月 31 日，已出租 M 建筑物累计公允价值变动收益为 1 200 000 元。根据税法规定，已出租 M 建筑物将历史成本扣除按税法规定计提折旧后作为其计税基础，折旧年限为 20 年，净残值为 0，自投入使用的次月起采用年限平均法计提折旧。

要求：计算该投资性房地产的账面价值与计税基础。

解题过程如下：

2023 年 12 月 31 日，该投资性房地产 (M 建筑物) 的账面价值 = 85 000 000 + 1 200 000 = 86 200 000 元

$$计税基础 = 85\ 000\ 000 - \frac{85\ 000\ 000}{20} \times 2 = 76\ 500\ 000\ 元$$

该投资性房地产账面价值与其计税基础之间的差额为 9 700 000(86 200 000 − 76 500 000) 元，从而导致该资产的账面价值大于计税基础，形成应纳税暂时性差异。

▶▶▶▶ 二、负债的计税基础

负债的计税基础，是指负债的账面价值减去未来期间计算应纳税所得额时按照税法规定可以抵扣的金额。其计算公式如下：

负债的计税基础 = 负债的账面价值 − 未来期间按税法规定可以税前抵扣的金额

实务中，负债的确认与偿还一般不会影响企业未来期间的损益，从而不会影响未来期间的应纳税所得额。因此，未来期间计算应纳税所得额时按照税法规定可予以抵扣的金额为 0，负债的计税基础等于账面价值，如企业的短期借款、应付账款等的账面价值等于计

税基础。然而在某些情况下，一些负债的确认可能会影响企业的损益，从而影响不同期间的应纳税所得额，导致负债的计税基础与账面价值之间产生差异。

（一）预计负债

按照我国《企业会计准则》的规定，企业应当将预计提供售后服务发生的支出在销售当期确认为费用，同时确认预计负债。实务中，如果税法规定与销售产品相关的支出应当在发生时税前扣除，则由该类事项形成的预计负债在期末的计税基础等于账面价值减去未来期间可税前扣除的金额的差额，因为相关的支出按照税法规定在实际发生时可以全部税前扣除，其计税基础为0。

其他事项所确认的预计负债应当按照税法的规定来确认其计税基础。在某些情况下，对于某些事项所确认的预计负债，税法规定其支出无论是否实际发生均不允许税前扣除，即未来期间按照税法规定可以抵扣的金额为0，则该类型的预计负债的账面价值等于计税基础。

【例题7-7】XR公司2023年因销售产品承诺提供3年的保修服务，在当年年度利润表中确认了30 000 000元销售费用，同时确认为预计负债，2023年度发生保修支出9 000 000元，预计负债的期末余额为21 000 000元。假设税法规定与产品售后服务相关的支出可以在实际发生时税前扣除。

要求：计算该预计负债的账面价值与计税基础。

解题过程如下：

该项预计负债在XR公司2023年12月31日的账面价值为21 000 000元。

该项预计负债的计税基础 = 账面价值 − 未来期间按照税法规定可以抵扣的金额

$$= 21\ 000\ 000 − 21\ 000\ 000 = 0$$

【例题7-8】2023年12月14日，DY公司因为E公司银行借款提供担保而E公司未如期偿还借款，被银行提起诉讼，要求其履行担保责任。2023年12月31日该案件尚未结案，DY公司预计很可能履行的担保责任为6 000 000元。假设税法规定企业为其他单位债务提供担保发生的损失不允许在税前扣除。

要求：计算该预计负债的账面价值与计税基础。

解题过程如下：

2023年12月31日，该项预计负债的账面价值为6 000 000元，计税基础为6 000 000（6 000 000 − 0）元。由于该项预计负债的账面价值等于计税基础，故不形成暂时性差异。

（二）合同负债

实务中，企业收到客户预付的款项时，会计处理上将其确认为负债。税法对于收入的确认原则一般与《企业会计准则》的规定相同，即与合同负债相关的经济利益在未来期间可以税前扣除的金额为0，因此，该项合同负债的计税基础等于账面价值。如果不符合《企业会计准则》规定的收入确认条件，但按照税法规定应当计入当期应纳税所得额时，与合同负债相关的经济利益在未来期间可以税前扣除的金额为合同负债的账面价值，则该项合同负债的计税基础为 0。

（三）应付职工薪酬

实务中，企业为获得职工提供的服务而支付的各种形式的报酬以及其他相关支出应当作为企业的成本费用，职工薪酬在未支付之前应当确认为一项负债。对于企业支付的合理的职工薪酬，税法允许税前扣除，应付职工薪酬的账面价值等于计税基础。

（四）其他负债

实务中，企业的其他负债项目，在尚未支付之前按照《企业会计准则》的规定确认为费用，同时作为负债项目反映。而按照我国税法的规定，罚款、滞纳金不允许税前扣除，即未来期间可以税前扣除的金额为 0，因此，其计税基础等于账面价值。

【例题 7-9】FQ 公司因未按照税法规定缴纳税金，按规定需在 2023 年缴纳滞纳金 60 000 元，至 2023 年 12 月 31 日，该项滞纳金尚未支付，形成其他应付款 60 000 元。税法规定，企业因违反国家法律、法规规定缴纳的罚款、滞纳金不允许税前扣除。

要求：计算其他应付款的账面价值与计税基础。

解题过程如下：

由应缴滞纳金形成的其他应付款的账面价值为 60 000 元，因税法规定该项支出不允许税前扣除，其计税基础为 60 000 元。对于罚款、滞纳金支出，《企业会计准则》与税法的规定存在差异，但该差异仅影响发生的当期，对未来期间计税不产生影响，不形成暂时性差异。

▶▶▶▶ 三、暂时性差异

暂时性差异是指企业在日常活动中因《企业会计准则》与税法的规定不一致，所形成资产、负债的账面价值与其计税基础不同产生的差额。其中，账面价值是指按照《企业会计准则》规定所确定的资产、负债在资产负债表中应列示的金额。实务中，由于资产、负债的账面价值与计税基础不同，产生了在未来收回资产或清偿负债的期间应纳税所得额增加或减少，因此，企业在未来期间会发生应交所得税增加或减少的情况，并应确认相应的递延所得税负债或递延所得税资产。

（一）暂时性差异的分类

根据暂时性差异对企业未来期间应纳税所得额的影响，暂时性差异可分为应纳税暂时性差异和可抵扣暂时性差异。

1. 应纳税暂时性差异

应纳税暂时性差异在未来期间转回时，会增加转回期间的应纳税所得额。企业应当在交易或事项形成应纳税暂时性差异的当期确认相关的递延所得税负债。

实务中，企业应纳税暂时性差异一般产生于以下两种情况。

(1) 资产的账面价值大于其计税基础。企业持有的某项资产的账面价值代表着企业在持续使用或最终出售时取得的经济利益；计税基础代表着企业持有某项资产在未来期间可以税前扣除的总金额。资产的账面价值大于计税基础，意味着该项资产在未来期间产生的经济利益不能全部税前扣除，两者之间的差额会增加企业的所得税，形成应纳税暂时性差异。

(2) 负债的账面价值小于其计税基础。企业负担某项负债的账面价值代表着企业在未来期间清偿该项负债时产生的经济利益流出；计税基础代表着企业负担某项负债的账面价值在未来期间允许税前扣除金额后的差额。负债的账面价值小于计税基础，意味着该项负债在未来期间可以税前抵扣的金额为负数，这增加了应纳税所得额和应交所得税金额，形成应纳税暂时性差异。

2. 可抵扣暂时性差异

可抵扣暂时性差异在未来期间转回时会减少转回期间的应纳税所得额，从而减少未来期间的应交所得税。企业应当在交易或事项形成可抵扣暂时性差异产生当期（符合确认条件的）确认相关的递延所得税资产。

实务中，企业可抵扣暂时性差异一般产生于以下两种情况。

(1) 资产的账面价值小于其计税基础。企业持有的某项资产的账面价值代表着企业在持续使用或最终出售时取得的经济利益；计税基础代表着企业持有某项资产在未来期间可以税前扣除的总金额。资产的账面价值小于计税基础，意味着该项资产在未来期间产生的经济利益能够全部税前扣除，两者之间的差额会减少企业的所得税，形成可抵扣暂时性差异。

(2) 负债的账面价值大于其计税基础。企业负担某项负债的账面价值代表着企业在未来期间清偿该项负债时产生的经济利益流出；计税基础代表着企业负担某项负债的账面价值在未来期间允许税前扣除金额后的差额。负债的账面价值大于计税基础，意味着该项负债在未来期间可以税前抵扣的金额为正数，这减少了应纳税所得额和应交所得税金额，形成可抵扣暂时性差异。

另外，对于按照税法规定可以结转以后年度的未弥补亏损及税款抵减，虽然不是因资产、负债的账面价值与计税基础差异产生的，但本质上可抵扣亏损、税款抵减与可抵扣暂时性差异具有相同的作用，都能够减少未来期间的应纳税所得额，从而减少未来期间的所得税。因此，在会计处理上应当视同可抵扣暂时性差异，在符合条件的情况下确认相关的递延所得税资产。

（二）特殊项目产生的暂时性差异

实务中，企业发生某些交易或事项以后，由于不符合资产、负债的确认条件，在资产负债表中没有体现为资产或负债，但按照税法规定能够确定其计税基础的，其账面价值 0 与计税基础之间的差异构成暂时性差异。例如，企业发生合理合规的广告费和业务宣传费支出，不超过当年销售收入 15% 的部分可以在当期扣除；超过部分可以在以后年度结转扣除。企业发生的广告宣传费支出在发生时按照《企业会计准则》规定计入当期损益，不形成资产负债表中的资产；但按照税法规定可以确定其计税基础，从而形成可抵扣暂时性差异。

【例题 7-10】FQ 公司 2023 年发生广告费 500 000 元，至年末已全额支付给广告公司。税法规定，企业发生的广告费、业务宣传费不超过当年销售收入 15% 的部分允许在当期税前扣除，超过部分允许结转以后年度税前扣除。FQ 公司 2023 年实现销售收入 2 000 000 元。

要求：计算该项资产的账面价值和计税基础，判断该差异属于什么类型。

解题过程如下：

FQ 公司因广告费支出形成的资产的账面价值为 0，其计税基础为 200 000(500 000 − 2000 000 × 15%) 元，所以 FQ 公司发生的广告费支出形成的资产的账面价值 0 与其计税基础 200 000 元之间形成 200 000 元可抵扣暂时性差异。

任务三　递延所得税资产与递延所得税负债的确认与计量

▶▶▶▶　一、递延所得税资产的确认与计量

（一）递延所得税资产的确认

1. 确认的一般原则

实务中，因企业资产、负债的账面价值与计税基础不同形成可抵扣暂时性差异的，在未来期间估计能够取得足够的应纳税所得额进行抵扣时，企业应当以很可能取得的应纳税所得额为限，确认相关的递延所得税资产。企业发生形成可抵扣暂时性差异的交易或事项，对会计利润或应纳税所得额产生影响的，所确认的递延所得税资产应当作为利润表中所得税费用的调整项目；有关的可抵扣暂时性差异产生于直接计入所有者权益的交易或事项，则确认的递延所得税资产也应当计入所有者权益；企业合并时产生的可抵扣暂时性差异的所得税影响，应当相应调整企业合并中确认的商誉或应当计入当期损益的金额。

实务中，企业确认递延所得税资产时应当注意以下几个方面的问题。

(1) 递延所得税资产的确认应以未来期间很可能取得的应纳税所得额为限。在可抵扣暂时性差异转回的未来期间内，企业有确凿的证据表明其在可抵扣暂时性差异转回的未来期间能够产生足够的应纳税所得额，并利用可抵扣暂时性差异的，企业应当以很可能取得的应纳税所得额为限确认相关的递延所得税资产。

(2) 对与子公司、联营企业、合营企业投资相关的可抵扣暂时性差异，同时满足以下两个条件的，企业应当确认相关的递延所得税资产：一是暂时性差异在可预见的未来很可能转回；二是未来很可能获得用来抵扣可抵扣暂时性差异的应纳税所得额。

(3) 对于按照税法规定可以结转以后年度的未弥补亏损和税款抵减，应当视同可抵扣暂时性差异进行处理。在预计可利用可弥补亏损或税款抵减的未来期间内能够取得足够的应纳税所得额时，应当以很可能取得的应纳税所得额为限，确认相关的递延所得税资产，同时减少确认当期的所得税费用。

2. 不确认递延所得税资产的情况

实务中，企业发生的交易或事项不属于企业合并产生的，该交易或事项的发生不会影响会计利润，也不会影响应纳税所得额，并且该交易或事项中形成的资产、负债的初始确认金额与其计税基础不同，从而形成可抵扣暂时性差异的，在该交易或事项发生时不确认相关的递延所得税资产。发生该类交易或事项不确认递延所得税资产的原因是：如果确认递延所得税资产，则需调整资产、负债的入账价值，对实际成本进行调整将违背历史成本原则，从而影响会计信息的可靠性。

【例题 7-11】FQ 公司 2023 年发生满足资本化条件的支出为 200 000 元，至年末研发项目已经完成。按照现行《企业会计准则》规定，满足资本化条件的支出按无形资产研发成本的 175% 作为计算摊销额的基础。

要求：判断该项资产的账面价值和计税基础的差异是否会对所得税产生影响。

解题过程如下：

FQ 公司按照《企业会计准则》规定，资本化的支出为 200 000 元，构成初始入账成本，其计税基础为 350 000(200 000 × 175%) 元，从而形成该无形资产的初始入账价值与计税基础的差异，构成可抵扣暂时性差异。因为该项可抵扣暂时性差异不是企业合并形成的，且不影响会计利润，也不影响应纳税所得额，所以不确认与该暂时性差异相关的所得税影响。

（二）递延所得税资产的计量

1. 适用税率的确定

实务中，企业确认递延所得税资产时，应当估计相关可抵扣暂时性差异的转回时间，以转回期间适用的所得税税率为基础计算确定。无论相关的可抵扣暂时性差异转回时间的长短，递延所得税资产均不予折现。

2. 递延所得税资产的减值

实务中，企业形成的递延所得税资产与其他资产管理相似。资产负债表日，企业应当对递延所得税资产的账面价值进行复核。如果有迹象表明未来期间很可能无法取得足够的应纳税所得额用以抵减所得税，则企业应当减记递延所得税资产的账面价值。对于预期无法实现的递延所得税资产，通常确认为当期所得税费用，同时冲减递延所得税资产的账面价值；对于原先在确认时计入所有者权益的递延所得税资产，其减少的金额也应计入所有者权益，不计入当期所得税费用，从而不会影响当期所得税费用。

上述原因使递延所得税资产发生减值的，企业估计在未来期间能够产生足够的应纳税所得额用以抵减可抵扣暂时性差异，应当相应恢复递延所得税资产的账面价值。

▶▶▶▶ 二、递延所得税负债的确认与计量

由于应纳税暂时性差异在转回期间会增加未来期间的应纳税所得额和应交所得税，因此应将其作为一项负债进行确认。

实务中，企业在确认应纳税暂时性差异产生的递延所得税负债时，所发生的交易或事项在发生时影响到企业的会计利润或应纳税所得额的，相关的所得税影响应当作为利润表中所得税费用的组成部分并在利润表中反映；所发生的交易或事项与所有者权益相关的，其所得税影响应当增加或减少所有者权益；所发生的交易或事项属于企业合并产生的，相关的递延所得税影响应当调整购买日所确认商誉的金额或计入当期损益的金额。

（一）递延所得税负债的确认

实务中，企业在确认因应纳税暂时性差异产生的递延所得税负债时，应当分以下两种情况进行考虑。

1. 确认递延所得税的情况

除《企业会计准则》中明确规定可以不确认递延所得税负债的情况外，企业对于所有的应纳税暂时性差异都应当确认相关的递延所得税负债；除直接计入所有者权益的交易或事项以及企业合并外，企业在确认递延所得税负债的同时，应当调增利润表中的所得税费用。

【例题 7-12】DY 公司在 2023 年 1 月 1 日开始计提折旧的 K 设备，取得成本为 800 000 元，采用年限平均法计提折旧，使用年限为 10 年，预计净残值为 0。假定计税时允许按双倍余额递减法计提折旧，使用年限及预计净残值与会计处理相同。DY 公司适用的所得税税率为 25%。假定 DY 公司不存在其他会计与税收处理的差异。

要求：计算该项资产的账面价值、计税基础以及递延所得税负债。

解题过程如下：

2023 年 K 设备按照《企业会计准则》规定计提的折旧额为 80 000 元，计税时允许扣除的折旧额为 160 000 元，K 设备的账面价值 720 000 元与其计税基础 640 000 元的差额构成应纳税暂时性差异，DY 公司应当确认递延所得税负债 20 000[(720 000 − 640 000) × 25%] 元。

2. 不确认递延所得税负债的特殊情况

实务中，在某些情况下资产、负债的账面价值与其计税基础不同，产生了应纳税暂时性差异，但基于综合考虑，不确认相关的递延所得税负债，主要包括以下几个方面的内容。

(1) 商誉的初始确认。实务中，在非同一控制下的企业合并中，企业支付的合并成本大于合并中获得被合并企业可辨认净资产公允价值份额的差额，应确认为商誉。由于《企业会计准则》与税法之间的规定存在差异，因此按照税法规定在免税合并的情况下税法不

认可商誉的价值，即商誉的计税基础为0，从而出现商誉的账面价值与计税基础之间形成应纳税暂时性差异。但是，如果对这部分暂时性差异形成的递延所得税负债进行确认，就会进一步增加所确认商誉的价值，不符合实际情况，影响会计信息的可靠性。

实务中，如果企业按照《企业会计准则》规定在非同一控制下的企业合并中确认了商誉的价值，且按照税法规定该商誉在初始确认时账面价值等于计税基础的，则该商誉在后续计量的时候，因《企业会计准则》与税法之间的规定不同形成暂时性差异的，企业应当确认相关的所得税影响。

【例题7-13】DY公司以增发市场价值为55 000 000元的本企业普通股为对价购入Q公司100%的净资产，假定该项合并业务符合税法规定的免税合并条件，且DY公司原股东选择进行免税处理。购买日DY公司各项可辨认资产、负债的公允价值及其计税基础如表7-1所示。

表7-1 资产、负债公允价值与计税基础对比表

单位：元

项　目	公允价值	计税基础	暂时性差异
固定资产	35 500 000	29 950 000	5 550 000
应收账款	3 500 000	3 500 000	0
存货	2 550 000	2 060 000	490 000
其他应付款	5 000 000	0	5 000 000
应付账款	3 000 000	3 000 000	0
不包括递延所得税的可辨认资产、负债的公允价值	49 550 000	38 510 000	11 040 000

要求：计算递延所得税资产、递延所得税负债的金额。

解题过程如下。

DY公司适用的所得税税率为25%，该项交易中应确认递延所得税负债及商誉的金额计算过程如下：

DY公司的合并成本为55 000 000元，Q公司可辨认净资产公允价值为49 550 000元，确认递延所得税资产为1 250 000(5 000 000×25%)元，确认递延所得税负债为1 510 000(6 040 000×25%)元，包含递延所得税后可辨认资产、负债的公允价值为49 290 000(49 550 000 + 5 000 000×25% − 6 040 000×25%)元，本次合并应当确认的商誉为5 710 000元。

DY公司本次合并中所确认的商誉金额5 710 000元与其计税基础0之间形成的应纳税暂时性差异，不再进一步确认相关的递延所得税负债。

(2) 企业发生的除了合并以外的交易或事项，如果该项交易或事项发生时不影响会计利润，也不影响应纳税所得额，那么该项交易或事项所产生的资产、负债的初始确认金额与其计税基础之间的差异形成应纳税暂时性差异的，在发生时不确认相应的递延所得

税负债。

(3) 企业发生的与子公司、联营企业、合营企业投资等相关的应纳税暂时性差异，通常应当确认递延所得税负债，但是同时满足以下两个条件的不确认递延所得税负债：一是投资企业能够控制暂时性差异转回的时间；二是该暂时性差异在可预见的未来很可能不会转回。

实务中，企业在合并中运用上述两个条件而不确认与联营企业、合营企业相关的递延所得税负债的，应当有确凿的证据表明其能够控制有关暂时性差异转回的时间。通常，企业对联营企业的决策只具备重大影响的，并不能够主导被投资单位的决策。

(4) 企业采用权益法核算的长期股权投资，其账面价值与计税基础产生的有关暂时性差异是否应确认相关的所得税影响，应当分以下两种情况处理。

① 如果企业准备长期持有该项股权投资，那么由于初始投资成本的调整形成的暂时性差异估计未来期间不会转回，对企业未来期间的所得税没有影响；因确认投资损益形成的暂时性差异，如果企业在未来期间逐期分回现金股利或利润时属于免税的，那么对企业未来期间的所得税也没有影响；因确认应享有被投资单位其他权益变动而形成的暂时性差异，预计未来期间也不会转回。基于上述理由，企业在准备长期持有该项股权投资的情况下，对于采用权益法核算的长期股权投资账面价值与计税基础之间的差异，一般不确认相关的所得税影响。

② 如果企业中途改变持有意图，准备对外出售该项股权投资，那么按照税法规定，企业在转让或处置该项股权投资时，该项股权投资的成本准予扣除。因此，企业在持有意图由长期持有转变为准备近期出售的情况下，因长期股权投资的账面价值与计税基础不同形成的有关暂时性差异，应当确认相关的所得税影响。

(二) 递延所得税负债的计量

递延所得税负债应当以相关应纳税暂时性差异转回期间适用的所得税税率计量，且无论应纳税暂时性差异的转回期间是何时，递延所得税负债都不要求折现。实务中，我国境内企业适用的所得税税率通常是不会发生变化的。基于此，企业在确认递延所得税负债时，可以将现行适用所得税税率作为计算递延所得税负债的基础。

▶▶▶▶ 三、特定交易或事项涉及递延所得税的确认

与当期及以前期间直接计入所有者权益的交易或事项相关的当期所得税及递延所得税应当计入所有者权益。实务中，企业发生的直接计入所有者权益的交易或事项主要有以下几个方面：因会计政策变更采用追溯调整法、前期差错更正采用追溯重述法调整期初留存收益，以公允价值计量且其变动计入其他综合收益的金融资产的公允价值的变动计入其他综合收益，自用房地产转为采用公允价值模式计量的投资性房地产时公允价值大于原账面差额计入其他综合收益等。

【例题 7-14】DY 公司于 2023 年 6 月以每股 8 元的价格购买 R 公司的普通股 50 万股，购买的股票作为以公允价值计量且其变动计入其他综合收益的金融资产，2023 年 12 月 31 日，DY 公司持有的该股票尚未出售，当日市价为每股 10 元。按照税法规定，该类型的资产在持有期间公允价值变动不计入应纳税所得额，在处置时一并计算计入应纳税所得额。DY 公司适用的所得税税率为 25%。假设 DY 公司在 2024 年 1 月以每股 12 元的价格将该股票对外出售。

要求：编写相关会计分录。

解题过程如下：

在 2023 年年底，DY 公司的会计分录如下：

借：其他权益工具投资　　　　　　　1 000 000
　　贷：其他综合收益　　　　　　　　　　　1 000 000
借：其他综合收益　　　　　　　　　　250 000
　　贷：递延所得税负债　　　　　　　　　　　250 000

在 2024 年 1 月对外出售该股票时，DY 公司的会计分录如下：

借：银行存款　　　　　　　　　　　6 000 000
　　贷：其他权益工具投资　　　　　　　　　5 000 000
　　　　盈余公积　　　　　　　　　　　　　100 000
　　　　未分配利润　　　　　　　　　　　　900 000
借：其他综合收益　　　　　　　　　　750 000
　　递延所得税负债　　　　　　　　　250 000
　　贷：盈余公积　　　　　　　　　　　　　100 000
　　　　未分配利润　　　　　　　　　　　　900 000

任务四　所得税费用的确认与计量

实务中，企业核算的所得税费用包括当期所得税和递延所得税。其中，当期所得税主要根据利润表中的利润总额经过纳税项目调整后计算得到；递延所得税包括递延所得税资产和递延所得税负债。

▶▶▶▶　一、当期所得税

当期所得税，是指企业按照税法规定计算确定的针对当期发生的交易和事项应缴纳给税务机关的所得税税额。

实务中，企业在确定当期所得税时，对当期发生的交易或事项，因会计处理与税收处理不同的，应当在会计利润（利润总额）的基础上，按照税法的相关规定进行调整，然后计算出当期应纳税所得额，最后按照应纳税所得额与适用所得税税率的乘积计算确定当期应交所得税。应纳税所得额是在利润总额的基础上经过调整得来的，调整公式如下：

应纳税所得额 = 利润总额 + 纳税调整增加额 - 纳税调整减少额 + 境外应税所得弥补境内亏损 - 弥补以前年度亏损

当前应交所得税 = 应纳税所得额 × 适用税率 - 减免税额 - 抵免税额

【例题 7-15】XR 公司 2023 年度的税前会计利润为 40 万元，适用的所得税税率为 25%，本年度取得的国债利息收入为 1 万元，XR 公司对固定资产折旧采用直线法，本年折旧额为 6 万元，按照税法规定采用双倍余额递减法，本年折旧 8 万元，不考虑其他因素。

要求：计算应交所得税金额，并编写相关会计分录。

解题过程如下：

应纳税所得额 = 40 - 1 - (8 - 6) = 37(万元)

本年应交所得税税额 = 37 × 25% = 9.25(万元)

计提所得税时，XR 公司的会计分录如下：

借：所得税费用　　　　　　　　　　　　　　92 500

　　贷：应交税费——应交所得税　　　　　　　　92 500

【例题 7-16】DY 公司 2023 年度按《企业会计准则》计算的税前会计利润为 1 970 000 元，所得税税率为 25%。当年按税法核定的全年计税工资为 200 000 元，DY 公司全年实发工资为 220 000 元，经查 DY 公司当年营业外支出中有 10 000 元为税收滞纳金，不考虑其他因素。

要求：计算应交所得税金额，并编写相关会计分录。

解题过程如下：

应纳税所得额 = 1 970 000 + (220 000 - 200 000) + 10 000 = 2 000 000(元)

当期应交所得税税额 = 2 000 000 × 25% = 500 000(元)

计提所得税时，DY 公司的会计分录如下：

借：所得税费用　　　　　　　　　　　　　500 000

　　贷：应交税费——应交所得税　　　　　　　500 000

▶▶▶▶ 二、递延所得税

递延所得税，是指按照《企业会计准则》规定应予确认的递延所得税资产和递延所得税负债在会计期末应有的金额相对于原已确认金额之间的差额，即递延所得税资产和递延所得税负债的当期发生额，但不包括计入所有者权益的交易或事项对所得税的影响。其计算公式如下：

递延所得税 = 递延所得税负债的变动额 - 递延所得税资产的变动额

= (递延所得税负债期末余额 - 递延所得税负债期初余额) - (递延所得税资产期末余额 - 递延所得税资产期初余额)

= 当期递延所得税负债的增加 + 当期递延所得税资产的减少 - 当期递延所

得税负债的减少 - 当期递延所得税资产的增加

【例题 7-17】DY 公司 2023 年 9 月取得的某项其他权益工具投资成本为 2 000 000 元，2023 年 12 月 31 日，其公允价值为 2 400 000 元。DY 公司适用的所得税税率为 25%，不考虑其他因素。

要求：编写相关会计分录。

解题过程如下：

DY 公司的该项其他权益工具投资的公允价值变动为 400 000(2 400 000 - 2 000 000) 元，由于《企业会计准则》与税法的规定有差异，因此形成应纳税暂时性差异。

期末确认公允价值变动时，DY 公司的会计分录如下：

借：其他权益工具投资——公允价值变动   400 000
　　贷：其他综合收益   400 000

确认应纳税暂时性差异时，DY 公司的会计分录如下：

借：其他综合收益   100 000(400 000 × 25%)
　　贷：递延所得税负债   100 000

▶▶▶ 三、所得税费用

实务中，企业通过计算确定了当期应交所得税及递延所得税之后，就可以得出利润表中所得税费用的金额。其计算公式如下：

所得税费用 = 当期所得税 + 递延所得税

【例题 7-18】FX 公司在 2023 年度的利润表中显示其利润总额为 2 300 000 元，适用的所得税税率为 25%(所得税税率稳定不变)，预计未来期间能够形成足够的应纳税所得额用以抵扣可抵扣暂时性差异。假设递延所得税资产及递延所得税负债不存在期初余额。

FX 公司 2023 年发生的有关交易或事项中，会计处理与税收处理存在差异的情况有：

① 2022 年 12 月 23 日取得的一项固定资产，成本为 800 000 元，使用年限为 10 年，预计净残值为 0，FX 公司按双倍余额递减法计提折旧，税法规定按直线法计提折旧。

② 向关联企业 T 公司捐赠 400 000 元。

③ 当年度发生研发支出 600 000 元，较上年度增长 20%。其中 400 000 元予以资本化；截至 2023 年 12 月 31 日，该研发资产仍在开发过程中。税法规定，企业费用化的研究开发支出按 75% 税前加计扣除，资本化的研发支出按资本化金额的 175% 确定并应予摊销金额。

④ 应支付违反环保法规定罚款 150 000 元。

⑤ 期末对持有的存货计提了 50 000 元的存货跌价准备。

另外，FX 公司 2023 年 12 月 31 日有关资产、负债的账面价值与计税基础及相应的暂时性差异如表 7-2 所示。

表 7-2 FX 公司资产、负债的账面价值与计税基础及相应的暂时性差异表

单位：元

项 目	账面价值	计税基础	差 异	
			应纳税暂时性差异	可抵扣暂时性差异
存 货	900 000	950 000		50 000
固定资产	1 500 000	1 650 000		150 000
开发支出	400 000	700 000		300 000
其他应付款	150 000	150 000		
合 计				500 000

要求：计算 2023 年度 FX 公司的当期应交所得税、递延所得税、所得税费用，并编制相关的会计分录。

解题过程如下：

① 2023 年度当期应交所得税计算分析如下：

应纳税所得额 = 2 300 000 + 80 000 + 400 000 - (600 000 - 400 000) × 75% + 150 000 + 50 000 = 2 830 000(元)

应交所得税 = 2 830 000 × 25% = 707 500(元)

② 2023 年度递延所得税计算分析如下：

由于 FX 公司的存货、固定资产的账面价值与计税基础存在差异，形成可抵扣暂时性差异 200 000 元，估计在未来期间能够形成足够的应纳税所得额资源抵扣该可抵扣暂时性差异，所以确认了递延所得税资产 50 000 元。将资本化的开发支出 400 000 元确认为账面价值，按税法规定其计税基础为 700 000(400 000 × 175%) 元，因此无形资产在初始确认时的账面价值小于计税基础，形成可抵扣暂时性差异。但是，该无形资产形成的差异不是企业合并导致的，在发生时不会影响会计利润，也不会影响应纳税所得额，因此，不确认与该暂时性差异相关的所得税影响。综上所述，在本例中只对存货、固定资产形成的差异确认递延所得税资产。

③ 利润表中应确认的所得税费用计算分析如下：

所得税费用 = 707 500 - 50 000 = 657 500(元)

④ 编制相关会计分录。

确认所得税费用时，FX 公司的会计分录如下：

借：所得税费用　　　　　　　　　　　 657 500

　　递延所得税资产　　　　　　　　　　 50 000

　　贷：应交税费——应交所得税　　　　　　　 707 500

【例题 7-19】MT 公司 2023 年年初的递延所得税资产借方余额为 380 000 元，递延所得税负债贷方余额为 20 000 元，具体构成项目如表 7-3 所示。

表 7-3　MT 公司暂时性差异及递延所得税具体项目构成表

单位：元

项　　目	可抵扣暂时性差异	递延所得税资产	应纳税暂时性差异	递延所得税负债
应收账款	120 000	30 000		
交易性金融资产			80 000	20 000
其他债权投资	400 000	100 000		
预计负债	160 000	40 000		
可税前抵扣的经营亏损	840 000	210 000		

MT 公司 2023 年度利润表中利润总额为 3 220 000 元，适用的所得税税率为 25%（假设税率是稳定的），未来期间能够产生足够的应纳税所得额用以抵扣可抵扣暂时性差异。

MT 公司在 2023 年度发生的相关交易或事项中，会计处理与税法规定存在差异的情况有以下几个方面：

① 年末转回应收账款坏账准备 40 000 元。根据税法规定，转回的坏账损失不计入应纳税所得额。

② 年末根据交易性金融资产公允价值变动确认公允价值变动收益 40 000 元。根据税法规定，交易性金融资产公允价值变动收益不计入应纳税所得额。

③ 年末根据其他债权投资公允价值变动增加其他综合收益 80 000 元。根据税法规定，其他债权投资公允价值变动金额不计入应纳税所得额。

④ 当年实际支付产品保修费用 10 000 元，冲减前期确认的相关预计负债；当年又确认产品保修费用 20 000 元，增加相关预计负债。根据税法规定，实际支付的产品保修费用允许税前扣除，但预计的产品保修费用不允许税前扣除。

⑤ 当年发生业务宣传费 1 600 000 元，至年末尚未支付。该公司当年实现销售收入 10 000 000 元。税法规定，对于企业发生的业务宣传费支出，不超过当年销售收入 15% 的部分准予税前扣除；超过部分准予结转以后年度税前扣除。

另外，MT 公司 2023 年 12 月 31 日有关资产、负债的账面价值与计税基础及相应的暂时性差异如表 7-4 所示。

表 7-4　MT 公司资产、负债的账面价值与计税基础及相应的暂时性差异表

单位：元

项　　目	账面价值	计税基础	差　　异	
			应纳税暂时性差异	可抵扣暂时性差异
应收账款	720 000	800 000		80 000
交易性金融资产	840 000	720 000	120 000	
其他债权投资	800 000	1 120 000		320 000
预计负债	80 000	0		80 000
其他应付款	1 600 000	1 500 000		100 000

要求：计算 2023 年度 MT 公司的当期应交所得税、递延所得税、所得税费用，并编制相关会计分录。

解题过程如下：

① 2023 年度当期应交所得税计算分析如下：

应纳税所得额 = 3 220 000 − 840 000 − 40 000 − 40 000 − 10 000 + 20 000 + (1 600 000 − 10 000 000 × 15%) = 2 410 000(元)

应交所得税 = 2 410 000 × 25% = 602 500(元)

② 2023 年度递延所得税计算分析如下：

递延所得税费用 = (120 000 × 25% − 20 000) − [(80 000 + 80 000 + 100 000) × 25% − 380 000] = 325 000(元)

③ 利润表中应确认的所得税费用计算分析如下：

所得税费用 = 602 500 + 325 000 = 927 500(元)

④ 编制相关会计分录。

确认所得税费用时，MT 公司的会计分录如下：

借：所得税费用　　　　　　　　　　　927 500
　　贷：应交税费——应交所得税　　　　　　　602 500
　　　　递延所得税资产　　　　　　　　　　　315 000
　　　　递延所得税负债　　　　　　　　　　　 10 000
借：其他综合收益　　　　　　　　　　 20 000
　　贷：递延所得税资产　　　　　　　　　　　 20 000

▶▶▶▶ 四、合并财务报表中因抵销未实现内部交易损益产生的递延所得税

实务中，企业在编制合并财务报表过程中，因抵销未实现内部销售损益导致合并资产负债表中相关资产、负债的账面价值与其在纳入合并范围的企业按照适用税法规定所确定的计税基础之间产生的暂时性差异，企业应当在合并资产负债表中确认相关的递延所得税资产或递延所得税负债，并调整合并利润表中的所得税费用；但与直接计入所有者权益的交易或事项及企业合并相关的递延所得税除外。

【例题 7-20】FX 公司拥有 N 公司 80% 有表决权的股份，能够控制 N 公司财务和经营决策。2023 年 9 月，FX 公司将本公司生产的一批 A 产品出售给 N 公司，不含增值税销售价格为 150 000 元，成本为 120 000 元。至 2023 年 12 月 31 日，N 公司尚未将该批 A 产品对外出售。FX 公司、N 公司适用的所得税税率均为 25%。税法规定，企业取得的存货以历史成本作为计税基础。估计在未来期间能够产生足够的应纳税所得额用以抵减可抵扣暂时性差异。

要求：编写相关会计分录。

解题过程如下：

编制合并财务报表时，FX 公司的抵销会计分录如下：

借：营业收入　　　　　　　　　　150 000
　　贷：营业成本　　　　　　　　　　　　120 000
　　　　存货　　　　　　　　　　　　　　 30 000

FX 公司进行上述抵销后，由于上述内部交易产生的存货项目账面价值为 120 000 元，其所属纳税主体 (N 公司) 的计税基础为 150 000 元，故应当在合并财务报表中确认相关的所得税影响。

调整所得税费用时，FX 公司的会计分录如下：

借：递延所得税资产　　　　　　120 000 (150 000 – 120 000 × 25%)
　　贷：所得税费用　　　　　　　　　　　120 000

▶ 项目总结

本项目内容主要包括所得税会计的概念、企业对所得税进行核算的一般程序、资产的计税基础、负债的计税基础、暂时性差异、递延所得税资产的确认与计量、递延所得税负债的确认与计量、特定交易或事项涉及递延所得税的确认、当期所得税、递延所得税、所得税费用、合并财务报表中因抵销未实现内部交易损益产生的递延所得税等。

▶ 习题巩固

一、单项选择题

1. H 公司属于制造企业，2023 年度为研发某项新技术发生研究开发支出共计 600 万元，其中研究阶段支出 320 万元，开发阶段不符合资本化条件的支出 80 万元，开发阶段符合资本化条件的支出 200 万元，假定 H 公司研发形成的无形资产在当期达到预定用途，并在当期摊销 40 万元。会计摊销方法、摊销年限和净残值均符合税法规定。税法规定，企业为开发新技术发生的研究开发费用，未形成资产计入当期损益的，在按规定据实扣除的基础上，按照研究开发费用的 100% 加计扣除；形成无形资产的，按照无形资产成本的 200% 摊销。2023 年 12 月 31 日，H 公司该项无形资产的计税基础为 (　　) 万元。

A. 160　　　　　　　　　　　　　B. 320
C. 280　　　　　　　　　　　　　D. 400

2. H 公司于 2023 年 12 月 1 日收到与资产相关的政府补助 1 400 万元 (采用总额法核算)。至 2023 年 12 月 31 日，相关资产尚未达到预定可使用状态。假定该政府补助不属于免税项目，税法规定，该项政府补助在收到时应计入应纳税所得额。H 公司 2023 年 12 月 31 日递延收益的计税基础为 (　　) 万元。

A. 140　　　　　　　　　　　　　B. 0
C. 1 400　　　　　　　　　　　　D. 1 260

3. A 公司 2023 年发生了 1 800 万元广告费支出，发生时已作为销售费用计入当期损益，并已支付。税法规定，该类支出不超过当年销售收入 15% 的部分允许当期税前扣除，超过部分允许在以后纳税年度结转扣除。A 公司 2023 年实现销售收入 10 000 万元。2023

年 12 月 31 日，A 公司因广告费支出形成的可抵扣暂时性差异为（   ）万元。

A. 1 500　　　　　　　　　　　　　　B. 300

C. 0　　　　　　　　　　　　　　　　D. 1 800

4. H 公司于 2022 年 12 月购入一台管理用设备，并于当月投入使用。该设备的入账价值为 120 万元，预计使用年限为 10 年，预计净残值为 0，采用年限平均法计提折旧。税法规定采用双倍余额递减法计提折旧，且预计使用年限及净残值均与会计相同。至 2023 年 12 月 31 日，该设备未计提减值准备，H 公司 2024 年开始适用的所得税税率为 15%。不考虑其他因素的影响，则 H 公司 2023 年 12 月 31 日对该设备确认的递延所得税负债余额为（   ）万元。

A. 24　　　　　　　　　　　　　　　B. 6

C. 4　　　　　　　　　　　　　　　　D. 3.6

5. H 公司 2022 年 5 月 5 日购入乙公司普通股股票，成本为 2 000 万元，H 公司将其划分为交易性金融资产。2022 年年末 H 公司持有的乙公司股票的公允价值为 2 200 万元。2023 年年末，该批股票的公允价值为 2 160 万元。H 公司适用的所得税税率为 25%，假定在未来期间不会发生变化。不考虑其他因素，则 2023 年 H 公司递延所得税负债的发生额为（   ）万元。

A. 50　　　　　　　　　　　　　　　B. -10

C. -40　　　　　　　　　　　　　　　D. 20

6. K 公司于 2023 年 2 月 20 日外购一栋写字楼并于当日对外出租，取得时成本为 48 000 万元，采用公允价值模式进行后续计量。2023 年 12 月 31 日，该写字楼公允价值跌至 44 800 万元。税法规定，该类写字楼采用年限平均法计提折旧，折旧年限为 40 年，预计净残值为 0。K 公司适用的所得税税率为 15%，预计未来期间不会发生改变。不考虑其他因素，则 2023 年 12 月 31 日 K 公司因该项投资性房地产应确认的递延所得税资产为（   ）万元。

A. 3 200　　　　　　　　　　　　　　B. -180

C. 800　　　　　　　　　　　　　　　D. 180

7. H 公司于 2023 年 2 月在公开市场以每股 8 元的价格取得 A 公司普通股 80 万股，作为其他综合收益的金融资产核算。2023 年 12 月 31 日，H 公司该股票投资尚未出售，当日市价为每股 12 元。按照税法规定，资产在持有期间的公允价值变动不计入应纳税所得额。H 公司适用的所得税税率为 25%，假定在未来期间不会发生变化。不考虑其他因素，则 H 公司 2023 年 12 月 31 日因该金融资产应确认的其他综合收益为（   ）万元。

A. 40　　　　　　　　　　　　　　　B. 120

C. 160　　　　　　　　　　　　　　　D. 0

8. 2023 年 12 月 31 日，M 公司因以公允价值计量且其变动计入当期损益的金融资产和以公允价值计量且其变动计入其他综合收益的金融资产的公允价值变动，分别确认了 40 万元的递延所得税资产和 80 万元的递延所得税负债。M 公司当期应交所得税的金额为 400 万元。假定不考虑其他因素，M 公司 2023 年度利润表"所得税费用"项目应列示的金额为（　　）万元。

A. 280 　　　　　　　　　　　　B. 360

C. 440 　　　　　　　　　　　　D. 520

9. Z 公司以 2023 年 1 月 10 日发行的公允价值为 2 000 万元的股票为对价购入 B 公司 100% 的净资产，B 公司法人资格消失。Z 公司与 B 公司在此之前不存在关联方关系。购买日 B 公司可辨认净资产公允价值为 1 600 万元。假定该项合并属于免税合并。Z 公司和 B 公司适用的所得税税率均为 25%，则 Z 公司购买日商誉的计税基础为（　　）万元。

A. 1 600 　　　　　　　　　　　B. 400

C. 0 　　　　　　　　　　　　　D. 2 000

10. H 公司适用的所得税税率为 25%，2023 年税前会计利润为 20 000 万元。按照税法规定，与产品售后服务相关的费用在实际发生时允许税前扣除。2022 年年末"预计负债"科目余额为 1 000 万元（因计提产品保修费用确认），其对应的"递延所得税资产"余额为 250 万元。H 公司 2023 年实际支付保修费用 800 万元，且本期计提了产品保修费用 1 200 万元。不考虑其他因素，则 H 公司 2023 年度因该产品保修业务确认的递延所得税费用为（　　）万元。

A. 100 　　　　　　　　　　　　B. 5 000

C. −100 　　　　　　　　　　　D. 0

二、多项选择题

1. 下列项目中，负债的计税基础为 0 的有（　　）。

A. 因合同违约确认的预计负债 　　　B. 从银行取得的短期借款

C. 因产品质量保证确认的预计负债 　D. 因税收罚款确认的其他应付款

2. 下列属于产生可抵扣暂时性差异的有（　　）。

A. 以公允价值计量且其变动计入当期损益的金融负债账面价值小于计税基础

B. 按税法规定可以结转以后年度的未弥补亏损

C. 因奖励积分确认的合同负债（税法已计入当期应纳税所得额）

D. 发生超标的业务招待费

3. 下列关于递延所得税会计处理的表述，正确的有（　　）。

A. 企业应将当期发生的可抵扣暂时性差异全部确认为递延所得税资产

B. 递延所得税费用是按照《企业会计准则》规定的当期应予确认的递延所得税资产加上当期应予确认的递延所得税负债的金额

C. 企业应在资产负债表日对递延所得税资产的账面价值进行复核

D. 企业不应当对递延所得税资产和递延所得税负债进行折现

4. 2023 年 7 月 2 日，H 公司（制造业企业）自行研究开发的 B 专利技术达到预定用途，并作为管理用无形资产入账。B 专利技术的成本为 2 000 万元（2023 年无费用化支出），预计使用年限为 20 年，无残值，采用直线法摊销。根据税法规定，B 专利技术允许按照其成本的 200% 进行摊销。假定 H 公司 B 专利技术的摊销方法、摊销年限和净残值符合税法规定。H 公司 2023 年度实现的利润总额为 8 100 万元,适用的所得税税率为 25%。假定不考虑其他因素,则下列关于 H 公司的 B 专利技术的会计处理中,正确的有（　　）。

A. 2023 年 12 月 31 日无形资产的计税基础为 3 800 万元

B. 该专利技术产生的可抵扣暂时性差异应确认递延所得税资产 475 万元

C. 2023 年度应交所得税为 2 000 万元

D. 2023 年度所得税费用为 2 000 万元

5. 2022 年 11 月 20 日,H 公司以 10 200 万元购入一台大型机械设备,经安装调试后,于 2022 年 12 月 31 日投入使用。该设备的使用年限为 50 年,H 公司预计使用 40 年,预计净残值 200 万元,按双倍余额递减法计提折旧。企业所得税法允许该设备按 40 年年限、预计净残值 200 万元、以年限平均法计提的折旧额在计算应纳税所得额时扣除。H 公司 2023 年实现利润总额 6 000 万元,适用的企业所得税税率为 25%,H 公司预计未来期间能够产生足够的应纳税所得额用以抵减可抵扣暂时性差异。H 公司用该设备生产的产品全部对外出售。假定 H 公司无其他纳税调整事项,不考虑除企业所得税以外的其他相关税费及其他因素。下列关于 H 公司 2023 年度对上述设备相关会计处理的表述,正确的有（　　）。

A. 2023 年末该设备的账面价值为 9 700 万元　　B. 确认当期应交所得税 1 630 万元

C. 确认递延所得税资产 130 万元　　D. 计提折旧 1 020 万元

6. 2023 年 12 月 31 日,H 公司对商誉计提减值准备 2 000 万元。该商誉是 2021 年 12 月 8 日 H 公司从 C 公司处购买 F 公司 100% 净资产吸收合并 F 公司时形成的,初始计量金额为 10 000 万元,C 公司根据税法规定已经缴纳与转让 F 公司 100% 股权相关的所得税及其他税费。根据税法规定,H 公司购买 F 公司股权产生的商誉在整体转让或者清算相关资产、负债时,允许税前扣除。H 公司适用的所得税税率为 25%。下列会计处理中正确的有（　　）。

A. 2021 年 12 月 8 日商誉的计税基础为 0

B. 2021 年 12 月 8 日商誉的计税基础为 10 000 万元

C. 2023 年 12 月 31 日商誉产生的可抵扣暂时性差异不确认递延所得税资产

D. 2023 年 12 月 31 日应确认递延所得税资产 500 万元

7. R 公司适用的所得税税率为 15%,其 2023 年发生的交易或事项中,会计与税法处理存在差异的事项如下:当期购入指定为以公允价值计量且其变动计入其他综合收益的非交易性权益工具投资,期末公允价值大于取得成本 800 万元;收到与资产相关的政府补助 1 600 万元(采用总额法核算),税法规定将其计入当期应纳税所得额,相关资产至年末尚未开始计提折旧。R 公司 2023 年利润总额为 10 400 万元,假定递延所得税资产、负债年初余额为 0,未来期间能够取得足够应纳税所得额用以抵减可抵扣暂时性差异。下列关于 R 公司 2023 年所得税的处理,正确的有（　　）。

A. 所得税费用为 1 560 万元

B. 应交所得税为 1 800 万元

C. 递延所得税负债为 120 万元

D. 与资产相关的政府补助确认的递延收益不确认递延所得税资产

8. Q公司拥有N公司60%有表决权的股份，能够控制N公司的财务和经营决策。2023年9月，Q公司以800万元（不含增值税税额）的价格将一批自产产品销售给N公司，该批产品在Q公司的生产成本为600万元（未计提存货跌价准备）。至2023年12月31日，N公司对外销售该批产品的20%，假定剩余的产品未发生减值。Q公司和N公司适用的所得税税率均为25%，且在未来期间预计不会发生变化。税法规定，企业的存货以历史成本作为计税基础。不考虑其他因素，下列会计处理中正确的有（　　）。

A. 2023年12月31日合并报表中存货的账面价值为480万元

B. 2023年12月31日合并报表中存货的计税基础为640万元

C. 2023年12月31日合并报表中存货产生可抵扣暂时性差异160万元

D. 2023年12月31日合并报表中上述存货应确认递延所得税资产40万元

9. T公司适用的企业所得税税率为25%，预计未来期间适用的企业所得税税率不会发生变化，未来期间能够产生足够的应纳税所得额用以抵减可抵扣暂时性差异。T公司于2023年1月1日开始计提折旧的W机器的初始入账金额为300万元，预计使用年限为10年，预计净残值为0，采用年数总和法计提折旧。根据税法规定，W机器在2023年至2027年每年准予在税前扣除的折旧费用为60万元。不考虑其他因素，下列关于2023年度T公司与W机器的各项会计处理中，正确的有（　　）。

A. 2023年12月31日W机器的计税基础为240万元

B. 2023年度的所得税费用增加10万元

C. 2023年12月31日W机器的账面价值为200万元

D. 2023年12月31日W机器的递延所得税负债余额为10万元

10. 下列关于企业递延所得税负债的会计处理，正确的有（　　）。

A. 吸收合并免税合并下的商誉初始确认时形成的应纳税暂时性差异应确认相应的递延所得税负债

B. 与损益相关的应纳税暂时性差异确认的递延所得税负债应计入所得税费用

C. 应纳税暂时性差异转回期间超过一年的，相应的递延所得税负债应以现值进行计量

D. 递延所得税负债以相关应纳税暂时性差异转回期间适用的企业所得税税率计量

三、判断题

1. 所得税会计的关键在于确定资产、负债的计税基础。　　　　　　　　　　（　　）

2. 负债的计税基础，是指未来期间计算应纳税所得额时按照税法规定可予以抵扣的金额。　　　　　　　　　　　　　　　　　　　　　　　　　　　　　　　（　　）

3. 暂时性差异，是指资产或负债的账面价值与其计税基础之间的差额。未作为资产和负债确认的项目，不会产生暂时性差异。　　　　　　　　　　　　　　　　（　　）

4. 资产账面价值大于其计税基础，产生应纳税暂时性差异。　　　　　　　（　　）

5. 企业应将所有的应纳税暂时性差异确认递延所得税负债。　　　　　　　（　　）

6. 确认递延所得税负债一定会影响所得税费用。　　　　　　　　　　　　（　　）

7. 某些交易或事项发生以后，因为不符合资产、负债的确认条件而未体现为资产负债

表中的资产或负债，但按照税法规定能够确定其计税基础的，其账面价值 0 与计税基础之间的差异也构成暂时性差异。　　　　　　　　　　　　　　　　　　　　（　　）

8. 在计量递延所得税资产和递延所得税负债时，应当采用当期适用的所得税税率。（　　）

9. 对于超过 3 年纳税调整的暂时性差异，企业应当对递延所得税资产和递延所得税负债进行折现。　　　　　　　　　　　　　　　　　　　　　　　　（　　）

10. 无论应纳税暂时性差异的转回期间如何，递延所得税负债不要求折现。　　（　　）

四、计算分析题

H 公司系增值税一般纳税人，适用的增值税税率为 13%，所得税税率为 25%，预计未来期间能够取得足够的应纳税所得额用以抵减可抵扣暂时性差异。相关资料如下所述。

(1) 2019 年 12 月 10 日，H 公司以银行存款购入一台需自行安装的生产设备，取得的增值税专用发票上注明的价款为 980 万元，增值税税额为 127.4 万元，H 公司当日进行设备安装，安装过程中发生安装人员薪酬 20 万元，2019 年 12 月 31 日安装完毕并达到预定可使用状态交付使用。

(2) H 公司预计该设备可使用 20 年，预计净残值为 20 万元，采用双倍余额递减法计提折旧。所得税纳税申报时，该设备在其预计使用寿命内每年允许税前扣除的金额为 98 万元。该设备取得时的成本与计税基础一致。

(3) 2022 年 12 月 31 日，该设备出现减值迹象，经减值测试，其可收回金额为 500 万元。H 公司对该设备计提减值准备后，预计该设备尚可使用 10 年，预计净残值为 16 万元，仍采用双倍余额递减法计提折旧。所得税纳税申报时，该设备在其预计使用寿命内每年允许税前扣除的金额仍为 98 万元。

(4) 2023 年 12 月 31 日，H 公司出售该设备，开具的增值税专用发票上注明的价款为 200 万元，增值税税额为 26 万元，款项当日收讫并存入银行，H 公司另外以银行存款支付清理费用 2 万元（不考虑增值税）。

假定不考虑其他因素。

要求：

(1) 计算 H 公司 2019 年 12 月 31 日该设备安装完毕并达到预定可使用状态的成本，编制设备购入、安装及达到预定可使用状态的相关会计分录。

(2) 分别计算 H 公司 2020 年和 2021 年对该设备应计提的折旧额。

(3) 分别计算 H 公司 2021 年 12 月 31 日该设备的账面价值、计税基础、暂时性差异（需指出是应纳税暂时性差异还是可抵扣暂时性差异），以及相应的递延所得税负债或递延所得税资产的账面余额。

(4) 计算 H 公司 2022 年 12 月 31 日对该设备应计提的减值准备金额，并编制计提减值的会计分录。

(5) 计算 H 公司 2023 年对该设备应计提的折旧额。

(6) 编制 H 公司 2023 年 12 月 31 日出售该设备的会计分录。

项目八
会计政策、会计估计变更和差错更正

知识目标

- 了解会计政策、会计估计和前期差错的特点。
- 理解会计政策、会计估计和前期差错更正的内容。
- 掌握会计政策变更、会计估计变更和前期差错更正的业务处理。

技能目标

- 能够熟练运用会计政策、会计估计变更和差错更正的基本知识。
- 能够独立完成会计政策、会计估计变更和差错更正业务的会计处理。

思维导图

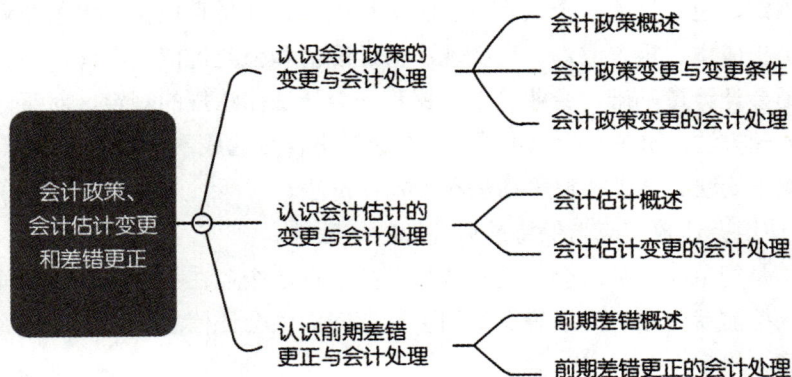

任务一　认识会计政策的变更与会计处理

▶▶▶▶　一、会计政策概述

会计政策，是指企业在会计确认、计量和报告中所使用的原则、基础和会计处理方法。实务中，不同的企业由于经营范围不同，业务性质和繁简程度不同，故其选择的会计政策也会有所不同。但是，不管是什么类型、什么规模的企业，都要遵循《中华人民共和国会计法》《企业会计准则》以及国家统一会计制度等的相关规定。

实务中，企业选择、运用会计政策具有以下几个特点。

(1) 企业应当在我国会计法律法规规定的会计政策范围内选择适用的会计政策。

我国会计法律法规对会计政策及其使用、适用范围等做了明确的规定。企业使用的会计政策，应当在认可的会计原则、会计计量基础和具体会计处理方法中进行指定或选择。

实务中，由于不同企业发生的交易或事项具有复杂性和多样化，故部分交易或事项在符合会计原则、会计计量基础的前提下，可以选择多种会计政策。

(2) 会计政策的选择指的是会计原则、会计基础和具体会计处理方法的选择。

会计原则、会计基础和具体会计处理方法共同构成会计政策。实务中，关于会计政策的选择，通常包括会计原则、会计基础和具体会计处理方法的选择。其中，会计原则包含了一般原则与特定原则。会计政策中所说的会计原则通常是特定原则，即某一类交易或事项在核算中所应遵循的特定原则。会计基础包含了会计确认基础与会计计量基础。我国会计法律制度规定，企业只能选择权责发生制进行确认、计量和报告。可供企业选择的会计计量基础有历史成本、重置成本、可变现净值、现值和公允价值。因此，会计政策中所说的会计基础是会计计量基础。企业可以根据我国会计法律法规的规定，对某一类会计业务选择具体的处理方法，如在实际成本法下，企业发出存货的成本计算可以选择先进先出法、月末一次加权平均法、移动加权平均法和个别计价法。

(3) 企业使用会计政策应当保持前后各期的一致性。

会计政策是规范企业处理会计交易或事项的依据，企业在不同的会计期间所使用的会计政策应当保持前后一致。为了确保不同会计期间提供会计信息的可比性，企业不得随意变更会计政策。

实务中，企业应当在财务报表附注中披露其会计核算所采用的会计政策，主要包括以下几个方面的内容。

① 企业财务报表的编制基础、会计计量基础和具体会计政策的选择依据等。

② 企业存货的计价方法。例如，在实际成本法下，企业发出存货的成本计价是选择

先进先出法、月末一次加权平均法、移动加权平均法，还是选择个别计价法。

③ 企业固定资产初始成本计量。例如，取得固定资产初始成本是以购买价款为基础进行确认和计量，还是以购买价款现值为基础进行确认和计量。

④ 企业无形资产确认。例如，企业内部研究开发项目的支出是在开发阶段确认为无形资产，还是在发生时计入当期损益。

⑤ 企业投资性房地产的后续计量。例如，企业在资产负债表日对投资性房地产进行后续计量是采用成本模式，还是采用公允价值模式。

⑥ 企业长期股权投资的核算。例如，企业对被投资单位的长期股权投资是采用成本法核算，还是采用权益法核算。

⑦ 企业非货币性资产交换的计量。即企业发生非货币性资产交换事项中对换入资产成本的计量。

⑧ 企业收入的确认。即企业收入确认所采用的具体会计方法。

⑨ 企业借款费用的处理。例如，企业借款费用的处理是采用资本化，还是采用费用化。

⑩ 企业外币折算。即企业发生外币折算业务所采用的具体方法以及汇兑损益的处理。

⑪ 企业合并政策。即企业编制合并财务报表所采用的具体原则，如母公司与子公司的会计年度不一致的处理原则、合并范围的确定原则等。

▶▶▶ 二、会计政策变更与变更条件

（一）会计政策变更的概念

会计政策变更，是指企业对发生的相同交易或事项由原来的会计政策改为采用另外一种会计政策。实务中，为了确保会计信息前后各期可比，帮助信息使用者正确判断企业的财务状况、经营成果、现金流量及变化趋势，要求企业在不同的会计期间应当采用相同的会计政策，不能随意变更所采用的会计政策。当然，企业不能随意变更会计政策并不意味着企业的会计政策绝对不能变更，在满足特定条件的情况下，企业可以采用另外一种或多种会计政策。

（二）会计政策变更的条件

实务中，企业变更会计政策，并不意味着以前期间所采用的会计政策是不正确的，而是由于条件发生了变化，或者掌握了新的信息、积累了新的经验等，因此企业变更会计政策后能够更好地反映其财务状况、经营成果和现金流量、变化趋势，能够更好地为信息使用者提供对决策有用的信息。企业变更会计政策，通常是由以下两个方面引起的。

(1) 法律、行政法规或国家统一会计制度等要求变更。

实务中，由于出现了新的政策，因此要求企业对发生的相同交易或事项采用新的会计政策。在这种情况下，企业应当按照我国相关法律、行政法规以及国家统一会计制度的规定采用新的会计政策。

(2) 会计政策的变更能够提供更可靠、更相关的会计信息。

企业在日常经营活动中，由于外部经济环境等发生改变，故使企业原来采用的会计政策所反映的会计信息已经不能够满足信息使用者的需求，不能够为信息使用者提供与决策有关的准确信息。基于此，为了能够给信息使用者提供有效的决策信息，企业应当改变原来采用的会计政策，选择可以更恰当地反映企业财务状况、经营成果、现金流量及变化趋势的会计政策。

（三）不属于会计政策变更的情形

实务中，企业在以下两种情况下采用新会计政策不属于会计政策变更。

(1) 具有本质差别的交易或事项采用新会计政策。

企业本期发生的交易或事项与以前期间相比具有本质差别而采用新会计政策，不属于会计政策变更的范围。例如，F 公司以往租入的机器主要是临时需要，企业按经营租赁的要求进行账务处理；本年度租入的机器主要是长期需要，且与该机器有关的主要风险和报酬转移给了 F 公司，则 F 公司自本年度起对新租赁的机器按照融资租赁的要求进行账务处理。由于 F 公司原来租入的机器属于经营租赁，而本年度起租赁的机器属于融资租赁，这两种租赁存在本质上的差别，属于一项新的业务，因此，不属于会计政策变更。

(2) 对初次发生的或不重要的交易或事项采用新的会计政策。

实务中，企业发生的交易或事项属于初次发生的，企业可以使用与原来业务不一样的会计政策。例如，H 公司第一次签订建造合同，为 N 企业建设五栋办公楼，H 公司可以对该项建造合同采用累计发生的成本占预计总成本的比例确认收入。另外，企业发生的交易或事项属于不重要的，企业可以使用与原来业务不一样的会计政策。例如，M 公司购入不常用的单位价值很低的办公用品，M 公司可以对这些不常用的单位价值很低的办公用品采用先进先出法结转领用办公用品的成本。

▶▶▶▶▶ 三、会计政策变更的会计处理

企业根据我国法律、行政法规或者国家统一会计制度等的要求变更会计政策时，应当严格按照我国相关法律法规等的规定执行。

（一）追溯调整法

追溯调整法是指对企业发生的某项交易或事项做会计政策变更，视同该项交易或事项初次发生时即采用变更后的会计政策，并据此对企业财务报表的相关项目进行调整的一种专门方法。

实务中，变更会计政策后能够提供更加可靠、更加相关的会计信息时，企业应当采用追溯调整法对业务进行处理，按照会计政策变更的累积影响数调整列报前期最早期初留存收益；同时，其他相关项目的期初余额和列报前期披露的其他比较数据也应当一并进行调整。但是，确定该项会计政策变更累积影响数不切实可行的情况不进行调整。

企业采用追溯调整法主要包括以下几个步骤。

(1) 计算会计政策变更的累积影响数。实务中，企业采用追溯调整法处理会计政策变

更的业务，首先要计算会计政策变更的累积影响数。所谓会计政策变更累积影响数，是指企业按照变更后的会计政策对以前期间追溯计算的列报前期最早期初留存收益应有金额与现有金额之间的差额。对会计政策变更的累积影响数的理解，实际上是假设与会计政策变更相关的交易或事项在初次发生时就采用新的会计政策，从而计算得出的列报前期最早期初留存收益应有金额与现有金额之间的差额。留存收益在这里主要包括当年和以前年度的未分配利润与按照规定计提的盈余公积，但不包括由于会计政策变更使以前期间净利润变化而需要分派的股利。例如，K 公司由于变更会计政策，增加了以前期间的净利润 200 万元，K 公司通常按净利润的 10% 分派股利，因此，在计算调整会计政策变更当期期初的留存收益时，应当按照 200 万元计算，而不是按照 180 万元计算。

实务中，变更会计政策当期期初现有的留存收益金额，实际上是上期资产负债表所反映的留存收益期末金额，相应的数据可以从上期资产负债表项目中获得。追溯调整后的留存收益金额，实际上是扣除所得税后的净额，是按照新的会计政策计算确定留存收益时，应当考虑由损益变化导致的所得税影响的情况。

实务中，可以通过以下步骤计算会计政策变更的累积影响数。

第一步，企业根据采用的新会计政策重新计算受影响的前期交易或事项。

第二步，企业根据新、旧政策计算出这两种会计政策下的差异。

第三步，企业计算由于差异所产生的所得税影响金额。

第四步，企业确定以前会计期间中每一个会计期间的所得税后差异。

第五步，企业计算出会计政策变更的累积影响数。

(2) 企业对会计政策变更涉及的业务进行处理。由于会计政策变更影响到相关项目的金额，因此企业应当按照相关规定对会计政策变更涉及的业务进行处理。

(3) 企业对会计政策变更涉及的财务报表的相关项目进行调整。由于会计政策变更影响到相关项目的金额，因此在企业按照相关规定对会计政策变更涉及的业务进行处理后，需要对会计政策变更涉及的财务报表的相关项目进行调整，得出调整后的财务报表数据。

(4) 财务报表附注说明。企业采用追溯调整法调整会计政策变更涉及的业务时，会计政策变更的累积影响数应当包括在变更当期期初的留存收益中。但是，企业提供可比财务报表时，对于比较财务报表期间的会计政策变更，应当调整比较财务报表期间净利润各项目和财务报表其他相关项目，视同该政策在比较财务报表期间一直采用。企业对于比较财务报表可比期间以前的会计政策变更的累积影响数，应当调整比较财务报表最早期间的期初留存收益，财务报表其他相关项目的数据也应当一并调整。

【例题 8-1】MN 公司是一家海洋资源开发公司，于 2016 年开始建造一座海上资源开采综合平台，根据法律法规规定，该开采综合平台在使用期满后要拆除，需要对其造成的环境污染进行综合整治。2017 年 12 月 21 日，该海上开采综合平台建造完成并交付使用，建造成本共 3 600 000 000 元，预计使用寿命为 10 年，采用平均年限法计提折旧。假设 2023 年 1 月 1 日，MN 公司开始执行《企业会计准则》。《企业会计准则》对于具有弃置义务的固定资产的要求是，将相关弃置费用计入固定资产成本，对之前尚未计入资产成本的弃置费用，应当进行追溯调整。假设 MN 公司保存的会计资料很完善，可以进行有效的追溯计算。MN 公司预计该开采综合平台的弃置费用为 300 000 000 元。假定折现率（即实际利率）为 10%。不考虑企业所得税和其他税法因素影响。MN 公司按净利润的 10% 提取法定盈余公积。

要求：计算会计政策变更的累计影响数，编写相关会计分录，编制相关报表数据对比表。

解题过程如下：

① W 公司计算确认该海上开采综合平台弃置义务后的累积影响数如表 8-1 所示。

表 8-1 海上开采综合平台会计政策变更累计影响数计算表

年份	计息金额 / 元	实际利率 /%	利息费用① / 元	折旧② / 元	税前差异（①+②）/ 元	税后差异 / 元
2018	115 650 000	10	11 565 000	11 565 000	−23 130 000	−23 130 000
2019	127 215 000	10	12 721 500	11 565 000	−24 286 500	−24 286 500
2020	139 936 500	10	13 993 650	11 565 000	−25 558 650	−25 558 650
2021	153 930 150	10	15 393 015	11 565 000	−26 958 015	−26 958 015
小计	—	—	53 673 165	46 260 000	−99 933 165	−99 933 165
2022	169 323 165	10	16 932 316.5	11 565 000	−28 497 316.5	−28 497 316.5
合计	—	—	70 605 481.5	57 825 000	−128 430 481.5	−128 430 481.5

2018 年 1 月 1 日，该开采平台计入资产成本弃置费用的现值 = 300 000 000 × (P/F, 10%, 10) = 300 000 000 × 0.385 5 = 115 650 000（元）

每年应计提折旧 = $\dfrac{115\ 650\ 000}{10}$ = 11 565 000（元）

MN 公司确认该海上开采综合平台弃置费用后的税后净影响额为 − 128 430 481.5 元，此即该公司确认资产弃置费用后的累积影响数。

② MN 公司进行相关业务处理。

调整确认弃置费用时，MN 公司的会计分录如下：

借：固定资产——开采综合平台——弃置义务　　　　　　115 650 000
　　贷：预计负债——开采综合平台弃置义务　　　　　　　　115 650 000

调整会计政策变更累积影响数时，MN 公司的会计分录如下：

借：利润分配——未分配利润　　　　　　128 430 481.5
　　贷：累计折旧　　　　　　　　　　　　　57 825 000
　　　　预计负债——开采综合平台弃置义务　　　　70 605 481.5

调整利润分配时，MN 公司的会计分录如下：

借：盈余公积——法定盈余公积　　　　12 843 048.15(128 430 481.5 × 10%)

贷：利润分配——未分配利润 　　　　　　　　　　12 843 048.15

③ MN 公司进行财务报表相关项目调整。

在资产负债表方面，MN 公司根据会计政策变更调整了固定资产 (开采综合平台)、预计负债、盈余公积、未分配利润项目的年初数据，如表 8-2 所示。

表 8-2　资产负债表相关项目调整前后比较表

编制单位：MN 公司　　　　　　　2023 年 12 月 31 日　　　　　　　　单位：元

资　产	年初余额		负债和股东权益	年初余额	
	调整前	调整后		调整前	调整后
…			…		
固定资产			预计负债	0	186 255 481.5
开采综合平台	1 800 000 000	1 857 825 000	…		
			盈余公积	51 000 000	53 849 731.65
			未分配利润	120 000 000	94 352 415.15
…			…		

在利润表方面，MN 公司根据会计政策变更调整了营业成本、财务费用、营业利润、净利润项目，如表 8-3 所示。

表 8-3　利润表相关项目调整前后数据比较表

编制单位：MN 公司　　　　　　　　2023 年度　　　　　　　　　　单位：元

项　目	上 期 金 额	
	调整前	调整后
一、营业收入	540 000 000	540 000 000
减：营业成本	390 000 000	401 565 000
…		
财务费用	7 800 000	24 732 316.5
…		
二、营业利润	117 000 000	88 502 683.5
…		
四、净利润	121 800 000	93 302 683.5
…		

在所有者权益变动表方面，MN 公司根据会计政策变更调整了盈余公积、未分配利润项目，如表 8-4 所示。

表 8-4　所有者权益变动表相关项目调整前后数据比较表

编制单位：MN 公司　　　　　　　　　　　　2023 年度　　　　　　　　　　　　单位：元

项　目	…	盈余公积	未分配利润	…
…	…	本 年 金 额		
一、上年末余额		51 000 000	120 000 000	
加：会计政策变更		−12 843 048.15	−115 587 433.35	
前期差错更正				
二、本年初余额		38 156 951.7	4 412 566.8	
…				

④ MN 公司进行附注说明。

2023 年 1 月 1 日，MN 公司按照《企业会计准则》的规定，对 2017 年 12 月 21 日建造完成并交付使用的海上开采综合平台的弃置义务进行确认。由于会计资料完善，MN 公司这次会计政策变更可以采用追溯调整法，并对 2022 年的比较报表进行重新表述。2022 年度运用新的会计政策追溯计算会计政策变更的累积影响数为 − 128 430 481.5 元。会计政策变更对 2022 年度财务报告的损益的影响（减少净利润的金额）为 28 497 316.5 元；调减 2022 年度的期末留存收益金额为 128 430 481.5 元（调减盈余公积 12 843 048.15 元，调减未分配利润 115 587 433.35 元）。

实务中，确定会计政策变更对列报前期影响数不切实可行的，企业应当从可追溯调整的最早期间期初开始应用变更后的会计政策。在当期期初确定会计政策变更对以前各期累积影响数不切实可行的，企业应当采用未来适用法进行业务处理。

不切实可行，实际上是企业在做了所有的努力后依旧无法采用某项规定，即企业在采取所有的合理方法后，依旧不能获得采用某项规定所必需的资料和相关信息，从而导致该项规定在此时是不切实可行的。

（二）未来适用法

未来适用法，是指企业将变更后的会计政策应用于变更日及以后发生的交易或者事项，或者在会计估计变更当期和未来期间确认会计估计变更影响数的方法。

实务中，企业的会计政策变更采用未来适用法，不需要计算会计政策变更产生的累积影响数，也不需要修正以前年度的财务报表。

任务二　认识会计估计的变更与会计处理

▶▶▶▶　一、会计估计概述

我国会计法律制度等规定，会计人员在开展工作过程中，允许使用会计估计，如固定资产使用寿命的估计、固定资产与其净残值的估计等。所谓会计估计，是指企业对其结果不确定的交易或事项以最近可利用的相关信息为基础进行判断。

（一）会计估计的特点

实务中，企业进行会计估计具有以下几个特点。

(1) 经济活动中内在的不确定性因素引起会计估计。

企业在日常经营活动中发生交易或事项，有的交易或事项引起的结果是确定的，有的交易或事项引起的结果是不确定的。对于结果具有不确定性的交易或事项，企业需要根据已有的经验进行会计估计。另外，由于企业以权责发生制为基础进行核算，并编制财务报表，因此这也需要企业充分估计未来交易或事项的影响。实务中，企业在会计核算和信息披露过程中，离不开对交易或事项的会计估计，如对持有固定资产计提折旧，企业需要考虑固定资产的预期经济利益实现方式、预计使用寿命等。

(2) 企业应当以最近可利用的信息或资料为基础进行会计估计。

企业在日常经营活动中发生的交易或事项，由于交易或事项存在内在的不确定性，因此经常发生会计估计活动。例如，法律诉讼可能引起的赔偿，某一期间的折旧费用、摊销费用的金额，某一期间内建造合同已实现收入的金额等。实务中，企业对发生的交易或事项进行会计估计时，应当根据发生当时的具体情况，结合最近可利用的信息或资料进行会计估计。但是，作为会计估计所依赖的信息或资料，应当能够真实反映企业的具体情况。如果作为会计估计的信息或资料不能反映真实的情况，则会给企业的会计估计结果带来很大的误差。因此，企业应当以最新的信息为基础进行会计估计，确保会计估计的结果能够更加真实地反映企业真实的情况。

(3) 会计估计不会削弱企业提供信息的可靠性。

由于企业发生的交易或事项的结果存在内在的不确定性，因此需要企业经常进行合理的会计估计。合理的会计估计是非常必要的，也是会计核算中必不可少的部分，它不会削弱企业提供信息的可靠性。实务中，企业为了分期提供会计信息，将持续经营的会计期间分为年度和中期，并按照权责发生制的要求进行核算，为信息使用者提供决策有用信息。在这个过程中，会经常对交易或事项进行会计估计，因为这些估计是建立在最近可以利用的信息和资料上的，所以能够真实地反映企业的财务状况、经营成果和现金流量等，具有明显的可靠性，如对固定资产、无形资产的使用寿命、经济利益的实现方式等进行会计估计。

（二）常见的会计估计项目

实务中，企业需要进行估计的项目如下：

(1) 企业持有存货的可变现净值的确定。

(2) 企业持有固定资产的预计使用寿命与净残值、固定资产的折旧方法。

(3) 企业持有使用寿命有限的无形资产的预计使用寿命与净残值。

(4) 企业持有可收回金额按照资产组的公允价值减去处置费用后的净额确定的，确定公允价值减去处置费用后净额的方法；可收回金额按照资产组预计未来现金流量的现值确定的，预计未来现金流量的确定。

(5) 企业已签订的建造合同或劳务合同履约进度的确定。

(6) 企业持有以公允价值计量的金融资产公允价值的确定。

(7) 企业预计负债初始计量的最佳估计数的确定。

(8) 租赁活动中承租人对未确认融资费用的分摊，出租人对未实现融资收益的分配。

（三）会计估计变更

会计估计变更是指由于资产和负债的当前状况、预期经济利益和义务发生了变化，因此对资产或负债的账面价值或者资产的定期消耗金额进行调整。实务中，由于企业在日常经营活动中发生的交易或事项的结果存在不确定性，因此财务报表中的部分项目不能够按照一般方法进行精确的计量，在这种情况下，需要以企业最近的信息或资料为基础对交易或事项进行会计估计。如果企业赖以进行估计的基础发生了变化或者取得了新的信息与经验，应当考虑对会计估计进行变更。

实务中，企业可能由于以下两个方面的变化进行会计估计变更。

(1) 企业赖以进行会计估计的基础发生了变化。企业对一些交易或事项进行会计估计，需要以一定的信息或资料为基础，如果所依赖的基础发生了变化，则企业进行会计估计也应当发生改变。例如，企业原来估计某项无形资产的摊销年限为 10 年，由于市场环境发生变化，估计该项无形资产的受益年限为 6 年，因此企业应当调减该项无形资产的摊销年限。

(2) 企业取得了新的信息与经验。企业对某些交易或事项进行会计估计是依赖现有的信息和资料对未来的情况做出估计，当企业取得了新的信息与经验时，也需要对会计估计进行变更。例如，企业原对某固定资产采用年限平均法按 10 年计提折旧，后来取得了新的信息证明使用 8 年更符合该固定资产的实际情况，企业就把折旧年限由 10 年改为了 8 年。

▶▶▶ 二、会计估计变更的会计处理

企业发生的交易或事项进行会计估计变更，应当采用未来适用法进行业务处理，即企业在会计估计变更当期及以后期间，采用新的会计估计但不改变以前期间的会计估计，也不调整以前会计期间提供的信息。实务中，如果企业的会计估计变更仅影响变更当期，则有关会计估计变更的影响应于当期确认；如果企业的会计估计变更影响变更当期和未来会计期间，则有关会计估计变更的影响应在当期和以后各期分别进行确认。

【例题 8-2】XR 公司于 2020 年 1 月 1 日起对 F 管理用设备计提折旧，F 设备原价为 2 520 000 元，预计使用寿命为 8 年，预计净残值为 120 000 元，按年限平均法计提折旧。2024 年年初，由于新技术发展，需要对原估计的使用寿命和净残值做出调整，故调整后 F 设备预计尚可使用的年限为 2 年，预计净残值为 60 000 元。XR 公司适用的企业所得税税率为 25%。

要求：根据会计估计变更，编写相关会计分录。

解题过程如下：

XR 公司对 F 设备的会计估计变更的处理如下：

按原估计每年折旧额为 300 000 元，已提折旧 4 年，累计折旧共计 1 200 000 元，F 设备的账面价值为 1 320 000 元，则第 5 年相关科目的期初余额如下：

固定资产账面价值 = 固定资产 − 累计折旧 = 2 520 000 − 1 200 000 = 1 320 000 元

进行会计年限估计变更后，从 2024 年起每年计提的折旧费用为 630 000[(1 320 000 − 60 000) ÷ 2] 元。2024 年不必对以前年度已提折旧进行调整，只需按重新预计的尚可使用年限和净残值计算确定折旧费用即可。

根据计算结果，XR 公司的会计分录如下：

借：管理费用　　　　　　　　 630 000
　　贷：累计折旧　　　　　　　　　 630 000

实务中，如果企业难以将某项变更区分为会计政策变更或会计估计变更，则应当将其作为会计估计变更进行处理。

任务三　认识前期差错更正与会计处理

▶▶▶▶　一、前期差错概述

企业在日常经营活动中发生的交易或事项具有一定的复杂性，有些交易或事项的结果具有不确定性，从而导致企业在运用相关信息时产生错误，并导致前期财务报表反映的信息不准确。

所谓前期差错，是指企业没有运用或者错误运用以下两种信息，从而对前期财务报表造成省略或错报：一是编报前期财务报表时预期能够取得并加以考虑的可靠信息；二是前期财务报告批准报出时能够取得的可靠信息。

实务中，企业发生的交易或事项存在前期差错的情况如下所述。

（一）企业计算错误

企业发生的交易或事项具有一定的复杂性，部分交易或事项的数据量较大，计算过程烦琐，容易出现计算错误。例如，企业本期应当计提折旧金额为 60 000 元，但由于计算出现差错，把计提折旧金额的数据错误地表示为 56 000 元。

（二）企业应用会计政策错误

企业发生的交易或事项繁多，不同的交易或事项适用于不同的会计政策。实务中，企业可能会在会计政策的选择或会计政策的变更中使用了不恰当的政策，从而导致应用会计政策错误。例如，企业为购建固定资产而产生的借款费用，按照规定在固定资产达到预定可使用状态前，满足资本化条件时应当进行资本化，计入所购建固定资产的成本；而在固定资产达到预定可使用状态后，应当计入当期损益。在这种情况下，如果企业把固定资产达到预定可使用状态后发生的借款费用也计入该项固定资产成本，就属于运用会计政策错误。

（三）企业疏忽、曲解事实或舞弊

实务中，企业相关人员的疏忽，可能导致对已发生的交易或事项产生漏记、错记等差错；企业相关人员对交易或事项适用的会计政策理解错误、对交易或事项的事实曲解等，也会导致差错；企业管理人员舞弊篡改数据等，也会导致差错。

▶▶▶ 二、前期差错更正的会计处理

企业发生的前期差错按照重要程度可分为重要的前期差错和不重要的前期差错。其中，重要的前期差错是指足以影响会计信息使用者对企业财务状况、经营成果和现金流量做出正确判断的前期差错。不重要的前期差错是指不足以影响会计信息使用者对企业财务状况、经营成果和现金流量做出正确判断的前期差错。实务中，对于企业发生的前期差错，不管是重要的前期差错，还是不重要的前期差错，都应当按照规定的办法和程序进行修正。

（一）不重要的前期差错的会计处理

实务中，对于企业发生的不重要的前期差错，企业不需要调整财务报表相关项目的期初数据，但应当调整发现当期与前期相同的财务报表项目。另外，前期差错属于影响损益的，应当直接计入本期与上期相同的净损益项目中。通过对财务报表相关项目数据的调整，达到修正前期差错的目的。

（二）重要的前期差错的会计处理

对于企业发生的重要的前期差错，如果能够合理确定前期差错累积影响数的，应当采用追溯重述法进行差错更正。其中，前期差错累积影响数，是指企业发生前期差错后对差错期间每期净利润的影响数之和。追溯重述法是指企业在发现前期差错时，视同该项前期差错从未发生过，从而对财务报表相关项目进行调整的方法。对于企业发生的重要的前期差错，如果不能够合理确定前期差错累积影响数的，可以从可追溯重述的最早期间开始调整留存收益的期初余额，涉及的财务报表其他相关项目的期初余额也应当一并调整。此外，也可以采用未来适用法进行调整。

实务中，企业对重要的前期差错的调整结束后，还应当调整发现当年的年度财务报表的年初数和上年数。企业在编制比较财务报表时，对于比较财务报表期间重要的前期差错，应当调整该期间的各净损益和其他相关项目；对于比较财务报表期间以前重要的前期差错，应当调整比较财务报表最早期间的期初留存收益，涉及的财务报表其他相关项目的数据也应一并调整。

【**例题 8-3**】2023 年 12 月 31 日，HN 公司发现 2022 年公司漏记管理用固定资产折旧费用 90 000 元，所得税申报表中也未扣除该项费用。假定 2022 年 HN 公司适用所得税税率为 25%，不考虑其他纳税调整事项。HN 公司按照净利润的 10% 提取法定盈余公积，按照净利润的 5% 计提任意盈余公积。假定税法允许调整应交所得税。

要求：编写相关会计分录。

解题过程如下：

(1) 分析 HN 公司漏记该项固定资产折旧费用产生的前期差错的影响数。

2022 年 HN 公司由于少计折旧费用 90 000 元，故多计所得税费用 22 500(90 000 × 25%) 元，多计净利润 67 500 元，多计应交税 22 500(90 000 × 25%) 元，多提法定盈余公积 6 750(67 500 × 10%) 元和任意盈余公积 3 375(67 500 × 5%) 元。

(2) HN 公司根据差错更正要求，进行业务调整处理。

补提折旧时，HN 公司的会计分录如下：

借：以前年度损益调整——管理费用　　　　　　90 000
　　贷：累计折旧　　　　　　　　　　　　　　　　　90 000

调整应交所得税时，HN 公司的会计分录如下：

借：应交税费——应交所得税　　　　　　　　22 500
　　贷：以前年度损益调整——所得税费用　　　　　22 500

转入未分配利润时，HN 公司的会计分录如下：

借：利润分配——未分配利润　　　　　　　　67 500
　　贷：以前年度损益调整——本年利润　　　　　　67 500

调减盈余公积时，HN 公司的会计分录如下：

借：盈余公积——法定盈余公积　　　　　　　6 750
　　　　　　——任意盈余公积　　　　　　　3 375
　　贷：利润分配——未分配利润　　　　　　　　10 125

(3) HN 公司进行财务报表调整和重述。

HN 公司在填报 2023 年度财务报表时，应调整 2022 年度涉及的财务报表的相关项目。

① 资产负债表项目的调整。在 HN 公司的资产负债表中调减固定资产 90 000 元，调减应交税费 22 500 元，调减盈余公积和未分配利润 57 375 元。

② 利润表项目的调整。在 HN 公司利润表中调增管理费用 90 000 元，调减所得税费用 22 500 元，调减净利润 67 500 元。

③ 所有者权益变动表项目的调整。在 HN 公司的所有者权益变动表中调减前期差错更正项目中盈余公积上年金额 10 125 元，未分配利润上年金额 57 375 元，所有者权益合计上年金额 67 500 元。

④ 财务报表附注说明。在 HN 公司的财务报表附注说明中描述如下：本年度发现 2022 年度漏记固定资产折旧 90 000 元，在编制 2023 年和 2022 年比较财务报表时，已经对该项差错进行了更正。更正后，调减 2022 年净利润 67 500 元，调增累计折旧 90 000 元。

▶ 项目总结

本项目内容主要包括会计政策及其变更、会计估计及其变更、前期差错及其更正、涉及一系列专门方法和具体业务的会计处理。

▶ 习题巩固

一、单项选择题

1. 下列属于会计政策变更的是 (　　　)。

A. 将以公允价值计量且其变动计入当期损益的金融资产重分类为以摊余成本计量的金融资产

B. 收入确认时点的判断标准由以风险报酬转移变更为以控制权转移

C. 第一次签订建造合同，按照履约进度确认收入

D. 对价值为 600 元的低值易耗品的摊销方法由分次摊销法改为一次摊销法

2. 下列属于会计政策变更但不需要调整当期期初未分配利润的是 (　　　)。

A. 附有销售退回条款的商品销售，估计退货率由 15% 调整到 10%

B. 存货发出计价方法由先进先出法改为移动加权平均法

C. 坏账准备的计提方法由应收款项余额百分比法改为账龄分析法

D. 投资性房地产后续计量由成本模式改为公允价值模式

3. 下列关于会计估计及其变更的表述，正确的是 (　　　)。

A. 对结果不确定的交易或事项进行会计估计不应当建立在可靠的基础上

B. 会计估计应以最近可利用的信息或资料为基础

C. 会计估计变更应根据不同情况采用追溯重述法或追溯调整法进行处理

D. 某项变更难以区分为会计政策变更或会计估计变更的，应作为会计政策变更处理

4. 下列属于会计政策变更的是 (　　　)。

A. 无形资产摊销方法由产量法改为直线法

B. 按新的控制定义调整合并财务报表合并范围

C. 使用寿命不确定的无形资产改为使用寿命有限的无形资产

D. 因出售部分投资，股权投资由权益法核算改为公允价值计量

5. 下列应当采用追溯调整法进行会计处理的是 (　　　)。

A. 政府补助会计处理方法由总额法改为净额法

B. 投资性房地产后续计量由成本模式改为公允价值模式

C. 固定资产由于未来经济利益预期消耗方式发生变化而改变折旧方法

D. 使用寿命不确定的无形资产改为使用寿命有限的无形资产

6. 下列在采用追溯调整法处理会计政策变更时，不应考虑的因素是 (　　　)。

A. 会计政策变更影响未分配利润的金额

B. 会计政策变更导致损益变化而应补分的利润

C. 会计政策变更导致损益变化而带来的所得税变动

D. 会计政策变更后的资产、负债的变化

7. 2023 年 12 月 31 日，M 公司已对外出租的一栋办公楼 (作为投资性房地产采用成本模式进行后续计量) 的账面原值为 40 000 万元，已计提折旧 4 000 万元，未计提减值准备，计税基础与账面价值相同。2024 年 1 月 1 日，由于当地的房地产市场比较成熟，故 M 公司将该办公楼的后续计量由成本模式改为公允价值模式，当日公允价值为 56 000 万元。M 公司按净利润的 10% 提取盈余公积。假定不考虑所得税的影响，则对此项变更，M 公司应调整 2024 年 1 月 1 日盈余公积的金额为 (　　) 万元。

A. 1 500 　　　　　　　　　　B. 13 500

C. 2 000 　　　　　　　　　　D. 18 000

8. M 公司 2022 年度的财务报告于 2023 年 3 月 31 日经批准对外报出。该公司在 2023 年 6 月发现：2022 年年末库存钢材账面余额为 620 万元。经检查，该批钢材在 2022 年年末的预计售价为 600 万元，预计销售费用和相关税金为 10 万元，M 公司此前未计提存货跌价准备。M 公司 2023 年 12 月 31 日资产负债表中存货项目年初数应调减 (　　) 万元。

A. 30 　　　　　　　　　　　B. 27

C. 0 　　　　　　　　　　　　D. 40

9. M 公司 2023 年 12 月 31 日发现 2022 年度多计管理费用 200 万元，并进行了企业所得税申报，M 公司适用的企业所得税税率为 15%，并按净利润的 10% 提取盈余公积。假设 M 公司 2022 年度企业所得税申报的应纳税所得额大于 0。下列有关 M 公司对此项重要前期差错进行更正的会计处理，正确的是 (　　)。

A. 调增 2023 年年初未分配利润 153 万元

B. 调增 2023 年当期未分配利润 135 万元

C. 调减 2023 年度当期管理费用 200 万元

D. 调增 2023 年年初盈余公积 20 万元

10. A 公司 2023 年 4 月在上年度财务报告批准报出后，发现 2021 年 6 月购入并开始使用的一台管理用固定资产一直未计提折旧。该固定资产入账价值为 400 万元，采用双倍余额递减法计提折旧，预计使用年限为 20 年，预计净残值为 0。A 公司对此重大差错采用追溯重述法进行会计处理，按净利润的 10% 提取法定盈余公积，不考虑其他因素。A 公司 2023 年度所有者权益变动表 "上年金额" 栏中的 "未分配利润" 项目年初余额应调减的金额为 (　　) 万元。

A. 3 　　　　　　　　　　　　B. 36

C. 4 　　　　　　　　　　　　D. 8

二、多项选择题

1. 下列属于会计政策的有 (　　)。

A. 发出存货成本的计量　　　　　　B. 财务报表编制基础

C. 投资性房地产的后续计量　　　　　　D. 公允价值的确定

2. 下列属于会计估计的有 (　　)。

A. 存货可变现净值的确定　　　　　　　　B. 固定资产的折旧方法

C. 预计负债初始计量的最佳估计数的确定　　D. 金融资产公允价值的确定

3. 下列不属于会计政策变更的有 (　　)。

A. 因车流量不均衡，将高速公路收费权的摊销方法由直线法改为车流量法

B. 因业务模式变更，债券投资由以摊余成本计量的金融资产重分类为以公允价值计量且其变动计入当期损益的金融资产

C. 存货发出计价方法由先进先出法改为月末一次加权平均法

D. 将自用的办公楼改为出租

4. 下列属于会计估计变更的有 (　　)。

A. 预提产品质量保证费用由 3% 调整到 2%

B. 以成本计量的固定资产转换为采用公允价值模式进行后续计量的投资性房地产

C. 应收账款坏账准备计提比例由 10% 变更为 8%

D. 无形资产的摊销方法由产量法变更为直线法

5. 下列应当采用未来适用法进行会计处理的有 (　　)。

A. 会计估计变更

B. 本期发现前期重要差错

C. 难以将某项变更区分为会计政策变更或会计估计变更

D. 政府补助会计处理方法由总额法改为净额法

6. 2024 年 1 月 1 日，M 公司发生的事项如下：因业务模式改变，将某项债券投资由以公允价值计量且其变动计入当期损益的金融资产重分类为以公允价值计量且其变动计入其他综合收益的金融资产；因不再出租，将某块土地由以公允价值模式进行后续计量的投资性房地产转换为以成本计量的无形资产；执行新的收入准则，收入确认时点的判断标准由以风险报酬转移变更为以控制权转移；因减资 M 公司对 R 公司股权投资的后续计量由成本法核算改为权益法核算。下列项目中，M 公司不应当作为会计政策变更进行会计处理的有 (　　)。

A. 收入确认时点的判断标准由以风险报酬转移变更为以控制权转移

B. 对 R 公司股权投资的后续计量由成本法核算改为权益法核算

C. 债券投资由以公允价值计量且其变动计入当期损益的金融资产重分类为以公允价值计量且其变动计入其他综合收益的金融资产

D. 以公允价值模式进行后续计量的投资性房地产转换为以成本计量的无形资产

7. 下列关于会计估计变更的表述，正确的有 (　　)。

A. 会计估计变更应采用追溯调整法进行会计处理

B. 会计估计变更视情况采用追溯调整法或未来适用法进行会计处理

C. 如果会计估计变更仅影响变更当期，有关估计变更的影响应于当期确认

D. 会计估计变更并不意味着以前的会计估计是错误的

8. 下列关于会计政策变更采用的追溯调整法和未来适用法的说法，正确的有（　　）。

A. 追溯调整法是指对某项交易或事项变更会计政策，视同该项交易或事项初次发生时即采用变更后的会计政策，并以此对财务报表相关项目进行调整的方法

B. 未来适用法是指将变更后的会计政策应用于变更日及以后发生的交易或者事项，或者在会计估计变更当期和未来期间确认会计估计变更影响数的方法

C. 对于追溯调整法，新的会计政策不会影响变更当期的损益

D. 未来适用法一定不会影响变更当期期初的留存收益

9. 下列可能会影响企业期初留存收益的有（　　）。

A. 因出售部分投资，长期股权投资由成本法核算改为权益法核算

B. 本期发现前期重大差错

C. 研究开发项目总支出的 400 万元在上年度将费用化部分计入当期损益，本年度将符合资本化条件的部分确认为无形资产

D. 盘盈一项重置价值为 20 万元的固定资产

10. 在相关资料均能有效获得的情况下，对上年度财务报告批准报出后发生的下列事项，企业应当采用追溯重述法进行会计处理的有（　　）。

A. 公布上年度利润分配方案

B. 发现上年度金额重大的应费用化的借款费用计入了在建工程成本

C. 收到增值税返还款

D. 发现上年度对使用寿命不确定的无形资产按 10 年平均摊销且金额重大

三、判断题

1. 企业不能随意变更会计政策并不意味着企业的会计政策在任何情况下均不能变更。（　　）

2. 会计政策变更是指企业对相同的交易或者事项由原来采用的会计政策改用另一会计政策的行为。　　　　　　　　　　　　　　　　　　　　　　　　　　　　　　（　　）

3. 无形资产摊销年限和净残值的改变属于会计估计变更，摊销方法的改变属于会计政策变更。　　　　　　　　　　　　　　　　　　　　　　　　　　　　　　　　　（　　）

4. 追溯调整法是指对某项交易或事项变更会计政策，视同该项交易或事项初次发生时即采用变更后的会计政策，并以此对财务报表相关项目进行调整的方法。　　　　　（　　）

5. 对于前期差错，应调整财务报表相关项目的期初数。　　　　　　　　　　（　　）

6. 如果会计估计的变更仅影响变更当期，有关估计变更的影响应于当期确认。（　　）

7. 未来适用法是指将变更后的会计政策应用于变更日及以后发生的交易或者事项，或者在会计估计变更当期和未来期间确认会计估计变更影响数的方法。　　　　　　（　　）

8. 企业难以将某项变更区分为会计政策变更或会计估计变更的，应当将其作为会计政策变更处理。　　　　　　　　　　　　　　　　　　　　　　　　　　　　　　　（　　）

9. 确定会计政策变更累积影响数时，应考虑由于会计政策变更使以前期间净利润变化

而需要分派的股利。   （ ）

10. 发现以前会计期间的会计估计存在错误的，应按前期差错更正的规定进行会计处理。   （ ）

四、计算分析题

M 公司是国有独资公司，按净利润的 10% 提取法定盈余公积，不提取任意盈余公积。2022 年度的财务报告已批准报出。2023 年 M 公司内部审计人员对 2023 年以前的会计资料进行复核，发现以下问题。

(1) M 公司以 600 万元的价格于 2021 年 7 月 1 日购入一套计算机软件，在购入当日将其作为管理费用处理。按照 M 公司的会计政策，该计算机软件应作为管理用无形资产确认，预计使用年限为 10 年，采用直线法摊销，无残值。

(2) 2022 年 12 月 31 日"其他应收款"账户余额中的 100 万元未按期结转为费用，其中应确认为 2022 年销售费用的金额为 80 万元，应确认为 2021 年销售费用的金额为 20 万元。

(3) M 公司从 2022 年 1 月 1 日开始自行研究开发一项新产品专利技术，在研究开发过程中发生材料费 800 万元、人工工资 200 万元，以及用银行存款支付的其他费用 120 万元，总计 1 120 万元。2022 年 7 月 1 日，该专利技术已经达到预定用途，M 公司将发生的 1 120 万元研发支出全部费用化，计入当期管理费用。经查，上述研发支出中，符合资本化条件的支出为 720 万元，假定形成无形资产的专利技术采用直线法按 20 年摊销，无残值，并且用该专利技术生产的产品已经全部对外出售。

(4) M 公司于 2022 年 3 月 31 日将一栋自用的写字楼对外出租，并采用公允价值模式进行后续计量。当日，该写字楼账面价值为 100 000 万元（原值 120 000 万元，累计折旧 20 000 万元，未计提减值准备），出租时的公允价值为 116 000 万元，2022 年 12 月 31 日的公允价值为 118 000 万元。

经查，该写字楼不符合采用公允价值模式进行后续计量的条件，应采用成本模式进行后续计量。若采用成本模式进行后续计量，该写字楼应采用年限平均法计提折旧，预计尚可使用年限为 50 年，预计净残值为 0。假定上述差错均具有重要性，不考虑所得税及其他因素的影响。

要求：对上述资料的会计差错进行更正。（合并编制结转以前年度损益调整及调整盈余公积的分录）

项目九
资产负债表日后事项

知识目标

- 了解资产负债表日后事项的概念、内容。
- 理解资产负债表日后事项涵盖期间、资产负债表日后调整事项和非调整事项的处理原则。
- 掌握资产负债表日后调整事项和非调整事项的业务处理方法。

技能目标

- 能够熟练运用资产负债表日后事项的基本知识。
- 能够独立完成资产负债表日后事项业务的会计处理。

思维导图

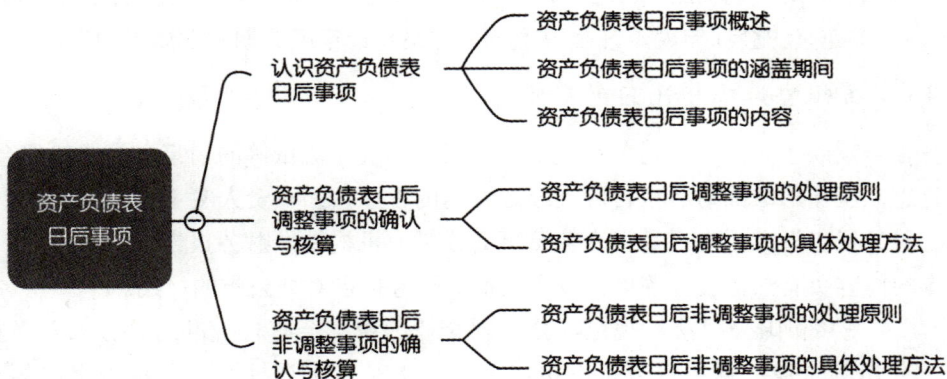

任务一 认识资产负债表日后事项

▶▶▶▶ 一、资产负债表日后事项概述

资产负债表日后事项是指企业在资产负债表日至财务报告批准报出日之间发生的有利或不利事项。实务中，资产负债表日后事项不是在这个期间内发生的全部事项，而是与资产负债表日存在状况有关的事项；或虽然与资产负债表日存在状况无关，但对企业财务状况具有重大影响的事项。

企业的经营活动是持续的，在资产负债表日至财务报告批准报出日这段时间里，依旧发生交易或事项，这些交易或事项有的对企业有利；有的对企业不利。这些交易或事项有的需要调整，形成资产负债表日后调整事项；有的不需要调整，形成资产负债表日后非调整事项。实务中，对于资产负债表日后有利或不利事项，都应当采用相同的处理原则；对于资产负债表日后调整事项，不管是对企业有利或不利的事项，都应当进行处理，并对报告年度或报告中期的财务报表做出调整；对于资产负债表日后非调整事项，不管是对企业有利或不利的事项，都应当在年度报告或中期报告的附注中进行披露。

(一)资产负债表日的界定

实务中，企业按照会计期间进行业务处理，并在资产负债表日提供关于财务状况、经营成果、现金流量等的会计信息。通常资产负债表日是指会计期末，包括会计年度末和会计中期末。其中，中期是指短于一个完整会计年的报告期间，主要包括半年度、季度和月度。《中华人民共和国会计法》规定，会计年度使用公历计算，即从公历的 1 月 1 日至 12 月 31 日为一个完整的会计年度，凡是短于一个完整会计年度的期间都属于中期。

(二)财务报告批准报出日的界定

财务报告反映了企业关于财务状况、经营成果、现金流量等的信息，为了确保会计信息真实可靠，企业形成的财务报告应当经过专门的程序，由负责人签字后在批准报出日对外提供。财务报告批准报出日是指企业董事会或类似机构批准财务报告报出的日期，即对财务报告的内容负有法律责任的单位或个人批准财务报告对外公布的日期。

《中华人民共和国公司法》规定，公司制企业的董事会有权批准对外公布财务报告。实务中，公司制企业的财务报告批准报出日实际上是董事会批准财务报告报出的日期，而不是公司股东大会审议批准的日期，也不是注册会计师出具审计报告的日期。另外，非公司制企业的财务报告批准报出日实际上是经理会议或类似机构批准财务报告报出的日期。

▶▶▶▶ 二、资产负债表日后事项的涵盖期间

资产负债表日后事项涵盖期间实际上是从自资产负债表日的次日起至财务报告批准报出日为止的时间段。实务中，资产负债表日后事项涵盖期间主要包括以下内容。

(1) 其期间是资产负债表日的次日至董事会或类似权力机构批准财务报告对外公布的日期，即从报告期下一期的第一天至董事会或类似权力机构批准财务报告对外公布的日期。

(2) 财务报告批准报出后，在财务报告实际报出之前继续发生与资产负债表日后事项有关的交易或事项，从而影响财务报告对外公布日期的，企业应当以董事会或类似权力机构再次批准财务报告对外公布的日期为截止日期。

实务中，如果公司管理层由此修改了财务报告内容，则会计师事务所的注册会计师应当根据实际情况对财务报告实施必要的审计程序，并针对修改后的财务报告重新出具审计意见和审计报告。但是，注册会计师出具的新的审计报告日期不应早于董事会或类似权力机构批准修改后的财务报告对外公布的日期。

【例题 9-1】WQ 上市公司 2022 年度的财务报告于 2023 年 3 月 28 日编制完成，负责审计的注册会计师完成年度财务报告审计工作并签署审计报告的日期为 2023 年 4 月 2 日，董事会批准财务报告对外公布的日期为 2023 年 4 月 12 日，财务报告实际对外公布的日期为 2023 年 4 月 15 日，股东大会召开日期为 2023 年 4 月 23 日。

要求：确认资产负债表日后事项的涵盖期间。

解题过程如下：

根据资产负债表日后事项涵盖期间的界定，WQ 上市公司 2022 年度财务报告的资产负债表日后事项涵盖期间为 2023 年 1 月 1 日至 4 月 12 日。如果在 2023 年 4 月 12 日至 15 日之间发生了重大事项，需要调整财务报告相关项目的数字或在财务报告附注中披露。假设经调整或说明后的财务报告再经董事会批准报出的日期为 2023 年 4 月 19 日，实际报出的日期为 2023 年 4 月 21 日，则资产负债表日后事项涵盖的期间为 2023 年 1 月 1 日至 4 月 19 日。

▶▶▶▶ 三、资产负债表日后事项的内容

实务中，企业在资产负债表日后发生的事项包括资产负债表日后调整事项和资产负债表日后非调整事项。

(一) 资产负债表日后调整事项

资产负债表日后调整事项是指对资产负债表日已经存在的状况提供了新的或进一步证据的事项。实务中，如果企业在资产负债表日及所属的会计期间已经存在某种情况，但是企业当时并不知道其存在或者不能知道确切结果，而在资产负债表日后所发生的事项能够证实该情况的存在或者确切结果，那么该事项就属于资产负债表日后调整事项。

企业发生的资产负债表日后调整事项具有以下两个特点：一是在资产负债表日已经存

在，且在资产负债表日后得到证实的事项；二是对按照资产负债表日存在的情况编制财务报告会产生重大影响的事项。

实务中，企业所发生的资产负债表日后调整事项，主要包括以下内容。

(1) 在资产负债表日后诉讼案件结案，法院的判决结果证实了企业在资产负债表日已经存在的现时义务，需要调整原先确认的与该诉讼案件相关的预计负债，或重新确认一项新的负债。

(2) 企业在资产负债表日后获得了确凿的证据，表明某项资产在资产负债表日确实发生了减值或者需要调整该项资产原先所确认的减值金额。

(3) 企业在资产负债表日后进一步确定了资产负债表日前所购入资产的成本或已售出资产的收入。

(4) 企业在资产负债表日后发现了企业提供的财务报告存在舞弊或者差错。

【例题 9-2】HM 公司因所销售的丙产品存在质量问题被客户起诉。2023 年 12 月 31 日人民法院尚未判决，考虑到客户胜诉要求 HM 公司赔偿的可能性很大，HM 公司确认了 60 000 元的预计负债。2024 年 2 月 12 日，在 HM 公司 2023 年度财务报告批准对外报出之前，人民法院判决结果显示客户胜诉，要求 HM 公司支付赔偿款 120 000 元。

要求：判断对财务报告相关项目的数据进行调整的依据。

解题过程如下：

HM 公司在 2023 年 12 月 31 日已经知道客户胜诉的可能性很大，但还不知道人民法院判决的结果，当时确认了 60 000 元的预计负债。2024 年 2 月 12 日，人民法院判决的结果为 HM 公司预计负债的存在提供了进一步的证据。而按照 2023 年 12 月 31 日存在状况编制的财务报告所反映的信息已经不能真实反映 HM 公司的实际情况，因此，需要根据人民法院的判决结果对财务报告相关项目的数字进行调整。

（二）资产负债表日后非调整事项

资产负债表日后非调整事项是指证实企业在资产负债表日后发生情况的事项。资产负债表日后非调整事项虽然不影响企业在资产负债表日存在的情况，但是这些事项不加以说明将会影响信息使用者做出正确的决策。

实务中，企业所发生的资产负债表日后非调整事项主要包括以下内容。

(1) 企业在资产负债表日后发生重大的诉讼、仲裁和承诺。

(2) 企业在资产负债表日后的资产价格、税收政策和外汇汇率发生重大变化。

(3) 企业在资产负债表日后因自然灾害等而使资产发生重大损失。

(4) 企业在资产负债表日后发行股票、债券及其他巨额举债。

(5) 企业在资产负债表日后以资本公积转增资本。

(6) 企业在资产负债表日后发生巨额的亏损。

(7) 企业在资产负债表日后发生合并或处置子公司。

(8) 企业在资产负债表日后的利润分配方案中拟分配的以及经审议批准宣告发放的股

利或者利润。

【例题 9-3】HP 公司 2022 年度财务报告于 2023 年 3 月 10 日经董事会批准对外公布。2023 年 2 月 8 日，HP 公司与 P 银行签订了 1 600 000 元的借款合同用于购置乙设备。该笔借款的期限自 2023 年 3 月 1 日起至 2023 年 12 月 31 日止。

要求：判断资产负债表日后事项的类型，并简单分析。

解题过程如下：

2023 年 2 月 8 日，在 HP 公司 2022 年度财务报告尚未批准对外公布前，HP 公司发生了向银行借款的事项，该笔借款发生在资产负债表日后事项所涵盖的期间内，并且该事项在 2022 年 12 月 31 日尚未发生，与资产负债表日存在的情况无关，不影响资产负债表日 HP 公司的财务报告相关项目的数字。然而，该笔借款对 HP 公司而言属于重要事项，会影响 HP 公司在以后会计期间的财务状况和经营成果，应当在年度财务报告附注中予以披露。

实务中，企业在资产负债表日后发生的某一事项到底是资产负债表日后调整事项还是资产负债表日后非调整事项，取决于该事项证实的情况在资产负债表日或资产负债表日以前是否已经存在。如果资产负债表日后发生的某一事项证实的情况在资产负债表日或资产负债表日以前已经存在，那么该事项就属于资产负债表日后调整事项；反之，就属于资产负债表日后非调整事项。

任务二　资产负债表日后调整事项的确认与核算

一、资产负债表日后调整事项的处理原则

企业在日常经营活动中发生的资产负债表日后调整事项，应当按照相关规定调整资产负债表日的财务报表。实务中，由于企业发生的资产负债表日后事项在报告年度的次年，而报告年度的账务处理已经完成，因此，企业发生的资产负债表日后调整事项应当分情况进行业务处理。

(1) 企业对于涉及损益的事项，应当通过"以前年度损益调整"科目进行核算。该科目贷方核算企业发生调整增加以前年度利润或调整减少以前年度亏损的事项；借方核算企业发生调整减少以前年度利润或调整增加以前年度亏损的事项。

实务中，企业对于涉及损益的调整事项，如果该事项发生在报告年度所得税汇算清缴前的，则应当调整报告年度应纳税所得额和应纳所得税税额。

企业发生的属于以前年度损益调整增加所得税费用的情况，企业的会计分录如下：

借：以前年度损益调整
　　贷：应交税费——应交所得税

企业发生的属于以前年度损益调整减少所得税费用的情况，企业的会计分录如下：

借：应交税费——应交所得税

　　贷：以前年度损益调整

企业对调整事项调整完成后，将"以前年度损益调整"科目余额转入"利润分配——未分配利润"科目。

企业涉及损益的调整事项，如果发生在报告年度所得税汇算清缴之后，则应当调整本年度（即报告年度的次年）应纳所得税税额。

(2) 企业发生的资产负债表日后调整事项涉及利润分配调整事项的，可以直接在"利润分配——未分配利润"科目核算。

(3) 企业发生的资产负债表日后调整事项不涉及损益及利润分配事项的，直接调整涉及的相关科目。

(4) 企业完成涉及上述调整事项的账务处理后，应当调整涉及的财务报表相关项目的数字，这主要包括资产负债表日编制的财务报表相关项目的期末数或本年发生数。

(5) 企业应当调整涉及的当期编制的财务报表相关项目的期初数或上年数。

(6) 上述调整如果涉及报表附注内容，则企业应当做出相应的调整。

▶▶▶▶ 二、资产负债表日后调整事项的具体处理方法

（一）资产负债表日后人民法院证实未决诉讼的业务处理

实务中，企业发生的资产负债表日后诉讼案件结案，人民法院的判决结果证实了企业在资产负债表日已经存在的现时义务，需要调整原先确认的与该诉讼案件有关的预计负债，或确认一项新的负债。

【例题 9-4】XR 公司与 B 公司签订了一笔销售合同，合同约定 XR 公司在 2022 年 7 月 20 日前向 B 公司交付乙产品 6 000 件。但 XR 公司未能按照合同约定发货，导致 B 公司蒙受了重大经济损失。2022 年 11 月 10 日，B 公司将 XR 公司告上法庭并要求 XR 公司赔偿 1 800 000 元。2022 年 12 月 31 日，人民法院尚未作出判决，XR 公司对该诉讼事项确认预计负债 1 200 000 元，B 公司未确认应收赔偿款。2023 年 2 月 3 日，经人民法院判决，XR 公司应赔偿 B 公司 1 600 000 元，两个公司均服从判决。判决当日，XR 公司向 B 公司支付赔偿款 1 600 000 元。两个公司 2022 年所得税汇算清缴假设在 2023 年 3 月 16 日完成（假定该项预计负债产生的损失不允许在预计时税前抵扣，只有在损失实际发生时才允许税前抵扣）。

要求：分析该资产负债表日后调整事项，编制相关会计分录，调整相关项目数据。

解题过程如下：

人民法院 2023 年 2 月 3 日的判决证实了 XR 公司、B 公司两个公司在资产负债表日分别存在现实赔偿义务和胜诉获赔权利，因此两个公司都应当将该事项作为资产负债表日调整事项进行处理。XR 公司和 B 公司 2023 年所得税汇算清缴假设在 2023 年 3 月 16 日完成，因此，XR 公司和 B 公司都应当根据人民法院判决结果调整报告年度应纳税所得额

和应纳所得税税额。

(1) XR 公司需要做以下账务处理和涉及财务报表的数据调整。

① XR 公司根据要求进行账务处理。

记录支付的赔偿款时，XR 公司的会计分录如下：

借：以前年度损益调整——营业外支出　　　　400 000
　　贷：其他应付款——B 公司　　　　　　　　　400 000

借：预计负债——未决诉讼　　　　　　　　1 200 000
　　贷：其他应付款——B 公司　　　　　　　　1 200 000

借：其他应付款——B 公司　　　　　　　　1 600 000
　　贷：银行存款　　　　　　　　　　　　　　1 600 000

实务中，企业发生的资产负债表日后事项如果涉及现金收付项目，都不调整报告年度资产负债表的货币资金项目和现金流量表相关项目的数字。

调整递延所得税资产时，XR 公司的会计分录如下：

借：以前年度损益调整——所得税费用　　　300 000(12 000 00 × 25%)
　　贷：递延所得税资产　　　　　　　　　　　300 000

XR 公司在 2022 年年末因确认预计负债 1 200 000 元时已经确认了相应的递延所得税资产，资产负债表日后事项发生后递延所得税资产不复存在，故应当予以转回。

调整应交所得税时，XR 公司的会计分录如下：

借：应交税费——应交所得税　　　　　　　400 000(1 600 000 × 25%)
　　贷：以前年度损益调整——所得税费用　　　400 000

将“以前年度损益调整”科目余额转入未分配利润时，XR 公司的会计分录如下：

借：利润分配——未分配利润　　　　　　　300 000
　　贷：以前年度损益调整——本年利润　　　　300 000

调减“盈余公积”时，XR 公司的会计分录如下：

借：盈余公积——提取法定盈余公积　　　　30 000(300 000 × 10%)
　　贷：利润分配——未分配利润　　　　　　　30 000

② XR 公司根据账务处理的结果调整报告年度财务报表相关项目的数字。

第一步，调整涉及资产负债表项目的数字。

XR 公司调减“递延所得税资产”300 000 元，调减“应交税费——应交所得税”400 000 元，调增“其他应付款”1 600 000 元，调减“预计负债”1 200 000 元，调减“盈余公积”30 000 元，调减“未分配利润”270 000 元。

第二步，调整涉及利润表项目的数字。

XR 公司调增“营业外支出”400 000 元，调减“所得税费用”100 000 元，调减“净利润”300 000 元。

第三步，调整涉及所有者权益变动表项目的数字。

XR 公司调减“净利润”300 000 元，调减“提取盈余公积”项目中“盈余公积”

30 000 元，调减"未分配利润"270 000 元。

③ XR 公司调整 2023 年 2 月涉及资产负债表相关项目的年初数字。

XR 公司在编制 2023 年 1 月份的资产负债表时，将调整前 2022 年 12 月 31 日的资产负债表项目数字作为资产负债表的年初数字；在发生资产负债表日后调整事项后，XR 公司除了调整 2022 年度涉及资产负债表相关项目的数字外，还应当调整 2023 年 2 月涉及资产负债表相关项目的年初数字，其年初数字直接按照 2022 年 12 月 31 日调整后的数字填列。

(2) B 公司需要做以下账务处理和涉及财务报表的数据调整。

① B 公司根据要求进行账务处理。

记录收到的赔款时，B 公司的会计分录如下：

借：其他应收款——XR 公司　　　　　　　　1 600 000

　　贷：以前年度损益调整——营业外收入　　　　　　　1 600 000

借：银行存款　　　　　　　　　　　　　　　1 600 000

　　贷：其他应收款——XR 公司　　　　　　　　　　　1 600 000

调整应交所得税时，B 公司的会计分录如下：

借：以前年度损益调整——所得税费用　　　　400 000(1 600 000 × 25%)

　　贷：应交税费——应交所得税　　　　　　　　　　　400 000

将"以前年度损益调整"科目余额转入未分配利润时，B 公司的会计分录如下：

借：以前年度损益调整——本年利润　　　　　1 200 000

　　贷：利润分配——未分配利润　　　　　　　　　　　1 200 000

补提盈余公积时，B 公司的会计分录如下：

借：利润分配——未分配利润　　　　　　　　120 000

　　贷：盈余公积——提取法定盈余公积　　　　　120 000(1 200 000 × 10%)

② B 公司根据账务处理的结果调整报告年度财务报表相关项目的数字。

第一步，调整涉及资产负债表项目的数字。

B 公司调增"其他应收款"1 600 000 元，调增"应交税费"400 000 元，调增"盈余公积"120 000 元，调增"未分配利润"1 080 000 元。

第二步，调整涉及利润表项目的数字。

B 公司调增"营业外收入"1 600 000 元，调增"所得税费用"400 000 元，调增"净利润"1 200 000 元。

第三步，调整涉及所有者权益变动表项目的数字。

B 公司调增"净利润"1 200 000 元，调增"提取盈余公积"项目中"盈余公积"120 000 元，调增"未分配利润"1 080 000 元。

③ B 公司调整 2023 年 2 月涉及资产负债表相关项目的年初数字。

B 公司在编制 2023 年 1 月的资产负债表时，将调整前 2022 年 12 月 31 日的资产负债表数字作为资产负债表的年初数字。在发生资产负债表日后调整事项后，B 公司除了调整

2022 年度涉及资产负债表相关项目的数字外，还应当调整 2023 年 2 月涉及资产负债表相关项目的年初数字，其年初数字直接按照 2022 年 12 月 31 日调整后的数字填列。

（二）资产负债表日后证实资产减值的业务处理

实务中，企业在资产负债表日后取得确凿证据，表明某项资产在资产负债表日已经发生了减值或者需要调整该项资产原先确认的减值金额。

【例题 9-5】 FX 公司 2022 年 6 月销售给 K 公司一批货物，含税价货款为 400 000 元。K 公司于 2022 年 7 月收到该批货物并验收入库。按合同规定，K 公司应于收到货物后 3 个月内付款。由于 K 公司陷入财务困境，故截至 2022 年 12 月 31 日仍未支付该笔货款。FX 公司于 2022 年 12 月 31 日已为该笔应收账款计提坏账准备 20 000 元。2022 年 12 月 31 日资产负债表上"应收账款"项目的金额为 800 000 元，其中 380 000 元为该笔应收账款。FX 公司于 2023 年 2 月 8 日收到人民法院通知，K 公司已宣告破产，无力偿还所欠部分货款。FX 公司预计可收回该笔应收账款的 60%。FX 公司的所得税汇算清缴于 2023 年 3 月 20 日完成。

要求：分析该资产负债表日后调整事项，编制相关会计分录，调整相关项目数据。

解题过程如下：

FX 公司在收到人民法院通知 (K 公司破产清算) 后，可以判断该事项属于资产负债表日后调整事项。FX 公司原对应收 K 公司账款计提了 20 000 元的坏账准备，按照新的证据应计提的坏账准备为 160 000(400 000 × 40%) 元，差额 140 000 元应当调整 2022 年度涉及的财务报表相关项目的数字。

FX 公司需要做以下几个方面的账务处理和涉及财务报表的数据调整。

① FX 公司根据要求进行账务处理。

应补提的坏账准备 = 400 000 × 40% − 20 000 = 140 000(元)

计提坏账准备时，FX 公司的会计分录如下：

借：以前年度损益调整——资产减值损失　　　　140 000
　　贷：坏账准备　　　　　　　　　　　　　　　　140 000

确认递延所得税资产时，FX 公司的会计分录如下：

借：递延所得税资产　　　　　　　　　　　　　35 000
　　贷：以前年度损益调整——所得税费用　　　　35 000(140 000 × 25%)

将"以前年度损益调整"科目的余额转入未分配利润时，FX 公司的会计分录如下：

借：利润分配——未分配利润　　　　　　　　　105 000
　　贷：以前年度损益调整——本年利润　　　　　105 000

调减"盈余公积"时，FX 公司的会计分录如下：

借：盈余公积——提取法定盈余公积　　　　　　10 500
　　贷：利润分配——未分配利润　　　　　　　　10 500(105 000 × 10%)

② FX 公司根据账务处理的结果调整报告年度财务报表相关项目的数字。

第一步，调整涉及资产负债表项目的数字。

FX 公司调减"应收账款"140 000 元，调增"递延所得税资产"35 000 元，调减"盈余公积"10 500 元，调减"未分配利润"945 000 元。

第二步，调整涉及利润表项目的数字。

FX 公司调增"资产减值损失"140 000 元，调减"所得税费用"35 000 元，调减"净利润"105 000 元。

第三步，调整涉及所有者权益变动表项目的数字。

FX 公司调减"净利润"105 000 元，调减"提取盈余公积"项目中"盈余公积"10 500 元，调减"未分配利润"945 000 元。

③ FX 公司调整 2023 年 2 月涉及资产负债表相关项目的年初数字。

FX 公司在编制 2023 年 1 月的资产负债表时，直接将调整前 2022 年 12 月 31 日的资产负债表的数字作为资产负债表的年初数字。在发生资产负债表日后调整事项后，FX 公司除了调整 2022 年度资产负债表相关项目的数字外，还应当调整 2023 年 2 月涉及的资产负债表相关项目的年初数字，其年初数字按照 2022 年 12 月 31 日调整后的数字填列。

（三）资产负债表日后证实之前购入资产或售出资产的业务处理

实务中，企业发生资产负债表日后证实之前购入资产或售出资产的业务，实际上是企业在资产负债表日后获得进一步证实在资产负债表日前已经购入资产的成本或已经售出资产的收入，对于这种类型的调整事项主要分两个方面进行处理：一是企业在资产负债表日前已经购入的资产按照暂估价值入账，在资产负债表日后获得了进一步证实该资产成本的信息，则应当对已入账的资产成本进行调整。二是企业在报告年度已经根据收入确认条件确认销售资产收入，但是在资产负债表日后获得了有关该资产收入的进一步证据，这时也应当调整财务报表相关项目的金额。

实务中，企业在资产负债表所属期间或以前期间销售商品等在资产负债表日后退回的，应当作为资产负债表日后调整事项进行处理。企业发生在资产负债表日后至财务报告批准报出日之间的销售退回事项，可能发生在年度所得税汇算清缴之前，也可能发生在年度所得税汇算清缴之后，应当分别进行会计处理。

(1) 实务中，企业发生涉及报告年度所属期间的销售退回发生在报告年度所得税汇算清缴之前，企业应当调整报告年度涉及利润表项目的收入、成本费用等，并调整报告年度的应纳税所得额和应交的企业所得税。

【例题 9-6】HN 公司 2022 年 10 月 6 日销售一批乙商品给 M 公司，估计没有退货率，取得不含税收入 480 000 元，并结转成本 400 000 元。2022 年 12 月 31 日，该笔货款尚未收到，HN 公司未对该应收账款计提坏账准备。2023 年 2 月 8 日，HN 公司接到 M 公司退货通知，本批乙商品由于质量问题被全部退回。HN 公司于 2023 年 3 月 25 日完成 2022 年度的所得税汇算清缴。HN 公司适用的增值税税率为 13%，不考虑其他因素。

要求：分析该资产负债表日后调整事项，编制相关会计分录，调整相关项目数据。

解题过程如下：

HN 公司发生乙商品销售退回业务，且发生在资产负债表日后事项涵盖期间，属于资产负债表日后调整事项。由于乙商品的销售退回发生在 HN 公司报告年度所得税汇算清缴之前，因此，HN 公司在所得税汇算清缴时，应当扣除乙商品销售退回所对应的应纳税所得额。

① HN 公司根据要求进行账务处理。

调整销售收入时，HN 公司的会计分录如下：

借：以前年度损益调整——主营业务收入　　　　480 000
　　应交税费——应交增值税（销项税额）　　　 62 400
　　　贷：应收账款——M 公司　　　　　　　　　　　 542 400

调整销售成本时，HN 公司的会计分录如下：

借：库存商品——乙商品　　　　　　　　　　　 400 000
　　　贷：以前年度损益调整——主营业务成本　　　 400 000

调整应缴纳的所得税时，HN 公司的会计分录如下：

借：应交税费——应交所得税　　　　20 000　[(480 000 – 400 000) × 25%]
　　　贷：以前年度损益调整——所得税费用　　　 20 000

将"以前年度损益调整"科目的余额转入未分配利润时，HN 公司的会计分录如下：

借：利润分配——未分配利润　　　　　　　　　 60 000
　　　贷：以前年度损益调整——本年利润　　　　　 60 000

调减"盈余公积"时，HN 公司的会计分录如下：

借：盈余公积——提取法定盈余公积　　　6 000(60 000 × 10%)
　　　贷：利润分配——未分配利润　　　　　　　　　 6 000

② HN 公司根据账务处理的结果调整报告年度财务报表相关项目的数字。

第一步，调整涉及资产负债表项目的数字。

HN 公司调减"应收账款"542 400 元，调增"库存商品"400 000 元，调减"所得税费用"20 000 元，调减"盈余公积"6 000 元，调减"未分配利润"54 000 元。

第二步，调整涉及利润表项目的数字。

HN 公司调减"营业收入"480 000 元，调减"营业成本"400 000 元，调减"所得税费用"20 000 元，调减"净利润"60 000 元。

第三步，调整涉及所有者权益表项目的数字。

HN 公司调减"净利润"60 000 元，调减"提取盈余公积"项目中"盈余公积"6 000 元，调减"未分配利润"54 000 元。

③ HN 公司调整 2023 年 2 月涉及资产负债表相关项目的年初数字。

HN 公司在编制 2023 年 1 月的资产负债表时，直接将调整前 2022 年 12 月 31 日的资产负债表的数字作为资产负债表的年初数字。在发生资产负债表日后调整事项后，HN 公司除了调整 2022 年度资产负债表相关项目的数字外，还应当调整 2023 年 2 月涉及资产负债表相关项目的年初数字，其年初数字按照 2022 年 12 月 31 日调整后的数字填列。

(2) 实务中，企业发生涉及报告年度所属期间的销售退回发生在报告年度所得税汇算清缴之后，企业应当调整报告年度涉及利润表项目的收入、成本费用等，但按照税法规定，在此期间的销售退回涉及的应交所得税，应当作为本年度的纳税调整事项。

（四）资产负债表日后发现财务报表舞弊或差错的业务处理

实务中，企业在资产负债表日后发现财务报表舞弊或差错，实际上是企业在资产负债表日至财务报告批准报出日之间发生的属于资产负债表期间或以前期间的财务报表舞弊或差错。企业发生的这种舞弊或差错，应当作为资产负债表日后调整事项，并调整报告年度的年度财务报告或中期财务报告涉及的相关项目数字。

任务三　资产负债表日后非调整事项的确认与核算

▶▶▶▶ 一、资产负债表日后非调整事项的处理原则

企业发生资产负债表日后非调整事项，实际上是企业在资产负债表日之后才发生的事项，该事项与企业在资产负债表日存在的状况没有关系，因此，企业不应当调整资产负债表日的财务报表。实务中，企业发生资产负债表日后非调整事项属于重大事项，且对会计信息使用者在做决策时具有重大影响的，应当在财务报告附注中进行披露，说明该事项发生的时间、影响范围和影响程度等。企业发生资产负债表日后非调整事项属于非重大事项，且对会计信息使用者在做决策时影响很小甚至没有影响的，不需要在财务报告附注中进行披露。

▶▶▶▶ 二、资产负债表日后非调整事项的具体处理方法

实务中，企业在资产负债表日之后发生的非调整事项，如果属于重要的资产负债表日后非调整事项，则企业应当在财务报告附注中逐项披露，内容包括资产负债表日后非调整事项的性质、内容，对财务状况和经营成果的影响程度等。

(1) 资产负债表日后发生重大诉讼、仲裁和承诺。

实务中，企业在资产负债表日之后发生的重大诉讼、仲裁和承诺等事项，通常对企业的影响较大，属于资产负债表日后非调整事项。在这种情况下，虽然对企业资产负债表日的财务状况和经营成果没有影响，但是会对企业在资产负债表日之后的财务状况和经营成果造成较大影响，如果企业不在财务报告附注中披露，则有可能导致会计信息使用者做出错误的决策。因此，企业应当将该非调整事项在财务报告附注中进行披露。

【例题 9-7】 TR 公司从事房产中介服务，在买卖双方成交房产时确认佣金收入，佣金由买方支付。2022 年 9 月 2 日，TR 公司同意帮甲公司销售一套房产。2022 年 11 月 7 日，TR 公司找到了有购买意向的丙公司，丙公司在对该房产实地观察后，与甲公司在 2022 年 11 月 23 日签订了购买该房产的合同。丙公司向 TR 公司支付了中介费用。但在 2023 年 1 月 8 日，当甲公司催促丙公司履行合同时，丙公司陷入财务困境，拒绝履行合同。2023 年 2 月 17 日，甲公司起诉丙公司。2023 年 3 月 5 日，丙公司同意赔偿给甲公司 600 000 元，甲公司撤回诉讼。假设该笔赔偿金额对甲公司和丙公司都存在重大影响。

要求：分析该资产负债表日后非调整事项。

解题过程如下：

甲公司提起诉讼发生在 2023 年，在 2022 年资产负债表日并不存在。但是，企业在资产负债表日之后发生的重大诉讼、仲裁和承诺等事项影响较大的，应当在财务报告附注中进行披露。因此，甲公司和丙公司都应当在 2022 年度财务报告附注中披露本次诉讼事项的相关信息。

(2) 资产负债表日后资产价格、税收政策、外汇汇率发生重大变化。

实务中，企业在资产负债表日之后发生的资产价格、税收政策和外汇汇率的重大变化，属于资产负债表日后非调整事项。在这种情况下，虽然对企业资产负债表日的财务状况和经营成果没有影响，但是会对企业在资产负债表日之后的财务状况和经营成果造成较大影响，如果企业不在财务报告附注中披露，则有可能导致会计信息使用者做出错误的决策。因此，企业应当把该非调整事项在财务报告附注中进行披露。

【例题 9-8】 TY 公司 2023 年 9 月 5 日采用融资租赁方式从美国 E 公司租入乙设备，租赁合同规定，乙设备的租赁期为 10 年，年租金为 600 000 美元。TY 公司在编制 2023 年度财务报表时已经按照 2023 年 12 月 31 日的即期汇率对该笔长期应付款进行了折算（假设 2023 年 12 月 31 日的汇率为 1 美元 =6.68 元人民币）。假设国家规定从 2024 年 1 月 1 日起调整人民币兑换美元的汇率，人民币兑换美元的汇率会发生重大变化。

要求：分析该资产负债表日后非调整事项。

解题过程如下：

TY 公司在资产负债表日 (2023 年 12 月 31 日) 已经按照规定的汇率对有关账户进行了调整，因此，无论资产负债表日后汇率变化程度如何，都不会影响资产负债表日的财务状况和经营成果。但是，在资产负债表日之后发生外汇汇率的重大变化，TY 公司应当把该笔非调整事项在财务报告附注中进行披露。

(3) 资产负债表日后因自然灾害而使资产发生重大损失。

实务中，企业在资产负债表日之后发生的自然灾害导致企业的资产发生重大损失。在这种情况下，虽然对企业资产负债表日的财务状况和经营成果没有影响，但是会对企业在资产负债表日之后的财务状况和经营成果造成较大影响，如果企业不在财务报告附注中披露，则有可能导致会计信息使用者做出错误的决策。因此，企业应当把该非调整事项在财务报告附注中进行披露。

【**例题 9-9**】HP 公司 2023 年 10 月 5 日购入一批丙商品，不含税价格为 200 000 元，至 2023 年 12 月 31 日该批丙商品已全部验收入库，货款通过银行支付。2024 年 1 月 18 日，HP 公司所在地发生百年不遇的自然灾害，该批丙商品全部损毁。

要求：分析该资产负债表日后非调整事项。

解题过程如下：

自然灾害发生在 2024 年 1 月 18 日，属于资产负债表日后非调整事项。虽然发生自然灾害对 HP 公司资产负债表日的财务状况和经营成果没有影响，但是会对 HP 公司在资产负债表日之后的财务状况和经营成果造成较大影响，因此，HP 公司应当把该非调整事项在财务报告附注中进行披露。

(4) 资产负债表日后发行股票、债券以及其他巨额举债。

实务中，企业在资产负债表日之后发行股票、债券以及向银行或非银行金融机构借入巨额债务都是较重大的事项，属于资产负债表日后非调整事项。在这种情况下，虽然对企业资产负债表日的财务状况和经营成果没有影响，但是会对企业在资产负债表日之后的财务状况和经营成果造成较大影响，如果企业不在财务报告附注中披露，则有可能导致会计信息使用者做出错误的决策。因此，企业应当把该非调整事项在财务报告附注中进行披露。

【**例题 9-10**】CT 公司在 2023 年 2 月 5 日经批准发行 5 年期债券 6 000 000 元，面值为 100 元，年利率为 6%，CT 公司按 103 元的价格发行，并在 2023 年 2 月 26 日结束发行。

要求：分析该资产负债表日后非调整事项。

解题过程如下：

CT 公司发行债券与公司资产负债表日 (2023 年 12 月 31 日) 存在的状况无关，属于资产负债表日后非调整事项。在这种情况下，虽然对 CT 公司资产负债表日的财务状况和经营成果没有影响，但是会对 CT 公司在资产负债表日之后的财务状况和经营成果造成较大影响，如果 CT 公司不在财务报告附注中披露，则有可能导致会计信息使用者做出错误的决策。因此，CT 公司应当把该非调整事项在财务报告附注中进行披露。

(5) 资产负债表日后以资本公积转增资本。

实务中，企业在资产负债表日后以资本公积转增资本，会改变企业的资本结构，属于资产负债表日后非调整事项。在这种情况下，虽然对企业资产负债表日的财务状况和经营成果没有影响，但是会对企业在资产负债表日之后的财务状况和经营成果造成较大影响，如果企业不在财务报告附注中披露，则有可能导致会计信息使用者做出错误的决策。因此，企业应当把该非调整事项在财务报告附注中进行披露。

【**例题 9-11**】HT 公司 2023 年 2 月 6 日经批准以 1 000 000 元资本公积转增资本。

要求：分析该资产负债表日后非调整事项。

解题过程如下：

HT 公司在 2023 年 2 月 6 日以资本公积转增资本，属于资产负债表日后非调整事项。在这种情况下，虽然对 HT 公司资产负债表日的财务状况和经营成果没有影响，但是会对 HT 公司在资产负债表日后的财务状况和经营成果造成较大影响，如果 HT 公司不在财务报告附注中披露，则有可能导致会计信息使用者做出错误的决策。因此，HT 公司应当把该非调整事项在财务报告附注中进行披露。

(6) 资产负债表日后发生巨额亏损。

实务中，企业在资产负债表日后发生巨额亏损，属于资产负债表日后非调整事项。在这种情况下，虽然对企业资产负债表日的财务状况和经营成果没有影响，但是会对企业在资产负债表日之后的财务状况和经营成果造成较大影响，如果企业不在财务报告附注中披露，则有可能导致会计信息使用者做出错误的决策。因此，企业应当把该非调整事项在财务报告附注中进行披露。

【例题 9-12】XR 公司 2023 年 1 月出现巨额亏损，净利润由 2022 年 12 月的 1 000 000 元变为亏损 2 000 000 元。

要求：分析该资产负债表日后非调整事项。

解题过程如下：

XR 公司出现巨额亏损发生在 2023 年 1 月，属于资产负债表日后非调整事项。在这种情况下，虽然对 XR 公司资产负债表日的财务状况和经营成果没有影响，但是会对 XR 公司在资产负债表日后的财务状况和经营成果造成较大影响，如果 XR 公司不在财务报告附注中披露，有可能导致会计信息使用者做出错误的决策。因此，XR 公司应当把该非调整事项在财务报告附注中进行披露。

(7) 资产负债表日后发生企业合并或处置子公司。

企业合并或者处置子公司的行为会影响股权结构、经营范围等，属于资产负债表日后非调整事项。在这种情况下，虽然对企业资产负债表日的财务状况和经营成果没有影响，但是会对企业在资产负债表日后的财务状况和经营成果造成较大影响，如果企业不在财务报告附注中披露，则有可能导致会计信息使用者做出错误的决策。因此，企业应当把该非调整事项在财务报告附注中进行披露。

【例题 9-13】GN 公司 2023 年 2 月 3 日将其全资子公司 H 公司出售给甲公司。

要求：分析该资产负债表日后非调整事项。

解题过程如下：

GN 公司出售子公司发生在 2023 年 2 月 3 日，属于资产负债表日后非调整事项。在这种情况下，虽然对 GN 公司资产负债表日的财务状况和经营成果没有影响，但是会对 GN 公司在资产负债表日后的财务状况和经营成果造成较大影响，如果 GN 公司不在财务报告附注中披露，则有可能导致会计信息使用者做出错误的决策。因此，GN 公司应当把该非调整事项在财务报告附注中进行披露。

(8) 资产负债表日后企业利润分配方案中拟分配的以及经审议批准宣告发放的股利或利润。

实务中，企业在资产负债表日后企业利润分配方案中拟分配的以及经审议批准宣告发放的股利或利润，属于资产负债表日后非调整事项。在这种情况下，虽然对企业资产负债表日的财务状况和经营成果没有影响，但是会对企业在资产负债表日后的财务状况和经营成果造成较大影响，如果企业不在财务报告附注中披露，则有可能导致会计信息使用者做出错误的决策。因此，企业应当把该非调整事项在财务报告附注中进行披露。

【例题 9-14】2023 年 2 月 13 日，EQ 上市公司董事会审议通过了 2022 年利润分配方案，决定以公司 2022 年年末总股本为基数，分派现金股利 50 000 000 元，每 10 股派送 1 元，该利润分配方案于 2023 年 3 月 26 日经公司股东大会审议批准。

要求：分析该资产负债表日后非调整事项。

解题过程如下：

EQ 公司制订利润分配方案，拟分配或经审议批准宣告发放股利或利润的行为，并不会使公司在资产负债表日（2022 年 12 月 31 日）形成现时义务，属于资产负债表日后非调整事项。在这种情况下，虽然对 EQ 公司资产负债表日的财务状况和经营成果没有影响，但是会对 EQ 公司在资产负债表日后的财务状况和经营成果造成较大影响，如果 EQ 公司不在财务报告附注中披露，则有可能导致会计信息使用者做出错误的决策。因此，EQ 公司应当把该非调整事项在财务报告附注中进行披露。

▶ 项目总结

本项目内容主要包括资产负债表日后事项概述、资产负债表日后事项的涵盖期间、资产负债表日后事项的内容、资产负债表日后调整事项的处理原则、资产负债表日后调整事项的具体处理方法、资产负债表日后非调整事项的处理原则、资产负债表日后非调整事项的具体处理方法等。

▶ 习题巩固

一、单项选择题

1. 下列关于资产负债表日后事项的表述，错误的是（   ）。

A. 资产负债表日后事项包括资产负债表日至财务报告批准报出日之间发生的全部事项

B. 判断资产负债表日后调整事项的标准在于该事项对资产负债表日存在的情况提供了新的或进一步的证据

C. 影响重大的资产负债表日后非调整事项应在附注中披露

D. 资产负债表日后调整事项应当调整资产负债表日财务报表有关项目

2. N 公司 2023 年度财务报告于 2024 年 3 月 5 日对外报出。2024 年 2 月 1 日，N 公司收到 C 公司产品质量原因退回的商品，该商品是 2023 年 12 月 5 日销售的；2024 年 2 月 5 日，N 公司按照 2023 年 12 月申请通过的方案成功发行公司债券；2024 年 2 月 25 日，N 公司发现 2023 年 11 月 25 日入账的固定资产未计提折旧；2024 年 1 月 5 日，N 公司得知 J 公司 2023 年 12 月 25 日发生重大火灾，无法偿还所欠 N 公司 2023 年货款。下列项目中，属于 N 公司 2023 年度资产负债表日后非调整事项的是（   ）。

A. C 公司退货   B. N 公司发行公司债券

C. 固定资产未计提折旧   D. 应收 J 公司货款无法收回

3. M 公司适用的所得税税率为 25%，按照净利润的 10% 提取法定盈余公积。2022 年度财务报告批准报出日为 2023 年 3 月 25 日，预计未来期间能够取得足够的应纳税所得额用以抵扣可抵扣暂时性差异。2022 年 12 月 31 日，M 公司对一起未决诉讼确认的预计负债为 2 000 万元。2023 年 3 月 6 日，法院对该起诉讼作出判决，M 公司应赔偿 N 公司 1 200 万元，M 公司和 N 公司都不再上诉。不考虑其他因素，该资产负债表日后事项导致 M 公司 2022 年度未分配利润增加（　　）万元。

A. 720　　　　　　　　　　　　　B. 800

C. 540　　　　　　　　　　　　　D. 60

4. A 公司 2022 年 10 月与 N 公司签订一项销售合同，由于 A 公司未按合同发货，致使 N 公司发生重大经济损失，被 N 公司起诉，至 2022 年 12 月 31 日法院尚未判决。A 公司 2022 年 12 月 31 日针对该事项在资产负债表中的"预计负债"项目合理反映了 1 400 万元的预计赔偿款。2023 年 3 月 8 日法院判决，A 公司需偿付 N 公司经济损失 1 200 万元。A 公司不再上诉，并于当日支付了赔偿款。A 公司 2022 年度财务报告批准报出日为 2023 年 4 月 2 日，不考虑其他因素，2022 年度资产负债表中有关项目的调整正确的是（　　）。

A."预计负债"项目调减 200 万元；"其他应付款"项目不调整

B."预计负债"项目调减 200 万元；"其他应付款"项目调增 1 200 万元

C."预计负债"项目调减 1 400 万元；"其他应付款"项目调增 1 200 万元

D."预计负债"项目调减 1 400 万元；"其他应付款"项目不调整

5. 2022 年 12 月 31 日，M 公司对一起未决诉讼确认的预计负债为 600 万元。2023 年 3 月 1 日，法院对该起诉讼作出判决，M 公司应赔偿 F 公司 1 000 万元，款项尚未支付，M 公司和 F 公司均不再上诉。M 公司适用的所得税税率为 25%，按净利润的 10% 提取盈余公积，2022 年度财务报告批准报出日为 2023 年 3 月 25 日，M 公司预计未来期间能够取得足够的应纳税所得额用以抵扣可抵扣暂时性差异。不考虑其他因素，该事项导致 M 公司 2022 年 12 月 31 日资产负债表"盈余公积"项目期末余额调整减少的金额为（　　）万元。

A. 30　　　　　　　　　　　　　B. 400

C. 34　　　　　　　　　　　　　D. 270

6. H 公司 2022 年度财务报告批准报出日为 2023 年 3 月 20 日，2023 年 3 月 10 日，H 公司发现 2022 年的一项重大差错，H 公司（　　）。

A. 不需调整，只将其作为 2023 年 3 月的业务进行处理

B. 调整 2022 年度财务报表期初数和上年数

C. 调整 2023 年度财务报表期初数和本年数

D. 调整 2022 年度财务报表期末数和本年数

7. R 公司为上市公司，其 2022 年度财务报告于 2023 年 3 月 12 日对外报出。该公司在 2022 年 12 月 31 日有一项未决诉讼，经咨询律师，估计很可能败诉，预计支付的赔偿

金额、诉讼费等在 1 200 万元至 1 600 万元之间 (其中诉讼费为 10 万元)，且该范围内支付各种赔偿金额的可能性相同。为此，R 公司预计了 700 万元的负债。2023 年 1 月 20 日，法院判决 R 公司败诉，需赔偿 1 360 万元，同时承担诉讼费用 10 万元。上述事项对 R 公司 2022 年度利润总额的影响金额为 (   ) 万元。

A. -1 410   B. -1 360

C. -1 370   D. -1 400

8. 资产负债表日后至财务报告批准报出日之间发生的调整事项在进行调整处理时，不能调整的是 (   )。

A. 现金流量表附表   B. 利润表

C. 现金流量表正表   D. 所有者权益变动表

9. C 公司 2022 年度财务报表于 2023 年 3 月 25 日经董事会批准对外提供。2023 年 1 月 1 日至 3 月 25 日，C 公司发生的有关交易或事项如下：2023 年 1 月 20 日，法院对 D 公司就 2022 年 8 月起诉 C 公司侵犯其知识产权案件做出终审判决，C 公司需支付 D 公司的赔偿超过其 2022 年年末预计金额 200 万元；根据 2022 年 12 月 31 日 C 公司与 E 公司签订的销售协议，C 公司于 2023 年 1 月 25 日将其生产的产品发往 E 公司并开出增值税专用发票，E 公司收到所购货物后发现产品质量存在严重问题，随即要求退货，C 公司于 2023 年 2 月 3 日收到 E 公司退回的产品并开具红字增值税专用发票；2023 年 2 月 15 日，C 公司收到 F 公司 2022 年 12 月销售货款；2023 年 3 月 10 日，C 公司与 G 公司签订收购其持有的 W 公司全部股权的协议。假定上述交易或事项均具有重要性，不考虑其他因素，则应作为 C 公司 2022 年资产负债表日后调整事项的是 (   )。

A. 销售退回   B. 签订收购股权协议

C. 法院判决的赔偿金额大于原预计金额   D. 收到 F 公司货款

10. K 公司 2022 年 12 月 31 日应收 N 公司账款 2 000 万元，已知 N 公司财务状况不佳，按照当时估计已计提坏账准备 200 万元。2023 年 2 月 20 日，K 公司获悉 N 公司于 2023 年 2 月 18 日向法院申请破产，K 公司估计应收 N 公司账款全部无法收回。K 公司 2022 年度财务报告于 2023 年 4 月 5 日经董事会批准对外报出，下列说法中正确的是 (   )。

A. K 公司估计 N 公司账款全部无法收回应作为调整事项处理

B. K 公司估计 N 公司账款全部无法收回应作为非调整事项处理

C. K 公司估计 N 公司账款全部无法收回既不是调整事项，也不是非调整事项

D. K 公司估计 N 公司账款 2 000 万元无法收回应计入 2022 年利润表"信用减值损失"项目

二、多项选择题

1. 下列属于资产负债表日后调整事项的有 (   )。

A. 发现报告年度接受捐赠获得的一项大型固定资产尚未入账

B. 企业报告年度销售给某主要客户的一批产品因存在质量缺陷被退回

C. 报告年度未决诉讼经人民法院判决败诉，企业需要赔偿的金额大幅超过报告年度

已确认的预计负债

D. 董事会通过利润分配预案

2. 在资产负债表日后至财务报告批准报出日之间发生的下列事项中，属于资产负债表日后调整事项的有(　　)。

A. 实际支付的诉讼费赔偿额与原资产负债表日预计金额有较大差异

B. 报告年度销售的商品，日后事项期间发生退货

C. 发布重大资产重组公告，发行股份收购一家下游企业80%的股权

D. 支付报告年度审计费

3. M公司2022年度财务报告于2023年3月26日批准对外报出，下列应作为2022年资产负债表日后调整事项的有(　　)。

A. 1月20日，收到客户退回的部分商品，该商品于2022年1月5日销售并确认销售收入

B. 3月15日，于2022年发生的某涉诉案件终审判决，M公司需赔偿原告3 200万元，该金额较2022年年末原已确认的预计负债多400万元

C. 2月25日，发布重大资产重组公告，发行股份收购一家下游企业80%的股权

D. 3月1日，发现2022年10月接受捐赠获得的一项固定资产尚未入账

4. N公司2022年度财务报告于2023年4月5日对外报出。下列项目中，N公司不应当据以调整2022年财务报表的有(　　)。

A. 5月2日，自2022年9月即已开始策划的企业合并交易获得股东大会批准

B. 4月15日，发现2022年一项重要交易会计处理未充分考虑当时情况，导致虚增2022年度利润

C. 3月12日，某项于2022年资产负债表日已存在的未决诉讼结案，由于新的司法解释出台，N公司实际支付赔偿金额大于原已确认的预计负债

D. 4月10日，因某客户所在地发生自然灾害，造成重大损失，导致N公司2022年应收该客户货款按新的情况预计的坏账高于原预计金额

5. N公司2022年度财务报告经批准于2023年4月15日对外报出。下列项目中，不需要调整2022年度财务报表的有(　　)。

A. 2023年1月15日签订购买子公司的协议，2023年3月28日完成股权过户登记手续，取得对子公司的控制权

B. 2023年3月1日，发行新股

C. 2023年3月15日，存货市场价格下跌

D. 2023年3月21日，发现重要的前期差错

6. 下列关于资产负债表日后事项的说法，正确的有(　　)。

A. 资产负债表日后期间发生的调整事项如涉及现金收支项目的，不调整报告年度现金流量表正表各项目数字

B. 对资产负债表日后事项中的调整事项，涉及损益的事项，通过"以前年度损益调整"

科目核算，然后将"以前年度损益调整"科目的余额转入"利润分配——未分配利润"科目

C. 资产负债表日后期间发生的"已证实资产发生减损"，可能是调整事项，也可能是非调整事项

D. 资产负债表日后事项中的调整事项，对于不利事项，应当调整报告年度财务报表相关项目数字；对于有利事项，则不作调整

7. 下列属于资产负债表日后调整事项的有 (   )。

A. 资产负债表日后期间发生重大火灾损失

B. 报告年度已售商品在资产负债表日后期间发生退回

C. 资产负债表日后期间进一步确定了资产负债表日前购入资产的成本

D. 资产负债表日后期间发现报告年度不重要的会计差错

8. M 公司 2022 年度财务报告于 2023 年 3 月 31 日批准报出，M 公司因违约于 2022 年 10 月被 N 公司起诉，该项诉讼在 2022 年 12 月 31 日尚未判决，M 公司认为很可能败诉，预计赔偿的金额为 400 万元，将其确认为预计负债。2023 年 3 月 12 日，法院判决 M 公司需要赔偿 N 公司的经济损失为 380 万元，M 公司和 N 公司均服从法院判决，同时 M 公司向 N 公司支付 190 万元。M 公司关于上述事项的会计处理，表述正确的有 (   )。

A. 与 N 公司的诉讼案件结案属于资产负债表日后调整事项

B. 对于诉讼事项，应在 2022 年资产负债表中调减预计负债 400 万元

C. 该事项使 2022 年利润总额减少 380 万元

D. 该事项应调减 2022 年资产负债表中"货币资金"项目 380 万元

9. M 公司 2022 年度财务报告于 2023 年 3 月 31 日批准报出，2023 年 2 月 10 日，因被担保人 (M 公司的子公司) 财务状况恶化，无法支付逾期的银行借款，贷款银行要求 M 公司按照合同约定履行债务担保责任 200 万元。该业务起因为 3 年前 M 公司为子公司提供债务担保，2022 年年末到期时 M 公司的子公司因财务困难不能偿还银行贷款，但是 M 公司在 2022 年年末未取得被担保人相关财务状况等信息，未确认与该担保事项相关的预计负债。M 公司下列会计处理中正确的有 (   )。

A. 银行要求履行债务担保责任属于资产负债表日后调整事项

B. 对于债务担保事项，应在 2022 年 12 月 31 日资产负债表中确认负债 200 万元

C. 该事项减少 2022 年营业利润 200 万元

D. 该事项增加 2022 年营业外支出 200 万元

10. 下列关于企业资产负债表日后事项会计处理的表述，正确的有 (   )。

A. 重要的非调整事项应当在报告年度财务报表附注中披露

B. 调整事项涉及损益的，应调整报告年度利润表相关项目的金额

C. 发生在报告年度企业所得税汇算清缴后涉及损益的调整事项，不应调整报告年度的应纳税所得额

D. 调整事项涉及现金收支的，应调整报告年度资产负债表的货币资金项目的金额

三、判断题

1. 资产负债表日后事项涵盖的期间是自资产负债表日次日起至财务报告实际报出日止的一段时间。（　）

2. 资产负债表日后进一步确定了资产负债表日前购入资产的成本或售出资产的收入，属于资产负债表日后调整事项。（　）

3. 企业在报告年度资产负债表日至财务报告批准报出日之间发生销售并退货的业务，应作为调整事项进行处理。（　）

4. 对资产负债表日后事项中的调整事项，涉及损益的，通过"以前年度损益调整"科目核算，然后将"以前年度损益调整"科目的余额转入"利润分配——未分配利润"科目。（　）

5. 对于董事会提出的分派现金股利方案，属于资产负债表日后非调整事项的，公司应将该事项在报告年度财务报表附注中披露，而不能调整报告年度财务报表相关项目的金额。（　）

6. 企业应披露全部资产负债表日后非调整事项。（　）

7. 在估计存货可变现净值时，如果涉及资产负债表日后事项，则一定是调整事项。（　）

8. 资产负债表日后期间出现的新情况导致固定资产发生减值的，属于资产负债表日后调整事项。（　）

9. 资产负债表日后期间涉及报告年度所属期间的销售退回发生于报告年度所得税汇算清缴之前，应调整报告年度利润表的收入、成本等，并相应调整报告年度的应纳税所得额及报告年度应缴纳的所得税等。（　）

10. 对于涉及销售退回的资产负债表日后调整事项，一定要调整报告年度的应交所得税。（　）

四、计算分析题

M公司是上市公司，属于增值税一般纳税人，销售商品适用的增值税税率为13％，适用的所得税税率为25％。预计未来期间能够取得足够的应纳税所得额用于抵扣可抵扣暂时性差异。不考虑除增值税、所得税以外的其他相关税费。M公司按当年实现净利润的10％提取法定盈余公积。

M公司2022年度所得税汇算清缴于2023年4月30日完成，在此之前发生的2022年度纳税调整事项，均可进行纳税调整。M公司应交所得税和递延所得税已经计算完成。M公司2022年度财务报告于2023年3月31日经董事会批准对外报出。

2023年1月1日至3月31日，M公司发生如下交易或事项。

(1) 1月20日，M公司收到N公司退回的2022年10月20日从其购入的一批商品，以及税务机关开具的进货退出证明单。当日，M公司向N公司开具红字增值税专用发票。该批商品的销售价格（不含增值税）为200万元，增值税税额为26万元，销售成本为120万元。M公司销售该批商品时，销售价格是公允的，也符合收入确认条件。至2023

年1月20日，该批商品的应收账款尚未收回。2022年年末，M公司已经对该项应收账款计提了8万元的坏账准备。税法规定，企业计提的坏账准备不得计入应纳税所得额。

(2) 2月20日，M公司因电线短路引发火灾，造成办公楼严重损坏，发生直接经济损失200万元。

(3) 2月26日，M公司获知丙公司依法宣告破产，预计应收丙公司账款400万元（含增值税），收回的可能性极小，应按全额计提坏账准备。M公司在2022年12月31日已被告知丙公司资金周转困难无法按期偿还债务，因而按应收丙公司账款余额的70%计提了坏账准备。税法规定，企业计提的坏账准备不得计入应纳税所得额。

(4) 3月5日，M公司发现2022年度漏记某项生产设备折旧费用240万元，金额较大。至2022年12月31日，该生产设备生产的产品已完工，但未对外销售。

(5) 3月15日，M公司决定以10 000万元收购丁上市公司股权。该项股权收购完成后，M公司将拥有丁上市公司有表决权的股份的10%。

(6) 3月28日，M公司董事会提议的利润分配方案为分配现金股利400万元。M公司根据董事会提议的利润分配方案，将拟分配的现金股利作为应付股利，并进行账务处理，同时调整2022年12月31日资产负债表相关项目。

要求：

(1) 指出M公司发生的上述事项中哪些属于调整事项。

(2) 对于M公司的调整事项，编制有关调整会计分录。（合并编制将以前年度损益调整转入利润分配及提取盈余公积的会计分录；"应交税费"科目要求写出明细科目及专栏名称；"利润分配"科目要求写出明细科目）

项目十
租 赁 会 计

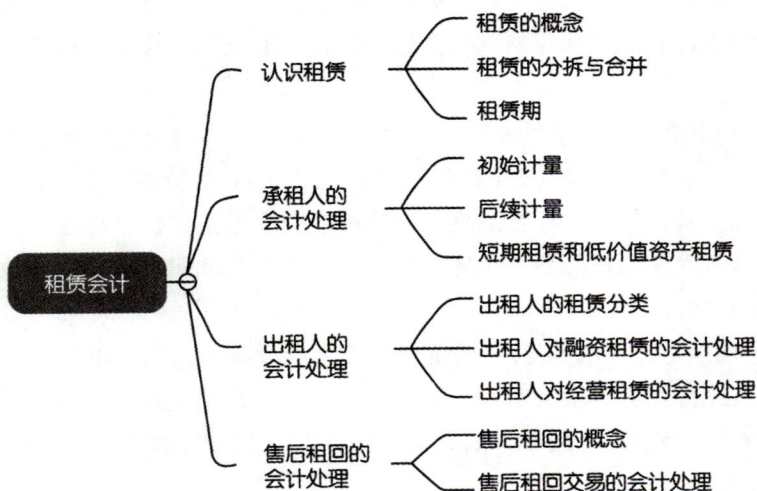

任务一　认识租赁

▶▶▶　一、租赁的概念

租赁是指在一定期间内，出租人将资产的使用权让与承租人，从而获得对价的行为。实务中，如果合同的一方当事人让渡了在一定期间内控制一项或多项已识别资产使用的权利以换取相应的对价，则该项合同属于租赁或者包含租赁。在合同开始日，企业应当判断合同是否属于租赁或者包含租赁。

实务中，租赁应当具备以下三个要素：一是存在一定的会计期间；二是存在已识别资产；三是资产出租人向承租人转移对已识别资产使用权的控制。其中，已识别资产通常由合同明确指定，也可以在资产可供承租人使用时隐性指定；已识别资产通常在物理上可以进行区分，且出租人不存在实质性替换权。判断承租人是否控制了已识别资产使用权，应当通过评估合同中的承租人是否有权获得在使用期间因使用已识别资产所产生的几乎全部经济利益，并有权在该使用期间主导已识别资产的使用。

▶▶▶　二、租赁的分拆与合并

（一）租赁的分拆

如果租赁合同中同时包含多项单独租赁，则承租人和出租人应当将合同进行分拆，并分别对各项单独的租赁进行会计处理。如果租赁合同中同时包含租赁和非租赁部分，则承租人和出租人应当将租赁和非租赁部分进行分拆，除非承租人按照新租赁准则的规定选择采用简化处理。

实务中，同时具备以下两个条件时，使用已识别资产的权利构成合同中的一项单独租赁：一是承租人可以从单独使用该资产或将其与易于获得的其他资源一起使用获得利益；二是该资产与合同中的其他资产不存在高度依赖或高度关联关系。在分拆合同包含的租赁和非租赁部分时，承租人应当按照各项租赁部分的单独价格及非租赁部分的单独价格之和的相对比例分摊合同对价。

【例题 10-1】FX 公司从 M 公司租赁一台乙生产设备、一辆丙重型运输车和一台甲装配设备用于生产经营业务，租赁期为 5 年。M 公司同意在整个租赁期内维护各项设备。合同固定对价为 6 000 000 元，按年分期支付，每年支付 1 200 000 元。合同对价包含了各项设备的维护费用。

要求：分析该租赁活动，判断该租赁是否可以进行分拆。

解题过程如下：

FX 公司将非租赁部分（维护服务）与租入的各项设备分别进行会计处理。FX 公司认为租入的一台乙生产设备、一辆丙重型运输车和一台甲装配设备分别属于单独租赁，理由如下：一是 FX 公司可从单独使用这三项设备中的每一项，或将其与易于获得的其他资源一起使用中获利；二是尽管 FX 公司租入这三项设备只有一个目的（即从事生产经营），但这些设备不存在高度依赖或高度关联关系。因此，FX 公司得出结论，合同中存在三个租赁部分和对应的三个非租赁部分（维护服务）。FX 公司将合同对价摊至三个租赁部分和非租赁部分。

市场上有多家供应方提供类似乙生产设备和丙重型运输车的维护服务，因此这两项租入设备的维护服务存在可观察的单独价格。假设其他供应方的支付条款与 FX 公司、M 公司签订的合同条款相似，FX 公司能够确定乙生产设备和丙重型运输车维护服务的可观察单独价格分别为 320 000 元和 160 000 元。甲装配设备是高度专业化机械，其他供应方不出租类似甲装配设备或为其提供维护服务。M 公司对从本公司购买相似甲装配设备的客户提供 5 年的维护服务，可观察对价为固定金额 560 000 元，分 5 年支付。因此，FX 公司估计甲装配设备维护服务的单独价格为 560 000 元。FX 公司观察到 M 公司在市场上单独出租租赁期为 5 年的一台乙生产设备、一辆丙重型运输车和一台甲装配设备的价格分别为 1 800 000 元、1 160 000 元和 2 400 000 元。

FX 公司将合同固定对价 6 000 000 元分摊至租赁和非租赁部分的金额如表 10-1 所示。

表 10-1   FX 公司分摊租赁和非租赁部分金额统计表

类别		乙生产设备	丙重型运输车	甲装配设备	合计
可观察的单独价格	租赁部分 / 元	1 800 000	1 160 000	2 400 000	5 360 000
	非租赁部分 / 元				1 040 000
	合计 / 元				6 400 000
合同固定对价总额 / 元					6 000 000
分摊率					93.75%

注：非租赁部分可观察的单独价格 = 320 000 + 160 000 + 560 000 = 1 040 000(元)

FX 公司按照乙生产设备、丙重型运输车、甲装配设备这三个租赁部分单独价格（1 800 000 元、1 160 000 元、2 400 000 元）和非租赁部分的单独价格之和（1 040 000 元）的相对比例来分摊合同对价。分拆后，乙生产设备、丙重型运输车和甲装配设备的租赁付款额（折现前）分别为 1 687 500 元、1 087 500 元和 2 250 000 元。

（二）租赁的合并

实务中，企业与同一交易方或其关联方在同一时间或相近时间订立的两份或多份包含租赁的合同，在符合以下三个条件之一时，应当合并为一份租赁合同进行会计处理。

(1) 该两份或多份合同是基于总体商业目的而订立的，且构成一揽子交易，如果不作为整体考虑，就不能理解其总体商业目的。

(2) 该两份或多份合同中的某份合同的对价金额取决于其他合同的定价或履行情况。

(3) 该两份或多份合同让渡的资产使用权合起来构成一项单独租赁。

▶▶▶▶ 三、租赁期

租赁期是指承租人有权使用租赁资产且不可撤销的期间。实务中，承租人有权选择续租资产，且能够合理确定将行使该选择权的，租赁期应当包含续租选择权涵盖的期间；承租人有权选择终止租赁资产，但不能合理确定将不会行使该选择权的，租赁期应当包含终止租赁选择权涵盖的期间。

（一）租赁期开始日

租赁期从租赁期开始日起计算。租赁期开始日是指出租人提供租赁资产使其可供承租人使用的开始日期。如果承租人在租赁协议约定的起租日或租金起付日之前已获得对租赁资产使用权的控制，则表明租赁期已经开始。租赁协议中对起租日或租金支付时间的约定，并不影响租赁期开始日的判断。

（二）不可撤销期间

在确定租赁期和判断不可撤销租赁期间时，企业应当根据租赁条款的约定来确定可强制执行合同的期间。如果承租人和出租人双方均有权在未经另一方许可的情况下终止租赁，且罚款金额较小，则该租赁不再强制执行；如果只有承租人有权终止租赁，则在确定租赁期时，企业应当将该项权利视为承租人可行使的终止租赁选择权进行考虑；如果只有出租人有权终止租赁，则不可撤销的租赁期包括终止租赁选择权所涵盖的期间。

任务二 承租人的会计处理

▶▶▶▶ 一、初始计量

（一）租赁负债的初始计量

租赁负债应当按照租赁期开始日尚未支付的租赁付款额的现值进行初始计量。

1. 租赁付款额

租赁付款额是指承租人在租赁活动中向出租人支付的与在租赁期内使用租赁资产的权利相关的款项。租赁付款额具体包括以下五个方面的内容。

(1) 固定付款额及实质固定付款额存在租赁激励的，扣除租赁激励相关金额。其中，实质固定付款额是指在形式上可能包含变量，但实质上无法避免的付款额。实质固定付款额主要包括付款额设定为可变租赁付款额，但该可变条款几乎不可能发生，没有真正的经济实质；承租人有多套付款额方案，但其中仅有一套付款额方案是可行的，承租人应当将该可行的付款额方案作为租赁付款额；承租人有多套可行的付款额方案，但必须选择其中一套付款额方案时，承租人应当将总折现金额最低的一套付款额方案作为租赁付款额。

租赁激励是指出租人为了达成租赁而向承租人提供的优惠，主要包括出租人向承租人支付的与租赁有关的款项、出租人为承租人偿付或承担的费用等。

实务中，如果在租赁合同中存在租赁激励，承租人在确定租赁付款额时，应当扣除租赁激励相关金额。

(2) 取决于指数或比率的可变租赁付款额。其中，可变租赁付款额是指承租人为取得在租赁期内使用租赁资产的权利，而向出租人支付的因租赁期开始日后的事实或情况发生变化而变动的款项。

(3) 购买选择权的行权价格，前提是承租人合理确定将行使该选择权。在租赁期开始日，承租人应判断是否能够合理确定将行使购买标的资产的选择权。如果承租人能够合理确定将行使购买标的资产的选择权，那么租赁付款额中应当包含购买选择权的行权价格。

(4) 行使终止租赁选择权所需支付的款项，前提是租赁期能够反映承租人将行使终止租赁选择权。在租赁期开始日，承租人应当判断是否能够合理确定将行使终止租赁的选择权。如果承租人能够合理确定将行使终止租赁的选择权，那么租赁付款额中应当包含行使终止租赁选择权所需支付的款项，且租赁期不应当包含终止租赁选择权涵盖的期间。

(5) 根据承租人提供的担保余值预计应支付的款项。其中，担保余值是指与出租人无关的单位或个人向出租人提供担保，保证在租赁结束时租赁资产的价值至少为某指定的金额。

2. 折现率

实务中，租赁负债应当按照租赁期开始日尚未支付的租赁付款额的现值进行初始计量。在计算租赁付款额的现值时，承租人应当采用租赁内含利率作为折现率，如果不能确定租赁内含利率的，则应当采用承租人增量借款年利率作为折现率。

租赁内含利率，是指能够使出租人的租赁收款额的现值与未担保余值的现值之和等于租赁资产公允价值与出租人的初始直接费用之和的利率。其中，未担保余值是指在租赁资产余值中，出租人不能保证能够实现或仅由与出租人有关的一方进行担保的部分。初始直接费用是指为了达成租赁活动所发生的增量成本。所谓增量成本，是指如果企业不取得该租赁，就不会发生的成本。

(二) 使用权资产的初始计量

使用权资产是指承租人可以在租赁期内使用租赁资产的权利。在租赁期开始日，承租人应当按照成本对使用权资产进行初始计量。实务中，使用权资产的成本主要包括以下内容。

(1) 租赁负债的初始计量金额。

(2) 在租赁期开始日或之前支付的租赁付款额。存在租赁激励的，应当扣除已享受的租赁激励相关金额。

(3) 承租人发生的初始直接费用。

(4) 承租人为拆卸及移除租赁资产、复原租赁资产所在场地或将租赁资产恢复至租赁条款约定状态预计发生的成本。

【例题 10-2】承租人 FX 公司与出租人 E 公司签订了为期 10 年的写字楼租赁协议，并拥有 5 年的续租选择权，假设不考虑相关税费影响。有关资料如下：

① 初始租赁期内的不含税租金为每年 80 000 元，续租期间为每年 83 000 元，所有款项应于每年年初通过银行存款支付。

② 为获得该项租赁，FX 公司发生了初始直接费用 30 000 元。其中，20 000 元属于向该写字楼前任租户支付的款项，10 000 元属于向促成此租赁交易的房地产中介支付的佣金。

③ 作为对 FX 公司的激励，E 公司同意补偿 FX 公司 10 000 元的佣金。

④ 在租赁期开始日，FX 公司评估后认为，不能合理确定将行使续租选择权，因此，将租赁期确定为 10 年。

⑤ FX 公司不能确定租赁内含利率，其增量借款年利率为 6%，该利率反映的是 FX 公司以类似抵押条件借入期限为 10 年，与使用权资产等值的相同币种的借款而必须支付的利率。

要求：计算租赁资产成本、租赁负债金额，并编制相关会计记录。

解题过程如下：

① 计算租赁期开始日租赁付款额的现值，并确认租赁负债和使用权资产。

租赁期开始日，FX 公司支付第 1 年的租金为 80 000 元，并将剩余 9 年租金（每年 80 000 元）按 6% 的年利率折现后的现值计算租赁负债。

剩余 9 期租赁付款额 = 80 000 × 9 = 720 000（元）

租赁负债 = 剩余 9 期租赁付款额的现值 = 80 000 × (P/A，6%，9) = 80 000 × 6.801 7 = 544 136 元

未确认融资费用 = 剩余 9 期租赁付款额 − 剩余 9 期租赁付款额的现值 = 720 000 − 544 136 = 175 864（元）

确认租赁资产成本时，FX 公司的会计分录如下：

借：使用权资产   624 136

　　租赁负债——未确认融资费用   175 864

　　　贷：租赁负债——租赁付款额   720 000

　　　　　银行存款（第 1 年的租赁付款额）   80 000

② 将初始直接费用计入使用权资产的初始成本。

确认租赁直接费用计入租赁资产成本时，FX 公司的会计分录如下：

借：使用权资产   30 000

　　贷：银行存款   30 000

③ 将已收的租赁激励金额从使用权资产初始成本中扣除。

扣除租赁激励金额时，FX 公司的会计分录如下：

借：银行存款　　　　　　　　　　　　10 000

　　贷：使用权资产　　　　　　　　　　　10 000

由上述计算分析可知，FX 公司使用权资产的初始成本为 644 136(624 136＋30 000－10 000) 元。

▶▶▶ 二、后续计量

（一）租赁负债的后续计量

1. 计量基础

在租赁期开始日之后，承租人应当按以下三个原则对租赁负债进行后续计量：一是确认租赁负债的利息时，增加租赁负债的账面金额；二是支付租赁付款额时，减少租赁负债的账面金额；三是重估或租赁变更等导致租赁付款额发生变动时，重新计算租赁负债的账面价值。但是，对于未纳入租赁负债计量的可变租赁付款额，承租人应当在实际发生时将其直接计入当期损益。

【例题 10-3】承租人 FX 公司与出租人 M 公司签订了为期 10 年的商铺租赁合同。每年的租赁付款额为 250 000 元，在每年年末通过银行存款支付。FX 公司不能确定租赁内含利率，其增量借款年利率为 6.003%。

要求：计算租赁负债金额，并编制相关会计分录。

解题过程如下：

租赁期开始日，FX 公司按照租赁付款额的现值确认的租赁负债金额为 1 840 000 元。在第 1 年年末，FX 公司向 M 公司支付第 1 年的租赁付款额 250 000 元，其中 110 455.2 (1 840 000 × 6.003%) 元是当年的利息，139 544.8(250 000 －110 455.2) 元是本金，即租赁负债的账面价值减少 139 544.8 元。

支付第 1 年租赁付款额时，FX 公司编制的会计分录如下：

借：租赁负债——租赁付款额　　　　　250 000

　　贷：银行存款　　　　　　　　　　　250 000

确认租赁付款额利息时，FX 公司的会计分录如下：

借：财务费用——利息费用　　　　　　110 455.2

　　贷：租赁负债——未确认融资费用　　　110 455.2

【例题 10-4】承接例题 10-3，除了固定付款额以外，该租赁合同还规定租赁期间 FX 公司的商铺当年销售额超过 5 000 000 元的，当年应当按照销售额的 1% 额外支付可变租金，在当年年末通过银行存款支付。

要求：计算租赁资产成本、租赁负债金额，并编制相关会计分录。

解题过程如下：

租赁合同中签订了该可变租赁付款额与 FX 公司未来的销售额挂钩，而并非取决于指数或比率的，不应被纳入租赁负债的初始计量中。假设在租赁的第 3 年，该商铺的销售额为 15 000 000 元。FX 公司第 3 年年末应当支付的可变租赁付款额为 150 000 (15 000 000 × 1%) 元，在实际发生时计入当期损益。

确认可变租赁付款额时，FX 公司的会计分录如下：

借：销售费用   150 000

　　贷：银行存款   150 000

2. 租赁负债的重新计量

实务中，在租赁期开始日之后，如果发生以下四种情形的，承租人应当按照变动后的租赁付款额的现值重新计算租赁负债，并相应调整使用权资产的账面价值。如果使用权资产的账面价值已经调减至 0，但租赁负债仍需进一步调减的，承租人应当将剩余的金额直接计入当期损益。

(1) 实质固定付款额发生变动。在租赁活动中，如果潜在可变性因素消除，租赁付款额由可变付款额变成实质固定付款额，则承租人应当按照变动后的租赁付款额现值重新计算租赁负债。

(2) 担保余值预计应付的金额发生变动。在租赁期开始日之后，如果担保余值预计应付的金额发生变动，则承租人应当按照变动后租赁付款额的现值重新计算租赁负债。

(3) 用于确定租赁付款额的指数或比率发生变动。在租赁期开始日之后，由浮动利率的变动而导致未来租赁付款额发生变动的，承租人应当按照变动后租赁付款额的现值重新计算租赁负债。

(4) 购买选择权、续租选择权或终止租赁选择权的评估结果或实际行使情况发生变化。

在租赁期开始日之后，发生以下两种情形的，承租人应采用修订后的折现率对变动后的租赁付款额进行折现，以重新计算租赁负债：一是发生承租人可控范围内的重大事件或变化，且影响承租人是否能够合理确定将行使续租选择权或终止租赁选择权的，承租人应当根据新的判断结果重新确定租赁期和租赁付款额；二是发生承租人可控范围内的重大事件或变化，且影响承租人是否能够合理确定将行使购买选择权的，承租人应根据新的评估结果重新确定租赁付款额。

【例题 10-5】承租人 ZR 公司与出租人 M 公司签订了一份写字楼租赁合同，每年的租赁付款额为 100 000 元，在每年年末通过银行存款支付。ZR 公司不能确定该租赁的内含利率，采用的增量借款年利率为 5%。

根据该租赁合同约定，不可撤销租赁期为 5 年，且在第 5 年年末，ZR 公司有权选择以每年 100 000 元续租 5 年，也有权选择以 2 000 000 元购买该房产。ZR 公司在租赁期开始时评估认为，可以合理确定将行使续租的选择权，而不会行使购买的选择权，因此将租赁期确定为 10 年。

要求：计算租赁资产成本、租赁负债金额，并编制相关会计分录。

解题过程如下：

租赁期开始日，ZR 公司确认的租赁负债和使用权资产为 772 000[100 000 × (P/A, 5%, 10)] 元。租赁负债进行后续计量的方法和数据如表 10-2 所示。

表 10-2　租赁负债后续计量方法和数据表

单位：元

年度	租赁负债年初金额 ①	利息 ② = ① × 5%	租赁付款额 ③	租赁负债年末金额 ④ = ① + ② - ③
1	772 000*	38 600	100 000	710 600
2	710 600	35 530	100 000	646 130
3	646 130	32 310	100 000	578 440
4	578 440	28 925	100 000	507 365
5	507 365	25 370	100 000	432 735
6	432 735	21 640	100 000	354 375
7	354 375	17 720	100 000	272 095
8	272 095	13 605	100 000	185 700
9	185 700	9 285	100 000	94 985
10	94 985	4 750	100 000	—

注：* 为便于计算，本例中年金现值系数取两位小数，利息金额作尾数调整。

租赁期开始日确认租赁资产和负债时，ZR 公司的会计分录如下：

借：使用权资产——写字楼　　　　　　　772 000

　　租赁负债——未确认融资费用　　　　228 000

　　贷：租赁负债——租赁付款额　　　　　　1 000 000

假设到第 4 年，房地产价格大幅度上涨，ZR 公司预计租赁期结束时该写字楼的市价为 4 200 000 元，ZR 公司在第 4 年年末重新评估后认为，能够合理确定将行使上述购买的选择权，而不会行使续租的选择权。由于该房产所在地区的房价上涨属于市场情况发生的变化，不属于 ZR 公司的可控范围，因此，虽然该事项导致购买选择权及续租选择权的评估结果发生变化，但 ZR 公司不需要重新计量租赁负债。

到第 5 年年末，ZR 公司实际行使了购买的选择权。截至该时点，使用权资产的原值为 772 000 元，累计折旧为 386 000(772000 × 5 ÷ 10) 元；支付了第 5 年租赁付款额之后，租赁负债的账面价值为 432 735 元，其中，租赁付款额为 500 000 元，未确认融资费用为 67 265(500 000 - 432 735) 元。

行使购买选择权时，ZR 公司的会计分录如下：

借：固定资产——写字楼　　　　　　　1 953 265

　　使用权资产累计折旧　　　　　　　386 000

　　租赁负债——租赁付款额　　　　　500 000

　　贷：使用权资产　　　　　　　　　　　772 000

　　　　租赁负债——未确认融资费用　　　　67 265

　　　　银行存款　　　　　　　　　　　2 000 000

（二）使用权资产的后续计量

1. 计量基础

在租赁期开始日之后，承租人应当采用成本模式对使用权资产进行后续计量，即以成本减去累计折旧及累计减值损失计量使用权资产。承租人按照规定重新计量租赁负债的，应当相应调整使用权资产的账面价值。

2. 使用权资产的折旧

实务中，承租人应当根据有关固定资产折旧的规定，从租赁期开始日起对使用权资产计提折旧。使用权资产通常从租赁期开始的当月计提折旧，当月开始计提折旧有困难的，可以选择从租赁期开始的下月开始计提折旧。

承租人在确定使用权资产的折旧方法时，应当根据与使用权资产有关的经济利益的预期实现方式作出决定。实务中，承租人应当按照直线法对使用权资产计提折旧，如果其他折旧方法更加能够反映使用权资产有关经济利益的预期实现方式的，应当采用其他折旧方法。

实务中，承租人在确定使用权资产的折旧年限时，应当遵循以下两个原则：一是承租人能够合理确定租赁期届满时取得租赁资产所有权的，应当在租赁资产剩余使用寿命内计提折旧；二是承租人不能合理确定租赁期届满时能够取得租赁资产所有权的，应当在租赁期与租赁资产剩余使用寿命两者孰短的期间内计提折旧。

3. 使用权资产的减值

在租赁期开始日之后，承租人应当按照资产减值的规定，判断使用权资产是否已经发生减值，并对已识别的减值损失进行会计处理。使用权资产发生减值的，按照应减记的金额入账。计提资产减值损失时，企业的会计分录如下：

借：资产减值损失

　　贷：使用权资产减值准备

使用权资产减值准备一旦计提，在以后期间不得转回。承租人应当按照扣除减值损失之后的使用权资产的账面价值，重新确定计提折旧的金额。

（三）租赁变更的会计处理

租赁变更是指原租赁合同条款以外的租赁范围、租赁对价、租赁期限的变更，包括增加或终止一项或多项租赁资产的使用权，延长或缩短合同规定的租赁期等。

(1) 租赁变更作为一项单独租赁处理。

实务中，租赁发生变更且同时符合以下两个条件的，承租人应当将该租赁变更作为一项单独租赁进行会计处理：一是该租赁变更通过增加一项或多项租赁资产的使用权而扩大了租赁范围或延长了租赁期限；二是增加的对价与租赁范围扩大部分的单独价格按该合同情况调整后的金额相当。

(2) 租赁变更未作为一项单独租赁处理。

租赁变更未作为一项单独租赁进行会计处理的，在租赁变更生效日，承租人应当按照新租赁准则有关租赁分拆的规定对变更后合同的对价进行分摊，按照有关租赁期的规定确定变更后的租赁期，并采用变更后的折现率对变更后的租赁付款额进行折现，以重新计算租赁负债。在计算变更后租赁付款额的现值时，承租人应当将剩余租赁期间的租赁内含利率作为折现率；不能确定剩余租赁期间的租赁内含利率的，应当将租赁变更生效日的承租人增量借款年利率作为折现率。

就上述租赁负债调整的影响，承租人应区分以下两种情形进行会计处理：一是租赁变更导致租赁范围缩小或租赁期缩短的，承租人应当调减使用权资产的账面价值，以反映租赁的部分终止或完全终止。承租人应当将部分终止或完全终止租赁的相关利得或损失计入当期损益。二是对于其他租赁变更，承租人应当相应调整使用权资产的账面价值。

【例题 10-6】承租人 TR 公司与出租人 HR 公司签订了 10 年期的办公楼租赁合同。租赁合同约定，年租赁付款额为 100 000 元，在每年年末通过银行存款支付。TR 公司不能确定租赁内含利率。租赁期开始日，TR 公司的增量借款年利率为 6%，相应的租赁负债和使用权资产的初始确认金额均为 736 000[100 000 × (P/A，6%，10)] 元。在第 6 年年初，TR 公司和 HR 公司同意对原租赁合同进行变更，即自第 6 年年初起，将原租赁办公楼的面积缩小一半。每年的租赁付款额（自第 6 至第 10 年）调整为 60 000 元。承租人在第 6 年年初的增量借款年利率为 5%。

注意：100 000 × (P/A，6%，10) = 736 010 元，为便于计算，在本题中作尾数调整，取 736 000 元。

要求：编制相关会计分录。

解题过程如下：

在租赁变更生效日（第 6 年年初），TR 公司基于以下情况对租赁负债进行重新计量：一是剩余租赁期为 5 年；二是年付款额为 60 000 元；三是采用修订后的折现率 5% 进行折现。基于上述变化，通过计算得出租赁变更后的租赁负债为 259 770[60 000 × (P/A，5%，5)] 元。

TR 公司应当基于原使用权资产部分终止的比例（办公楼的面积缩小一半），来确定使用权资产账面价值的调减金额。在租赁变更之前，原使用权资产的账面价值为 368 000(736 000 - 736 000 × 5÷10) 元，办公楼面积的一半的账面价值为 184 000 元。原租赁负债的账面价值为 421 240 [100 000 × (P/A，6%，5)] 元，相应缩小一半的账面价值为 210 620 元。

在租赁变更生效日（第 6 年年初），TR 公司终止确认一半的原使用权资产和原租赁负债，并将租赁负债减少额与使用权资产减少额之间的差额 26 620(210 620 - 184 000) 元作为利得计入当期损益。其中，租赁负债的减少额（210 620 元）包括：租赁付款额的减少额 250 000 (100 000 × 50% × 5) 元和未确认融资费用的减少额 39 380(250 000 - 210 620) 元。

终止确认一半的原使用权资产和原租赁负债时，TR 公司的会计分录如下：

借：租赁负债——租赁付款额　　　　　　　　　250 000
　　贷：租赁负债——未确认融资费用　　　　　　39 380
　　　　使用权资产　　　　　　　　　　　　　184 000
　　　　资产处置损益　　　　　　　　　　　　 26 620

TR 公司将剩余租赁负债 (210 620 元) 与变更后重新计量的租赁负债 (259 770 元) 之间的差额 49 150 元,相应调整使用权资产的账面价值。其中,租赁负债的增加额 (49 150 元) 包括:租赁付款额的增加 50 000[(60 000 - 100 000 × 50%) × 5] 元和未确认融资费用的增加额 850(50 000 - 49 150) 元。

调整现使用权资产账面价值时,TR 公司的会计分录如下:

借:使用权资产   49 150
  租赁负债——未确认融资费用   850
  贷:租赁负债——租赁付款额   50 000

▶▶▶▶ 三、短期租赁和低价值资产租赁

对于短期租赁和低价值资产租赁,承租人可以选择不确认使用权资产和租赁负债。实务中,对于短期租赁和低价值资产租赁,不作为使用权资产和租赁负债确认的,承租人应当将短期租赁和低价值资产租赁的租赁付款额,在租赁期内的各个期间按照直线法或其他系统合理的方法计入相关资产成本或当期损益。

(一)短期租赁

短期租赁是指在租赁期开始日,租赁期不超过 12 个月的租赁。实务中,包含购买选择权的租赁不属于短期租赁。

对于短期租赁,承租人可以按照租赁资产的类别进行简化会计处理。如果承租人对某类租赁资产进行简化会计处理,那么该类资产下所有的短期租赁都应当采用简化会计处理。

(二)低价值资产租赁

低价值资产租赁是指单项租赁资产为全新资产时价值较低的租赁。

承租人在判断是否属于低价值资产租赁时,应当基于租赁资产在全新状态下的绝对价值进行判断,不应当考虑资产已被使用的年限。

对于低价值资产租赁,承租人可以根据每项租赁的具体情况进行简化会计处理。另外,低价值资产进行简化会计处理还应当满足以下规定:只有承租人能够从单独使用该低价值资产或将其与承租人易于获得的其他资源一起使用中获得利益,且该项资产与其他租赁资产没有高度依赖或高度关联关系时,才能对该资产租赁进行简化会计处理。

实务中,低价值资产租赁的标准应当是一个绝对金额,即低价值资产租赁仅与资产在全新状态下的绝对价值有关系,与承租人的规模、性质等没有关系。

任务三 出租人的会计处理

▶▶▶▶ 一、出租人的租赁分类

(一)融资租赁和经营租赁

实务中,出租人应当在租赁开始日将租赁分为融资租赁和经营租赁。其中,租赁开始

日是指租赁合同签署日与租赁各方就主要租赁条款做出承诺日中的较早者。租赁开始日可能早于租赁期开始日，也可能与租赁期开始日重合。

对于融资租赁与经营租赁的划分，主要取决于租赁的实质。如果一项租赁实质上转移了与租赁资产所有权有关的主要风险和报酬，则出租人应当将该项租赁划分为融资租赁；如果一项租赁实质上没有转移与租赁资产所有权有关的主要风险和报酬，则出租人应当将该项租赁划分为经营租赁。

（二）融资租赁的判断

实务中，融资租赁具有以下一种或多种情形。

(1) 在租赁期届满时，租赁资产的所有权转移给承租人。

(2) 承租人有购买租赁资产的选择权，所订立的购买价款预计将远低于行使选择权时租赁资产的公允价值，因而在租赁开始日就可以合理确定承租人将行使该选择权。

(3) 资产的所有权虽然不转移，但租赁期占租赁资产使用寿命的大部分（租赁期占租赁开始日租赁资产使用寿命的 75% 或 75% 以上）。

(4) 在租赁开始日，租赁收款额的现值几乎相当于租赁资产的公允价值 (90% 以上)。

(5) 租赁资产性质特殊，如果不作较大改造，则只有承租人才能使用。

▶▶▶▶ 二、出租人对融资租赁的会计处理

（一）初始计量

租赁期开始日，出租人应当对融资租赁确认应收融资租赁款，并终止确认融资租赁资产。出租人对应收融资租赁款进行初始计量时，应当将租赁投资净额作为应收融资租赁款的入账价值。

租赁投资净额为未担保余值和租赁期开始日尚未收到的租赁收款额按照租赁内含利率折现的现值之和。其中，租赁内含利率是指使出租人的租赁收款额的现值与未担保余值的现值之和（即租赁投资净额）等于租赁资产公允价值与出租人的初始直接费用之和的利率。因此，出租人发生的初始直接费用包括在租赁投资净额中，即包括在应收融资租赁款的初始入账价值中。

租赁收款额是指出租人因让渡在租赁期内使用租赁资产的权利而应向承租人收取的款项。实务中，租赁收款额主要包括以下内容。

(1) 承租人需支付的固定付款额及实质固定付款额。存在租赁激励的，应当扣除租赁激励相关金额。

(2) 取决于指数或比率的可变租赁付款额。该款项在初始计量时根据租赁期开始日的指数或比率确定。

(3) 购买选择权的行权价格，前提是合理确定承租人将行使该选择权。

(4) 承租人行使终止租赁选择权需支付的款项，前提是租赁期反映出承租人将行使终止租赁选择权。

(5) 由承租人、与承租人有关的一方以及有经济能力履行担保义务的独立第三方向出租人提供的担保余值。

【例题 10-7】2021 年 12 月 31 日，MT 公司与 HM 公司签订了一份租赁合同，从 HM 公司租入一台丙机床。租赁合同主要条款如下所述。

① 租赁资产：全新丙机床。

② 租赁期开始日：2022 年 1 月 1 日。

③ 租赁期：2022 年 1 月 1 日—2027 年 12 月 31 日，共 72 个月。

④ 固定租金：自 2022 年 1 月 1 日，每年年末支付租金 3 200 000 元。如果 TR 公司能够在每年年末的最后一天及时付款，则给予减少租金 200 000 元的奖励。

⑤ 取决于指数或比率的可变租赁付款额：租赁期限内，如遇中国人民银行贷款基准利率调整，则出租人将对租赁利率做出同方向、同幅度的调整。基准利率调整日之前各期和调整日当期租金不变，从下一期租金开始按调整后的租金金额收取。

⑥ 租赁开始日租赁资产的公允价值：丙机床 2021 年 12 月 31 日的公允价值为 14 000 000 元，账面价值为 12 000 000 元。

⑦ 初始直接费用：签订租赁合同过程中 HM 公司发生可归属于租赁项目的手续费、佣金共计 200 000 元。

⑧ 承租人的购买选择权：租赁期届满时，TR 公司享有优惠购买该机器的选择权，购买价为 400 000 元，估计该日租赁资产的公允价值为 1 600 000 元。

⑨ 取决于租赁资产绩效的可变租赁付款额：2023 年和 2024 年两年，TR 公司每年按该机器所生产产品的年销售收入的 6% 向 HM 公司支付。

⑩ 承租人的终止租赁选择权：TR 公司享有终止租赁选择权。在租赁期间，如果 TR 公司终止租赁，需支付的款项为剩余租赁期间的固定租金支付金额。

⑪ 担保余值和未担保余值均为 0。

⑫ 丙机床的使用寿命为 7 年。

要求：判断该租赁的类型，并编制相关会计分录。

解题过程如下：

(1) 判断该租赁的类型。

由于存在优惠购买选择权，优惠购买价 400 000 元远低于行使选择权日租赁资产 (丙机床) 的公允价值 1 600 000 元，因此在 2021 年 12 月 31 日就可合理确定 TR 公司将会行使这种选择权。另外，该租赁合同的租赁期为 6 年，占租赁开始日租赁资产使用寿命的 86%，超过 75%。HM 公司综合考虑其他各种情形和迹象，判断该租赁实质上转移了与丙机床所有权有关的主要风险和报酬，因此将这项租赁划分为融资租赁。

(2) 确定租赁的收款额。

① 承租人的固定付款额为扣除租赁激励后的金额，即 TR 公司的固定付款额为 18 000 000 [(3 200 000 − 200 000) × 6] 元。

② 取决于指数或比率的可变租赁付款额。该款项在初始计量时根据租赁期开始日的

指数或比率确定，因此，本次租赁活动在租赁期开始日不进行考虑。

③承租人购买选择权的行权价格。租赁期届满时，TR 公司享有优惠购买该机器的选择权，购买价格为 400 000 元，估计该日租赁资产的公允价值为 1 600 000 元。优惠价 400 000 元远低于行使选择权日租赁资产的公允价值，因此在 2021 年 12 月 31 日就可合理确定 TR 公司将会行使这种选择权。租赁收款额中应包括承租人购买选择权的行权价格 400 000 元。

④终止租赁的罚款。虽然 TR 公司享有终止租赁选择权，但若终止租赁，TR 公司需支付的款项为剩余租赁期间的固定租金支付金额。因此，可以合理确定 TR 公司不会行使终止选择权，终止租赁罚款不应纳入租赁收款额。

⑤由承租人向出租人提供的担保余值。TR 公司向 HM 公司提供的担保余值为 0 元。

综上所述，租赁收款额 = 18 000 000 + 400 000 = 18 400 000(元)

(3) 确认租赁投资总额。

租赁投资总额 = 在融资租赁下出租人应收的租赁收款额 + 未保余值

$$= 18\ 400\ 000 + 0 = 18\ 400\ 000(元)$$

(4) 确认租赁投资净额的金额和未实现融资收益。

租赁投资净额的金额 = 租赁期开始日的租赁资产公允价值 + 出租人发生的租赁初始直接费用

$$= 14\ 000\ 000 + 200\ 000 = 14\ 200\ 000(元)$$

未实现融资收益 = 租赁投资总额 − 租赁投资净额

$$= 18\ 400\ 000 − 14\ 200\ 000 = 4\ 200\ 000(元)$$

(5) 计算租赁内含利率。

租赁内含利率是使租赁投资总额的现值(即租赁投资净额)等于租赁资产在租赁开始日的公允价值与出租人的初始直接费用之和的利率。

租赁内含利率 = $(3\ 200\ 000 − 200\ 000) \times (P/A, r, 6) + 400\ 000 \times (P/F, r, 6) = 14\ 200\ 000(元)$

计算得到租赁的内含利率为 7.82%。

(6) 账务处理。

2023 年 1 月 1 日确认租赁收款额时，HM 公司的会计分录如下：

借：应收融资租赁款——租赁收款额　　　　　　18 400 000

　　贷：银行存款　　　　　　　　　　　　　　　　200 000

　　　　融资租赁资产　　　　　　　　　　　　12 000 000

　　　　资产处置损益　　　　　　　　　　　　 2 000 000

　　　　应收融资租赁款——未实现融资收益　　4 200 000

实务中，如果某项融资租赁合同必须以收到租赁保证金为生效条件，那么，出租人应当按照实际收到的金额入账。

收到承租人交来的租赁保证金时，出租人的会计分录如下：

借：银行存款

　　贷：其他应付款——租赁保证金

如果承租人到期不交租金，那么出租人可以用承租人交的租赁保证金抵租金。

以保证金抵作租金时，出租人的会计分录如下：

借：其他应付款——租赁保证金

　　贷：应收融资租赁款

如果承租人违约，那么按租赁合同或协议规定出租人有权没收保证金。

没收租赁保证金时，出租人的会计分录如下：

借：其他应付款——租赁保证金

　　贷：营业外收入

（二）后续计量

出租人应当按照固定的周期性利率计算并确认租赁期内各个期间的利息收入。

【例题 10-8】承接例题 10-7 所有资料。

要求：根据上述数据确认计量 HM 公司在租赁期内各期间的利息收入。

解题过程如下：

① 计算租赁期内各期的利息收入，如表 10-3 所示。

表 10-3　各期利息收入计算表

单位：元

日期 ①	收取的租金 ②	确认的利息收入 ③ = 期初④ × 7.82%	租赁投资净额余额 期末④ = 期初④ - ② + ③
2022 年 1 月 1 日			14 200 000
2022 年 12 月 31 日	3 000 000	1 110 440	12 310 440
2023 年 12 月 31 日	3 000 000	962 676	10 273 116
2024 年 12 月 31 日	3 000 000	803 358	8 076 474
2025 年 12 月 31 日	3 000 000	631 580	5 708 054
2026 年 12 月 31 日	3 000 000	446 370	3 154 424
2027 年 12 月 31 日	3 000 000	245 576*	400 000
2027 年 12 月 31 日	400 000		
合计	18 400 000	4 200 000	

注：* 作尾数调整，245 576 = 3 000 000 + 400 000 - 3 154 424。

② HM 公司的账务处理。

2022 年 12 月 31 日收到第一期租金时，HM 公司的会计分录如下：

借：银行存款　　　　　　　　　　　　　　　3 000 000

　　贷：应收融资租赁款——租赁收款额　　　　　　3 000 000

确认租赁收入时，HM 公司的会计分录如下：

借：应收融资租赁款——未实现融资收益　　　1 110 440

　　贷：租赁收入　　　　　　　　　　　　　　　1 110 440

2023 年 12 月 31 日收到第二期租金时，HM 公司的会计分录如下：

借：银行存款　　　　　　　　　　　　　　　3 000 000

　　贷：应收融资租赁款——租赁收款额　　　　　　3 000 000

确认租赁收入时，HM 公司的会计分录如下：

借：应收融资租赁款——未实现融资收益　　　962 676

　　贷：租赁收入　　　　　　　　　　　　　　　962 676

注意：2023 年 12 月 31 日以后期间的账务处理省略。

实务中，纳入出租人租赁投资净额的可变租赁付款额只包含取决于指数或比率的可变租赁付款额。在初始计量时，应当采用租赁期开始日的指数或比率进行初始计量。出租人应当定期复核计算租赁投资总额时所使用的未担保余值。如果预计未担保余值降低，则出租人应当修改租赁期内的收益分配，并立即确认预计的减少额。

出租人取得的未纳入租赁投资净额计量的可变租赁付款额，如与资产的未来绩效或使用情况挂钩的可变租赁付款额，应当在实际发生时计入当期损益。

【例题 10-9】承接例题 10-7，假设 2023 年和 2024 年，TR 公司分别实现产品年销售收入 20 000 000 元和 30 000 000 元。根据租赁合同，HM 公司 2023 年和 2024 年应向 TR 公司收取的与销售收入挂钩的租金分别为 1 200 000 元和 1 800 000 元。

要求：编制相关会计分录。

解题过程如下：

2023 年确认可变租金收入时，HM 公司的会计分录如下：

借：银行存款（或应收账款）　　　　　　　1 200 000

　　贷：租赁收入　　　　　　　　　　　　　　 1 200 000

2024 年确认可变租金收入时，HM 公司的会计分录如下：

借：银行存款（或应收账款）　　　　　　　1 800 000

　　贷：租赁收入　　　　　　　　　　　　　　 1 800 000

（三）融资租赁变更的会计处理

融资租赁发生变更且同时符合以下两个条件的，出租人应当将该变更作为一项单独租赁进行会计处理：一是该变更通过增加一项或多项租赁资产的使用权而扩大了租赁范围或延长了租赁期限；二是增加的对价与租赁范围扩大部分的单独价格按该合同情况调整后的金额相当。

【例题 10-10】承租人 FX 与出租人 WH 签订了一项为期 5 年的汽车租赁合同，构成融资租赁。合同规定，FX 每年年末向 WH 支付租金 100 000 元，租赁期开始日，该辆汽车的公允价值为 379 080 元。按照公式 100 000 ×（P/A，r，5）= 379 080（元），计算得出租赁内含利率为 10%，租赁收款额为 500 000 元，未确认融资收益为 120 920 元。在第 2 年年初，FX 和 WH 同意对原租赁进行修改，缩短租赁期限到第 3 年年末，每年支付租金时点不变，租金总额从 500 000 元变更到 330 000 元。假设本例中不涉及未担保余值、担保余值、终止租赁罚款等。

要求：判断租赁的类型，并编制相关会计分录。

解题过程如下：

如果原租赁期限设定为 3 年，在租赁开始日，租赁类别被分类为经营租赁，那么在租赁变更生效日 (即第 2 年年初)，WH 将租赁投资净额的余额 316 988(379 080 + 379 080 × 10% − 100 000) 元作为该辆汽车的入账价值，并从第 2 年年初开始，作为一项新的经营租赁 (2 年租赁期，每年年末收取租金 115 000 元) 进行会计处理。

第 2 年年初租赁变更时，WH 公司的会计分录如下：

借：固定资产　　　　　　　　　　　　　　　316 988

　　应收融资租赁款——未确认融资收益　　83 012(120 920 − 379 080 × 10%)

　　贷：应收融资租赁款——租赁收款额　　　　400 000(500 000 − 100 000)

▶▶▶▶ 三、出租人对经营租赁的会计处理

在租赁期内的各个期间，出租人应当采用直线法或其他系统合理的方法将经营租赁的租赁收款额确认为租金收入。出租人取得的与经营租赁有关的可变租赁付款额，如果与指数或比率挂钩，则应当在租赁期开始日计入租赁收款额；除与指数或比率挂钩的可变租赁付款额以外的可变租赁付款额，应当在实际发生时计入当期损益。

出租人发生的与经营租赁有关的初始直接费用应当资本化至租赁标的资产的成本，在租赁期内按照与租金收入相同的确认基础分期计入当期损益。

实务中，出租人提供免租期的，在整个租赁期内 (即不扣除免租期) 按直线法或其他合理的方法进行分配，免租期内应当确认租金收入。出租人承担了承租人某些费用的，出租人应当将该费用从租金收入总额中扣除，按扣除后的租金收入余额在租赁期内进行分配。

对于经营租赁资产中的固定资产，出租人应当采用类似资产的折旧政策计提折旧；对于其他经营租赁资产，应当根据该资产适用的《企业会计准则》，采用系统合理的方法进行摊销。

出租人应当按照资产减值的规定，判断经营租赁资产是否已经发生减值，并对已识别的减值损失进行会计处理。

实务中，经营租赁发生变更的，出租人应自变更生效日开始，将其作为一项新的租赁进行会计处理，与变更前租赁有关的预收或应收租赁收款额视为新租赁的收款额。

任务四　售后租回的会计处理

▶▶▶▶ 一、售后租回的概念

售后租回是指卖方 (承租人) 将一项自制或外购的资产出售后，又将该项资产从买方

（出租人）租回的交易行为。售后租回实际上是一项特殊的租赁活动，在签订销售某项资产合同的同时又签订一份租赁该资产的合同，形成销售资产与租赁资产同步进行的交易。

实务中，在采用售后租回交易的情况下，卖方实际上也是承租人，买方实际上也是出租人。从卖方（承租人）的角度看，运用售后租回的交易手段，资产的卖方（承租人）继续对资产享有占有权、使用权和控制权，只是将资产的所有权转移给买方（出租人），从而一次性获得一定数量的货币资金，解决资金短缺的困境。从买方（出租人）的角度看，使用一笔货币资金购入一项资产，同时将该资产通过售后租回的交易手段进行租赁活动，获得稳定性强、风险小、收益有保障的机会。

▶▶▶ 二、售后租回交易的会计处理

（1）售后租回交易中的资产转让属于销售。

实务中，在处理售后租回交易中的资产转让属于销售业务的情况下，卖方（承租人）应当按原资产账面价值中与租回获得的使用权有关的部分，计算售后租回形成的使用权资产，并仅就转让给买方（出租人）的权利确认相关利得或损失。买方（出租人）应当根据其所适用的《企业会计准则》的规定对资产购买进行会计处理，并根据新租赁准则对资产出租进行会计处理。

实务中，在售后租回交易手段下，如果销售对价的公允价值与资产的公允价值不同，或者买方（出租人）未按照市场价格收取租金，卖方（承租人）应当按照以下两个方面进行调整：一是销售对价低于市场价格的款项作为预付租金进行会计处理；二是销售对价高于市场价格的款项作为买方（出租人）向卖方（承租人）提供的额外融资进行会计处理。同时，卖方（承租人）按照公允价值调整相关销售利得或损失，买方（出租人）按照市场价格调整租金收入。

在进行上述调整时，卖方（承租人）应当按以下二者中较易确定者进行：一是销售对价的公允价值与资产的公允价值的差异；二是合同付款额的现值与按市场租金计算的付款额的现值的差异。

【例题 10-11】FX 公司（卖方兼承租人）以 8 000 000 元的价格向 WM 公司（买方兼出租人）出售一层写字楼，WM 公司以银行存款支付，交易前该层写字楼的账面原值是 4 800 000 元，累计折旧是 800 000 元。同时，FX 公司与 WM 公司签订了合同，取得了该层写字楼 18 年的使用权（全部剩余使用年限为 40 年），年租金为 480 000 元，于每年年末通过银行存款支付。根据交易的条款和条件，FX 公司转让该层写字楼符合收入的条件。假设不考虑初始直接费用和各项税费的影响。该层写字楼在销售当日的公允价值为 7 200 000 元。FX 公司和 WM 公司均确定租赁内含年利率为 4.5%。

要求：编制相关会计分录。

解题过程如下：

由于该层写字楼的销售对价并非公允价值，FX 公司和 WM 公司分别进行了调整，按照公允价值计算销售收益和租赁应收款。超额售价 800 000(8 000 000 − 7 200 000) 元作为

WM 公司向 FX 公司提供的额外融资进行业务处理。FX 公司和 WM 公司按照公允价值分别确定销售利得、租赁收入等。

FX 公司和 WM 公司均确定租赁内含年利率为 4.5%，年付款额现值为 5 836 796 元（年付款额为 480 000 元，共 18 期，按每年 4.5% 进行折现），其中 800 000 元与额外融资相关（对应的未折现年付款额为 65 789.5 元），5 036 796(5 836 796 − 800 000) 元与租赁相关（对应的未折现年付款额为 414 210.5 元）。

年付款额现值 = 480 000 × (P/A，4.5%，18) = 5 836 796(元)

$$额外融资年付款额 = \frac{800\,000}{5\,836\,796} × 480\,000 ≈ 65\,789.5(元)$$

租赁相关年付款额 = 480 000 − 65 789.5 = 414 210.5(元)

① 在租赁期开始日，FX 公司的业务处理。

按照交易前该层写字楼的账面价值中与租回获得使用权有关的部分计算售后租回所形成的使用权资产。

该层写字楼的账面价值 = 交易前该层写字楼的账面原值 − 累计折旧

= 4 800 000 − 800 000 = 4 000 000(元)

$$使用权资产 = 该层写字楼账面价值 × \frac{租赁相关付款额现值}{该层写字楼的公允价值}$$

$$= 4\,000\,000 × \frac{5\,036\,796}{7\,200\,000} = 2\,798\,220(元)$$

计算与转让给 WM 公司的权利相关的利得。

出售该层写字楼的全部利得 = 7 200 000 − 4 000 000 = 3 200 000(元)

$$其中，与该层写字楼使用权相关的利得 = 3\,200\,000 × \frac{5\,036\,796}{7\,200\,000} = 2\,238\,576(元)$$

与转让到 WM 公司的权利相关的利得 = 3 200 000 − 2 238 576 = 961 424(元)

进行相关账务处理。

租赁付款额 = 租赁相关年付款额 × 租赁期 (18 年)

= 414 210.5 × 18 = 7 455 789(元)

未确认融资费用 = 7 455 789 − 5 036 796 = 2 418 993(元)

确认额外融资时，FX 公司的会计分录如下：

借：银行存款　　　　　　　　　　　　　　　　　800 000

　　贷：长期应付款　　　　　　　　　　　　　　　　　800 000

确认租赁时，FX 公司的会计分录如下：

借：银行存款　　　　　　　　　　　　　　　　　7 200 000

　　使用权资产　　　　　　　　　　　　　　　　2 798 220

　　固定资产——办公楼——累计折旧　　　　　　800 000

　　租赁负债——未确认融资费用　　　　　　　　2 418 993

```
贷：固定资产——办公楼——原值                    4 800 000
    租赁负债——租赁付款额                        7 455 789
    资产处置损益                                 961 424
```

后续 FX 公司支付的年付款额 480 000 元中有 414 210.5 元作为租赁付款额处理；其余 65 789.5 元作为偿还额外融资的本金及支付相关利息进行会计处理。

长期应付款相关利息费用 = 800 000 × 4.5% = 36 000（元）

租赁负债相关利息费用 = 5 036 796 × 4.5% ≈ 226 655.8（元）

长期应付款减少额 = 65 789.5 − 36 000 = 29 789.5（元）

第 1 年年末支付租赁租金时，FX 公司的会计分录如下：

```
借：租赁负债——租赁付款额                         414 210.5
    长期应付款                                   29 789.5
    财务费用——利息费用                          226 655.8
    贷：租赁负债——未确认融资费                    262 655.8
        银行存款                                 480 000
```

② WM 公司的业务处理。

综合考虑租期占该层写字楼剩余使用年限的比例等因素，WM 公司将该层写字楼的租赁划分为经营租赁。

租赁期开始日，WM 公司的会计分录如下：

```
借：固定资产——写字楼                            7 200 000
    长期应收款                                   800 000
    贷：银行存款                                  8 000 000
```

租赁期开始日后，WM 公司将从 FX 公司支付的年收款额 480 000 元中的 414 210.5 元作为租赁收款额进行会计处理，其余 65 789.5 元作为收回额外融资的本金及取得相关利息进行会计处理。

第 1 年年末收到租赁租金时，WM 公司的会计分录如下：

```
借：银行存款                                     480 000
    贷：租赁收入                                  414 210.5
        利息收入                                 36 000
        长期应收款                               29 789.5
```

(2) 售后租回交易中的资产转让不属于销售。

实务中，在处理售后租回交易中的资产转让不属于销售业务的情况下，卖方（承租人）不终止确认所转让的资产，所收到的现金应当作为金融负债进行确认，并按照《企业会计准则第 22 号——金融工具确认和计量》进行会计处理。买方（出租人）不确认被转让的资产，所支付的现金应当作为金融资产，并按照《企业会计准则第 22 号——金融工具确认和计量》进行会计处理。

▶ 项目总结

本项目内容主要包括租赁的概念、租赁的分拆与合并、租赁期、承租人对租赁负债与使用权资产的初始计量和后续计量、短期租赁和低价值资产租赁、出租人的租赁分类、出租人对融资租赁的会计处理、出租人对经营租赁的会计处理、售后租回的概述和售后租回业务的会计处理等。

▶ 习题巩固

一、单项选择题

1. 下列关于已识别资产和资产的实质性替换权的表述，错误的是（　　）。

A. 如果资产的供应方在整个使用期间拥有对该资产的实质性替换权，则该资产不属于已识别资产

B. 已识别资产必须由合同明确指定

C. 企业难以确定供应方是否拥有对该资产的实质性替换权的，应当视为供应方没有对该资产的实质性替换权

D. 如果供应商仅在特定日期或者特定事件发生当日或之后拥有替换资产的权利或义务，则供应方的替换权不具有实质性

2. A 公司与 F 机场运营商（供应商）签订了使用机场某处空间销售商品的三年期合同。合同规定了空间的大小以及空间可位于机场内的任一登机区域。在使用期内，供应商有权随时变更分配给 A 公司的空间位置，供应商变更客户空间位置的相关成本极小。A 公司使用（自有的）易于移动的售货亭销售商品。机场有很多符合合同规定空间的区域可供使用。下列表述正确的是（　　）。

A. 供应商有替换客户所使用空间的保护性权利

B. 分配给 A 公司的空间位置属于已识别资产

C. 该合同包含租用机场空间的三年期租赁合同

D. 该合同不包含租赁

3. Y 公司与一家信息技术公司（供应商）签订了使用一台指定服务器的三年期合同。供应商根据 Y 公司的指示在 Y 公司处交付和安装服务器，并在整个使用期内根据需要提供服务器维修服务。供应商仅在服务器发生故障时替换服务器。Y 公司决定在服务器中存储哪些数据以及如何整合服务器及其运营。在整个使用期内，Y 公司可以改变这些决定。下列表述错误的是（　　）。

A. 该合同存在已识别资产

B. Y 公司在整个三年使用期内拥有控制服务器使用的权利

C. 该合同包含租赁

D. 该合同不包含租赁

4. T 公司从 Y 公司租赁一台大型推土机、一辆重型卡车和一台挖掘机用于采煤业务，

租赁期为 8 年。Y 公司同意在整个租赁期内维护各项设备。合同固定对价为 1 200 万元，按年分期支付，每年支付 300 万元。合同对价包含了各项设备的维护费用。假定 T 公司租入的大型推土机、重型卡车和挖掘机分别属于单独租赁，合同中存在三个租赁部分和对应的三个非租赁部分（维护服务）。T 公司能够确定 8 年期的推土机和卡车维护服务的可观察单独价格分别为 64 万元和 32 万元，T 公司估计 8 年期挖掘机维护服务的单独价格为 112 万元。T 公司观察到 Y 公司在市场上单独出租租赁期为 8 年的推土机、卡车和挖掘机的价格分别为 360 万元、232 万元和 480 万元。假定 T 公司未采用简化处理，而是将非租赁部分（维护服务）与租入的各项设备分别进行会计处理。不考虑其他因素，T 公司推土机的租赁付款额为（　　）万元。

A. 360　　　　　　B. 450　　　　　　C. 337.5　　　　　　D. 402.98

5. T 公司于 2023 年 1 月 1 日租入一栋办公楼，租赁期为 6 年，T 公司按年销售额的 5% 支付租金，租金于 2023 年 1 月 1 日支付。合同规定，租金每年最低为 200 万元，最高为 400 万元。T 公司估计 2023 年销售额的最佳估计数为 6 000 万元。假定 T 公司增量借款年利率为 6%，已知 (P/A，6%，3) = 2.166 7。不考虑其他因素，T 公司租赁期开始日应确认的租赁负债为（　　）万元。

A. 0　　　　　　B. 433.34　　　　　　C. 866.68　　　　　　D. 650.02

6. 承租人 M 公司签订了一份为期 6 年的卡车租赁合同。合同中关于租赁付款额的条款为：如果该卡车在某月份的行驶里程不超过 2 万千米，则该月应付的租金为 6 万元；如果该卡车在某月份的行驶里程超过 2 万千米但不超过 4 万千米，则该月应付的租金为 10 万元；如果该卡车在某月份的行驶里程超过 4 万千米但不超过 5 万千米，则该月应付的租金为 12 万元；该卡车 1 个月内的行驶里程最高不能超过 5 万千米，否则承租人需支付巨额罚款。关于该项租赁，M 公司某月份的实质固定付款额为（　　）万元。

A. 8　　　　　　B. 12　　　　　　C. 10　　　　　　D. 6

7. 承租人 N 公司签订了一项为期 20 年的不动产租赁合同，每年的租赁付款额为 80 万元，于每年年初支付。合同规定，租赁付款额在租赁期开始日后每两年基于过去 48 个月消费者价格指数的上涨进行上调。租赁期开始日的消费者价格指数为 200，两年后的物价指数为 240，预计未来每两年的物价指数分别为 260 和 280。N 公司租赁期开始日应确认的年租赁付款额为（　　）万元。

A. 112　　　　　　B. 96　　　　　　C. 80　　　　　　D. 104

8. 承租人 K 公司于 2023 年 1 月 1 日与出租人 Y 公司签订了汽车租赁合同，每年年末支付租金 20 万元，租赁期为 8 年，T 公司确定租赁内含利率为 5%。合同中就担保余值的规定为：如果标的汽车在租赁期结束时的公允价值低于 16 万元，则 K 公司需向 Y 公司支付 16 万元与汽车公允价值之间的差额，在租赁期开始日，K 公司预计标的汽车在租赁期结束时的公允价值为 12 万元。已知 (P/A，5%，4) = 3.546 0，(P/F，5%，4) = 0.822 7。2023 年 1 月 1 日，K 公司应确认的租赁负债为（　　）万元。

A. 84.08　　　　　　B. 80.80　　　　　　C. 70.92　　　　　　D. 74.22

9. 某项使用权资产租赁，Q 公司租赁期开始日之前支付的租赁付款额为 40 万元，租赁期开始日尚未支付的租赁付款额的现值为 200 万元，Q 公司发生的初始直接费用为 4 万元，已享受的租赁激励为 10 万元。Q 公司该项使用权资产的初始成本为 ( ) 万元。

A. 240   B. 244   C. 234   D. 194

10. 承租人 W 公司就某栋建筑物的某一层楼与出租人 Y 公司签订了为期 20 年的租赁协议，并拥有 10 年的续租选择权。有关资料如下：初始租赁期内的不含税租金为每年 20 万元，续租期间为每年 22 万元，所有款项应于每年年初支付；为获得该项租赁，W 公司发生的初始直接费用为 8 万元，其中，6 万元为向该楼层前任租户支付的款项，2 万元为向促成此租赁交易的房地产中介支付的佣金；作为对签署此项租赁的承租人的激励，出租人同意承租人报销 1 万元的佣金；在租赁期开始日，公司评估后认为，不能合理确定将行使续租选择权，因此，将租赁期确定为 20 年；W 公司无法确定租赁内含利率，其增量借款利率为每年 5%，该利率反映的是 W 公司以类似抵押条件借入期限为 20 年，与使用权资产等值的相同币种的借款而必须支付的利率。已知 (P/A，5%，9) = 7.107 8。不考虑其他因素，W 公司使用权资产的初始成本为 ( ) 万元。

A. 168.156   B. 170.156   C.165.156   D. 148.156

二、多项选择题

1. 下列属于一项合同被分类为租赁应当满足的要素有 ( )。

A. 存在一定期间

B. 存在已识别资产

C. 资产供应方向客户转移对已识别资产使用权的控制

D. 资产供应方向客户转移对已识别资产的所有权

2. T 公司与供应商签订了一份合同，合同内容是供应商为 T 公司提供了 10 节特定类型火车车厢 5 年的使用权。合同指定了具体的火车车厢，车厢为供应商所有。T 公司决定何时何地使用这些车厢以及使用其运输什么货物。不使用时，车厢存放在 T 公司处。T 公司可将车厢用于其他目的 (如存储)。但合同明确规定 T 公司不能运输特定类型的货物 (如爆炸物)。如果某个车厢需要保养或维修，则供应商应以同类型的车厢进行替换。否则，除非 T 公司违约，供应商在这 5 年期间不得收回车厢。合同还规定供应商在 T 公司要求时提供火车头和司机。火车头在供应商处存放，供应商向司机发出指示，详细说明 T 公司的货物运输要求。供应商可选择使用任一火车头履行 T 公司的要求，并且该火车头既可用于运输 T 公司的货物，也可用于运输其他公司的货物 (即如果其他公司要求运输的货物目的地与 T 公司要求的目的地距离不远且时间范围接近，供应商可选择在该火车头挂多达 80 节车厢)。下列表述正确的有 ( )。

A. T 公司在整个 5 年使用期内拥有控制这 10 节车厢使用的权利

B. 该合同包含火车头的租赁

C. 车厢可运输什么货物的合同限制是供应商的保护性权利

D. 该合同不包含火车车厢的租赁

3. T 公司与一家供应商签订了一份为期 20 年的合同，取得连接香港和深圳的光缆中指定的物理上可区分的三条直驳光纤的使用权。T 公司通过将这些光纤的两端连接至其电子设备的方式来决定光纤的使用（即 T 公司"点亮"光纤并决定这些光纤将传输的数据内容和数据量）。如果光纤损坏，则供应商应负责修理和维护。供应商拥有额外的光纤，但仅可因修理、维护或故障替换 T 公司的光纤（并有义务在这些情况下替换光纤）。下列表述正确的有（　　）。

A. 该合同包含直驳光纤的租赁

B. 该合同不包含直驳光纤的租赁

C. T 公司没有已识别资产的使用权

D. 供应商在使用期内不能控制光纤的使用

4. R 公司与供应商就使用一辆卡车 8 天内将货物从兰州运送至广州签订了合同。供应商没有替换权。在合同期内只允许使用该卡车运输合同中指定的货物。合同规定了卡车可行驶的最大里程。R 公司能够在合同规定范围内选择具体的行程（速度、路线、停车休息等）。指定路程完成后，R 公司无权继续使用这辆卡车。待运输的货物、在兰州装货和在广州卸货的时间和地点在合同中有明确规定。R 公司负责从兰州驾驶卡车至广州。下列表述正确的有（　　）。

A. 该合同不包含卡车的租赁　　　　B. 该合同包含卡车的租赁

C. 此项租赁符合短期租赁的定义　　D. 卡车不属于已识别资产

5. D 公司与供应商就使用指定船只将货物从上海运至广州签订了合同。船只在合同中有明确规定，且供应商没有替换权。货物将占据船只的几乎全部运力。合同规定了船只将运输的货物以及装卸日期。供应商负责船只的操作和维护，并负责船上货物的安全运输。合同期间，D 公司不得雇佣其他人员操作船只或自行操作船只。下列表述正确的有（　　）。

A. 该合同不包含租赁

B. 该合同存在已识别资产

C. 该合同不存在已识别资产

D. D 公司有权获得在使用期内使用船只所产生的几乎全部经济利益

6. 下列关于租赁期的说法，正确的有（　　）。

A. 某项房屋出租，出租人于 2023 年 1 月 1 日将房屋钥匙交付承租人，承租人在收到钥匙后，就可以自主安排房屋装修，并安排搬迁。合同约定有 6 个月的免租期，起租日为 2023 年 4 月 1 日，承租人自起租日开始支付租金。租赁期开始日为 2023 年 1 月 1 日

B. 承租人签订了一份设备租赁合同，包括 10 年不可撤销期限和 4 年期固定价格续租选择权，续租选择权期间的合同条款、条件与市价接近，没有终止罚款或其他因素表明承租人合理确定将行使续租选择权。此项租赁在租赁期开始日，确定租赁期为 10 年

C. 承租人签订了一份建筑租赁合同，包括 12 年不可撤销期限和 6 年按照市价行使的续租选择权。在搬入该建筑之前，承租人花费了大量资金对租赁建筑进行了改良，预计在 12 年结束时租赁资产改良仍将具有重大价值，且该价值仅可通过继续使用租赁资产实现，因此在租赁开始时，确定租赁期为 12 年

D. 承租人与出租人签订了一份租赁合同，约定自租赁期开始日 6 年内不可撤销，如果撤销，则双方将支付重大罚金，6 年期满后，经双方同意可再延长 2 年，如有一方不同意，将不再续期，且没有罚款。假设承租人对于租赁资产并不具有重大依赖。此项租赁不可撤销期间为 8 年

7. 下列关于租赁和租赁期的表述，正确的有（　　）。

A. 租赁期是指承租人有权使用租赁资产且不可撤销的期间

B. 租赁期自租赁期开始日起计算，包括出租人为承租人提供的免租期

C. 一项合同被分类为租赁要满足存在一定期间的要素。在合同中，"一定期间"可以表述已识别资产的使用量

D. 承租人有续租选择权，即有权选择续租该资产，且合理确定将行使该选择权的，租赁期还应当包含续租选择权涵盖的期间

8. 下列关于租赁相关概念的表述，正确的有（　　）。

A. 初始直接费用是指为达成租赁所发生的增量成本

B. 租赁负债应当按照租赁期开始日尚未支付的租赁付款额的现值进行初始计量

C. 担保余值是指资产余值中承租人或与承租人有关的一方担保的部分

D. 未担保余值是指租赁资产余值中，出租人无法保证能够实现的部分，不含与出租人有关的一方予以担保的部分

9. 下列构成租赁付款额的有（　　）。

A. 固定付款额及实质固定付款额存在租赁激励的，扣除租赁激励相关金额

B. 各种可变租赁付款额

C. 行使终止租赁选择权需支付的款项，前提是租赁期反映出承租人将行使终止租赁选择权

D. 根据承租人提供的担保余值预计应支付的款项

10. 下列取决于指数或比率的可变租赁付款额的有（　　）。

A. 消费者价格指数变动可能导致租赁付款额的调整

B. 基于使用不动产取得的销售收入的一定比例确定租赁付款额

C. 车辆租赁可能引起要求承租人在超过特定里程数时支付额外的租赁付款额

D. 基准利率变动可能导致租赁付款额的调整

三、判断题

1. 租赁是指在一定期间内，出租人将资产的使用权让与承租人以获取对价的合同。（　　）

2. 只要合同对物理上可区分的资产进行指定，就属于已识别资产。　　　　　　（　　）

3. 在分拆租赁和非租赁部分时，承租人应当按照各项租赁部分单独价格及非租赁部分的单独价格之和的相对比例分摊合同对价。　　　　　　　　　　　　　（　　）

4. 租赁期开始日是指出租人提供租赁资产使其可供承租人使用的起始日期，即租赁协议约定的起租日或租金起付日。　　　　　　　　　　　　　　　　　　　（　　）

5. 可变租赁付款额应纳入租赁负债的初始计量。　　　　　　　　　　　　（　　）

6. 为评估是否签订租赁合同而发生的差旅费用、法律费用，属于初始直接费用。（　　）

7. 在租赁期开始日后，承租人应当采用成本模式对使用权资产进行后续计量。（　　）

8. 承租人应当将采用简化处理的短期租赁和低价值资产租赁的租赁付款额，在租赁期内各个期间按照直线法或其他系统合理的方法计入相关资产成本或当期损益。　（　　）

9. 在租赁期开始日，出租人应当对融资租赁确认应收融资租赁款，并终止确认融资租赁资产。　　　　　　　　　　　　　　　　　　　　　　　　　　　　　　（　　）

10. 出租人发生与经营租赁有关的初始直接费用应直接计入当期损益。　　（　　）

四、计算分析题

承租人 F 公司于 2023 年 1 月 1 日签订了一份为期 5 年的机器租赁合同，用于生产 A 产品。租金于每年年末支付，并按以下方式确定：第 1 年，租金是可变的，根据该机器在第 1 年下半年的实际产能确定；第 2 年至第 5 年，每年的租金根据该机器在第 1 年下半年的实际产能确定，即租金将在第 1 年年末转变为固定付款额。在租赁期开始日，F 公司无法确定租赁内含利率，其增量借款年利率为 6%。假设在第 1 年年末，由该机器在第 1 年下半年的实际产能所确定的租赁付款额为每年 400 000 元。

已知：(P/A，6%，4) ＝ 3.465 1。假定使用权资产按直线法在 4 年内计提折旧，利息费用不符合资本化条件，不考虑其他因素。

要求：

(1) 编制 F 公司 2023 年 12 月 31 日支付租金的会计分录。

(2) 计算 F 公司 2023 年 12 月 31 日尚未支付的租赁付款额、尚未支付的租赁付款额现值、未确认融资费用，并编制相关会计分录。

(3) 编制 F 公司 2024 年 12 月 31 日确认利息费用和支付租金的会计分录。

(4) 编制 F 公司 2024 年使用权资产计提折旧的会计分录。

(5) 计算 F 公司 2025 年确认的利息费用。（计算结果保留两位小数）

项目十一
合并财务报表

知识目标

- 了解合并财务报表的概念、内容及格式。
- 理解合并财务报表的构成、编制原则、前期准备事项和一般程序。
- 掌握合并报表的编制方法及应用。

技能目标

- 能够灵活运用合并财务报表的基本知识。
- 能够独立完成合并财务报表的编制工作。

思维导图

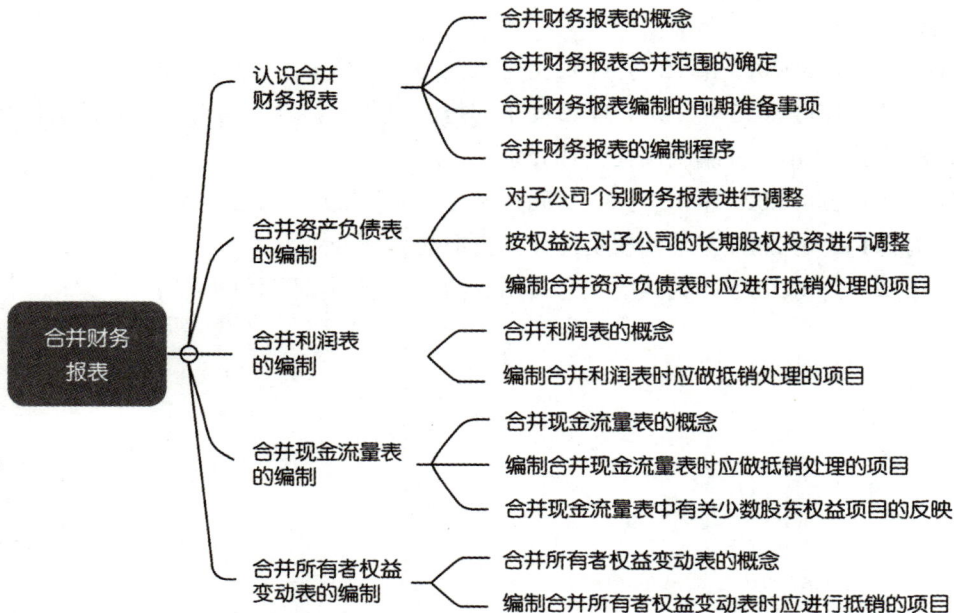

任务一　认识合并财务报表

▶▶▶ 一、合并财务报表的概念

实务中，为了反映集团公司及旗下所拥有子公司的财务状况、经营成果和现金流量等信息，有必要将集团公司及旗下所拥有的子公司作为一个整体对外提供财务数据，为信息使用者提供决策有用的会计信息，而承载集团及旗下所拥有子公司会计信息的载体就是合并财务报表。

所谓合并财务报表，是指反映母公司及其全部子公司形成的企业集团的整体财务状况、经营成果和现金流量信息的财务报表。实务中，通过合并财务报表可以向信息使用者提供关于企业集团整体的财务状况、经营成果和现金流量的会计信息，有利于信息使用者做出正确的经济决策，有利于减少人为性粉饰财务报表的情况。

▶▶▶ 二、合并财务报表合并范围的确定

实务中，对于企业集团旗下哪些分支机构纳入合并财务报表的合并范围，企业集团应当按照相关法律法规的规定办理。通常合并财务报表的合并范围应当以控制为基础进行确定，即企业集团应将其能够控制的所有分支机构纳入合并财务报表的合并范围。

（一）控制的内涵

企业集团只能把能够控制的分支机构纳入合并财务报表的合并范围，不能控制的分支机构不纳入合并财务报表的合并范围。

所谓控制，是指企业集团作为投资方所拥有的对被投资方的权力，这种权力表现为通过参与被投资方的相关活动而取得可变回报，且企业集团有能力运用对被投资方的权力影响其回报金额。

（二）对控制权的判断

实务中，企业集团作为投资方要实现控制，必须同时具备以下三个条件：①因参与被投资方的活动而享有可变回报；②拥有对被投资方的权力；③有能力运用对被投资方的权力影响其回报金额。

（三）母公司与子公司

企业集团是由母公司和其全部子公司构成的。母公司和子公司是相互依存的，有母公司必然存在子公司，有子公司必然存在母公司。其中，母公司是指控制一个或一个以上子公司的主体。子公司是指被母公司控制的主体。实务中，作为被母公司控制的子公司，不

管其规模大小、向母公司转移资金的能力是否受到严格限制，不管子公司的业务性质与母公司、其他子公司是否有显著差别，只要属于被母公司控制的，都应当纳入企业集团的合并范围；但是，已宣告被清理整顿的或已宣告破产的原子公司除外。

（四）纳入合并范围的特殊情况——对被投资方可分割部分的控制

实务中，投资方应当对是否控制被投资方整体做出判断，但如果有确凿证据表明同时满足以下两个条件并且符合相关法律法规规定的，则投资方应当把被投资方的一部分看作被投资方可分割的部分，从而进一步判断是否控制该部分。

(1) 该部分的资产是偿付该部分负债或该部分其他利益方的唯一来源，不能用于偿还该部分以外的被投资方的其他负债。

(2) 除与该部分相关的各方外，其他方不享有与该部分资产相关的权利，也不享有与部分资产剩余现金流量相关的权利。

（五）合并范围的豁免——投资性主体

母公司应当把所属的全部子公司纳入合并范围，但如果母公司属于投资性主体，此时只需要把那些为投资性主体的投资活动提供相关服务的子公司纳入合并范围；其他子公司则不应当予以合并，母公司对其他子公司的投资应当按照公允价值计量且其变动计入当期损益。

如果一个投资性主体的母公司其本身不是投资性主体，则应当将其控制的全部主体（投资性主体以及通过投资性主体间接控制的主体）纳入合并财务报表范围。投资性主体应当符合以下四个特征：一是拥有一个以上投资；二是拥有一个以上投资者；三是投资者不是该主体的关联方；四是该主体的所有者权益以股权或类似权益存在。

实务中，当母公司同时满足以下三个条件时，该母公司属于投资性主体：一是该公司以向投资方提供投资管理服务为目的，从一个或多个投资者获取资金；二是该公司的唯一经营目的，是通过资本增值、投资收益或两者兼有而让投资者获得回报；三是该公司按照公允价值对几乎所有投资的业绩进行计量和评价。

实务中，当母公司由非投资性主体转变为投资性主体时，除了把为其投资活动提供相关服务的子公司纳入合并财务报表范围外，企业自转变日起对其他子公司不应当予以合并。当母公司由投资性主体转变为非投资性主体时，应当把原来未纳入合并财务报表范围的子公司在转变日纳入合并财务报表范围，把转变日看作购买日，把原来未纳入合并财务报表范围的子公司在转变日的公允价值看作购买的交易对价，并按照非同一控制下企业合并的会计处理方法进行会计处理。

（六）控制的持续评估

企业集团对控制的评估是持续的，如果控制的环境或情况发生变化，企业集团需要评估控制的基本要素中的一个或多个是否发生了变化。实务中，如果有任何事实或情况表明企业集团控制的基本要素中的一个或多个发生了变化，则应当重新评估对被投资方是否具有控制。

▶▶▶ 三、合并财务报表编制的前期准备事项

实务中，企业集团的合并财务报表编制涉及其控制的全部子公司，合并财务报表编制数据繁多且工作量大。为了确保企业集团编制的合并财务报表准确、全面反映企业集团的真实情况，应当做好一系列的前提准备事项。企业集团编制合并财务报表应当做的前期准备事项主要包括以下内容。

(1) 统一母子公司的会计政策。会计政策是指企业进行会计核算和编制财务报表时所采用的会计原则、会计程序和会计处理方法，是编制财务报表的基础。为了保证母子公司财务报表各项目反映的内容一致，应当统一母公司和子公司的会计政策。因此，在编制财务报表前，应当统一母公司和子公司的会计政策。

(2) 统一母子公司的资产负债表日及会计期间。财务报表反映企业特定日期的财务状况和一定会计期间的经营成果信息，母公司和子公司的个别财务报表只有在反映财务状况的日期和反映经营成果的会计期间一致的情况下，才能进行合并。因此，应当统一企业集团及所属子公司的资产负债表日和会计期间，确保子公司的资产负债表日和会计期间与母公司的资产负债表日和会计期间一致。

(3) 对子公司以外币表示的财务报表进行折算。货币计量单位一致是编制合并财务报表的前提，在编制合并财务报表前，应当把企业集团所属的子公司的货币计量单位调整为与母公司一致的货币计量单位。涉及外币计量的子公司，应当把外币折算为记账本位币，确保合并财务报表的货币计量单位一致。

(4) 收集编制合并财务报表的相关资料。合并财务报表以母公司和其子公司的财务报表以及其他有关资料为依据，由母公司合并有关项目的数额编制而成。为了确保合并财务报表编制的顺利进行，母公司应当收集与编制合并财务报表相关的资料。

▶▶▶ 四、合并财务报表的编制程序

实务中，企业集团的合并财务报表编制是一项繁杂且工作量大的工作，不仅涉及母公司的会计业务和财务报表，还涉及纳入合并范围的子公司的会计业务和财务报表。为了编制好合并财务报表，通常需要以下程序。

(1) 设置合并工作底稿。在合并工作底稿中，对母公司和纳入合并范围的子公司的个别财务报表各项目的数额进行汇总和抵销处理，并计算得出合并财务报表各项目的合并数。

(2) 把母公司、纳入合并范围的子公司个别资产负债表、利润表及所有者权益变动表各项目的数据合并至工作底稿，并在合并工作底稿中对母公司和子公司个别财务报表各项目的数据进行加总，计算得出个别资产负债表、个别利润表及个别所有者权益变动表各项目合计数额。

(3) 编制调整分录与抵销分录。把母公司与子公司、子公司与子公司之间发生的经济业务对个别财务报表有关项目的影响进行调整抵销处理。

(4) 计算合并财务报表各项目的合并数额。在母公司和纳入合并范围的子公司个别财务报表各项目加总数额的基础上，分别计算财务报表中的资产项目、负债项目、所有者权益项目、收入项目和费用项目的合并数。

(5) 填列合并财务报表。根据合并工作底稿中计算出的资产、负债、所有者权益、收入、成本费用类各项目的合并数，填列正式的合并财务报表。

任务二　合并资产负债表的编制

合并资产负债表是指反映企业集团在某一特定日期财务状况的报表，由合并资产、合并负债和合并所有者权益各项目组成。实务中，企业集团编制合并资产负债表，应当以母公司和所有子公司的资产负债表为基础，在抵销母公司与子公司之间、子公司与子公司之间发生的内部交易对合并资产负债表的影响后，由企业集团中的母公司合并编制形成。

一、对子公司个别财务报表进行调整

企业集团在编制合并财务报表时，应当对各子公司进行归类，具体分为同一控制下企业合并取得的子公司和非同一控制下企业合并取得的子公司。

（一）属于同一控制下企业合并取得的子公司

实务中，针对属于同一控制下企业合并取得的子公司，其编制的个别财务报表如果不存在与母公司会计政策、会计期间不一致的情况，就不用对该子公司的个别财务报表进行调整。企业集团编制合并财务报表通常只需要抵销内部交易对合并财务报表的影响。

（二）属于非同一控制下企业合并取得的子公司

实务中，针对属于非同一控制下企业合并取得的子公司，由于存在与母公司会计政策、会计期间不一致的情况，因此应当对该子公司的个别财务报表进行相应的调整。另外，企业集团应当根据母公司备查簿记录的该子公司的各项可辨认资产、负债和或有负债等在购买日的公允价值进行调整分录的编制，从而实现对该子公司个别财务报表的调整，确保该子公司个别财务报表能够真实反映在购买日公允价值基础上确定的可辨认资产、负债和或有负债在本期资产负债表日的金额。

二、按权益法对子公司的长期股权投资进行调整

实务中，企业集团在编制合并工作底稿中，应当把对子公司的长期股权投资调整为权益法核算。母公司在确认应当享有子公司净损益的份额时，针对属于非同一控制下企业合并形成的长期股权投资，应当以在备查簿中记录的子公司各项可辨认资产负债和或有负债等在购买日的公允价值为基础，对该子公司实现的净利润进行调整后确认；针对属于同一

控制下的企业合并形成的长期股权投资，如果该子公司的会计政策、会计期间与母公司是一致的，则可以直接以该子公司实现的净利润进行确认。另外，企业集团中的母公司与子公司、子公司与子公司之间如果存在未实现内部交易损益，则在采用权益法进行调整时还应当对该未实现内部交易损益进行调整。

在实际编制合并工作底稿时，根据以下情况编制调整会计分录。

子公司实现利润时，企业的调整会计分录如下：

借：长期股权投资（按母公司应享有的份额）

　　贷：投资收益

子公司发生亏损时，企业的调整会计分录如下：

借：投资收益

　　贷：长期股权投资（按母公司应分担的份额）

收到子公司的现金股利或利润时，企业的调整会计分录如下：

借：投资收益

　　贷：长期股权投资

子公司除净损益以外所有者权益发生其他变动时，企业的调整会计分录如下：

借：长期股权投资

　　贷：其他综合收益

　　　　资本公积

实务中，企业集团也可以直接在对子公司的长期股权投资采用成本法核算的基础上编制合并财务报表，但所生成的合并财务报表应当符合我国相关法律法规的规定。

▶▶▶▶ 三、编制合并资产负债表时应进行抵销处理的项目

企业集团的合并资产负债表是以母公司和子公司的个别资产负债表为基础，由母公司合并编制而成的。实务中，企业集团编制合并资产负债表过程中需要进行抵销处理的主要包括以下六个项目。

（一）长期股权投资与子公司所有者权益的抵销处理

针对母公司对子公司长期股权投资与子公司所有者权益抵销的处理，按以下两种情况分别进行处理。

(1) 在企业集团中，子公司属于全资子公司的情况下，母公司对子公司的长期股权投资金额与子公司所有者权益各项目的金额应当全额抵销。

在合并抵销时，企业的会计分录如下：

借：实收资本

　　资本公积

　　其他综合收益

　　盈余公积

商誉（属于商誉的部分）

未分配利润——年末

　　贷：长期股权投资

（2）在企业集团中，子公司属于非全资子公司的情况下，应当把母公司对子公司的长期股权投资金额与子公司所有者权益中母公司所享有的份额相抵销。子公司所有者权益中不归属母公司的份额，在合并财务报表中作为"少数股东权益"项目列示。

在合并抵销时，企业的会计分录如下：

借：实收资本

资本公积

其他综合收益

盈余公积

商誉（属于商誉的部分）

未分配利润——年末

　　贷：长期股权投资

　　　　少数股东权益

实务中，对于子公司持有母公司的长期股权投资，应当视为企业集团的库存股，作为所有者权益的调减项目，在合并资产负债表中所有者权益项目下以"减：库存股"项目列示，子公司与子公司之间持有的长期股权投资，应当按照母公司对子公司的长期股权投资的抵销方法，把长期股权投资与其对应的子公司所有者权益中所享有的份额相抵销。

（二）内部债权与债务的抵销处理

实务中，需要进行抵销处理的内部债权债务项目主要包括：应收票据与应付票据；应收账款与应付账款；预付款项与合同负债；债权投资与应付债券；其他应收款（含应收利息、应收股利）与其他应付款（含应付利息、应付股利）。

下面以应收账款与应付账款的抵销处理为例子来反映内部债权与债务的抵销处理。

（1）初次编制合并财务报表时应收账款与应付账款的抵销处理。在应收账款计提坏账准备的情况下，某个会计期间坏账准备的金额是以当期应收账款为基础计提的。企业集团在编制合并财务报表时，应当进行内部应收账款与应付账款的抵销。

内部应收账款与应付账款抵销时，企业的会计分录如下：

借：应付账款

　　贷：应收账款

内部应收账款计提坏账准备抵销时，企业的会计分录如下：

借：应收账款——坏账准备

　　贷：信用减值损失

（2）连续编制合并财务报表时内部应收账款坏账准备的抵销处理。实务中，企业集团在连续编制合并财务报表进行抵销处理时，应当按照以下程序进行抵销处理。

① 把内部应收账款与应付账款进行抵销。按照内部应收账款的金额，企业的抵销分录如下：

借：应付账款

　　贷：应收账款

② 把上期信用减值损失中抵销的内部应收账款计提的坏账准备对本期期初未分配利润的影响进行抵销。按照上期信用减值损失项目中抵销的内部应收账款计提的坏账准备金额，企业的会计分录如下：

借：应收账款——坏账准备

　　贷：未分配利润——年初

③ 对于本期个别财务报表中内部应收账款相对应的坏账准备的增减变动金额也进行抵销。按照本期个别资产负债表中期末内部应收账款相对应的坏账准备的增加额，企业的会计分录如下：

借：应收账款——坏账准备

　　贷：信用减值损失

按照本期个别资产负债表中期末内部应收账款相对应的坏账准备的减少额，企业的会计分录如下：

借：信用减值损失

　　贷：应收账款——坏账准备

第一种情况：内部应收账款本期余额与上期余额相等时的抵销处理。

【例题 11-1】假定 H 公司是 N 公司的母公司，假设 H 公司 2023 年个别资产负债表中对 N 公司内部应收账款余额与 2022 年相同，仍为 2 375 000 元，坏账准备余额仍为 125 000 元，2023 年内部应收账款相对应的坏账准备余额未发生增减变化。N 公司个别资产负债表中应付账款 2 500 000 元是 2022 年向 H 公司购进商品存货发生的应付购货款。

要求：编制相关抵销会计分录。

解题过程如下：

H 公司在合并工作底稿中进行如下抵销处理。

把内部应收账款与应付账款相互抵销时，H 公司的会计分录如下：

借：应付账款　　　　　　　　2 500 000

　　贷：应收账款　　　　　　　　　2 500 000

将上期（即 2022 年）内部应收账款计提的坏账准备抵销。在这种情况下，H 公司个别财务报表附注中坏账准备余额实际上是上期结转而来的余额，因此只需将上期内应收账款计提的坏账准备予以抵销，同时调整本期期初未分配利润的金额。

把内部应收账款计提的坏账准备抵销时，企业的会计分录如下：

借：应收账款——坏账准备　　　　125 000

　　贷：未分配利润——年初　　　　　125 000

第二种情况：内部应收账款本期余额大于上期余额时的抵销处理。

【例题 11-2】承接例题 11-1，假定 H 公司是 N 公司的母公司，假设 H 公司 2023 年个别资产负债表中对 N 公司内部应收账款余额为 3 135 000 元，坏账准备余额为 165 000 元，本期对 N 公司内部应收账款净增加 800 000 元，本期内部应收账款相对应的坏账准备增加 40 000 元。N 公司个别资产负债表中应付账款 3 300 000 元是 2022 年和 2023 年向 H 公司购进商品存货发生的应付购货款。

要求：编制相关抵销会计分录。

解题过程如下：

H 公司在合并工作底稿中进行如下抵销处理。

把内部应收账款与应付账款相互抵销时，H 公司的会计分录如下：

借：应付账款　　　　　　　　　　3 300 000
　　贷：应收账款　　　　　　　　　　　3 300 000

把上期（即 2022 年）内部应收账款计提的坏账准备进行抵销，调整期初未分配利润额。把内部应收账款计提的坏账准备进行抵销时，H 公司的会计分录如下：

借：应收账款——坏账准备　　　　125 000
　　贷：未分配利润——年初　　　　　　125 000

把本期（即 2023 年）对 N 公司内部应收账款相对应的坏账准备增加的 40 000 元进行抵销。

把内部应收账款计提的坏账准备进行抵销时，H 公司的会计分录如下：

借：应收账款——坏账准备　　　　40 000
　　贷：信用减值损失　　　　　　　　　40 000

第三种情况：内部应收票据及应收账款本期余额小于上期余额时的抵销处理。

【例题 11-3】承接例题 11-1，假定 H 公司是 N 公司的母公司，假设 H 公司 2023 年个别资产负债表中对 N 公司内部应收账款余额为 1 520 000 元，坏账准备余额为 80 000 元。内部应收账款比上期（即 2022 年）净减少 900 000 元，本期内部应收账款相对应的坏账准备余额减少 45 000 元。N 公司个别资产负债表中应付账款 1 600 000 元系 2022 年向 H 公司购进商品存货发生的应付购货款的余额。

要求：编制相关抵销会计分录。

解题过程如下：

H 公司在合并工作底稿中应进行如下抵销处理。

把内部应收账款与应付账款相互抵销时，H 公司的会计分录如下：

借：应付账款　　　　　　　　　　1 600 000
　　贷：应收账款　　　　　　　　　　　1 600 000

把上期（2022 年）内部应收账款计提的坏账准备进行抵销，并调整期初未分配利润的金额。把内部应收账款计提的坏账准备进行抵销时，H 公司的会计分录如下：

借：应收账款——坏账准备　　　　125 000
　　贷：未分配利润——年初　　　　　　125 000

把本期 (2023 年) 因内部应收账款对应的坏账准备减少金额 45 000 元进行抵销。把内部应收账款对应的坏账准备减少金额进行抵销时，H 公司的会计分录如下：

借：信用减值损失　　　　　　　　　45 000

　　贷：应收账款——坏账准备　　　　　　45 000

（三）存货价值中包含的未实现内部销售损益的抵销处理

存货价值中包含的未实现内部销售损益的抵销处理包括以下几个方面。

(1) 当期内部购进商品并形成存货情况下的抵销处理。在编制合并财务报表进行抵销处理时，企业的会计分录如下：

借：营业收入 (按照内部销售收入的金额)

　　贷：营业成本

同时，

借：营业成本

　　贷：存货 (未实现内部销售损益)

或者，

借：营业收入 (按照内部销售收入的金额)

　　贷：营业成本 (存货本来的成本)

　　　　存货 (未实现内部销售损益)

(2) 连续编制合并财务报表时内部购进商品的抵销处理。实务中，企业集团在连续编制合并财务报表的情况下，首先应当把上期抵销存货价值中包含的未实现内部销售损益对本期期初未分配利润的影响进行抵销，从而调整本期期初未分配利润的金额；然后对本期内部购进存货进行抵销处理。其具体抵销处理的程序和方法如下所述。

① 把上期抵销存货价值中包含的未实现内部销售损益对本期期初未分配利润的影响进行抵销。

在抵销时，企业的会计分录如下：

借：未分配利润——年初 (上期内部购进存货价值中包含的未实现内部销售损益金额)

　　贷：营业成本

② 对于本期发生内部购销活动的，把内部销售收入、内部销售成本及内部购进存货中未实现内部销售损益进行抵销。

在抵销时，企业的会计分录如下：

借：营业收入 (本期内部销售收入金额)

　　贷：营业成本

③ 把期末内部购进存货价值中包含的未实现内部销售损益进行抵销。对于期末内部购买形成的存货 (包括上期结转形成的本期存货)，应当按照购买方期末内部购入存货价值中包含的未实现内部销售损益金额进行抵销。

在抵销时，企业的会计分录如下：

借：营业成本
　　贷：存货

【例题 11-4】 承接例题 11-1，假定 H 公司是 N 公司的母公司，假设 2023 年 N 公司向 H 公司销售产品 7 500 000 元，N 公司 2023 年销售毛利率与 2022 年相同（为 20%），销售成本为 6 000 000 元。H 公司 2023 年将此商品实现对外销售，收入为 9 000 000 元，销售成本为 6 300 000 元，期末存货为 6 200 000 ［期初存货 (5 000 000) + 本期购进存货 (7 500 000) - 本期销售成本 (6 300 000)］元，存货价值中包含的未实现内部销售损益为 1 240 000(6 200 000 × 20%) 元。

要求：编制相关抵销会计分录。

解题过程如下：

H 公司在编制合并财务报表时应进行如下抵销处理。

调整期初 (2023 年) 未分配利润金额时，H 公司的会计分录如下：

借：未分配利润——年初　　　　　　1 000 000
　　贷：营业成本　　　　　　　　　　　　1 000 000

抵销本期 (2023 年) 内部销售收入、内部销售成本时，H 公司的会计分录如下：

借：营业收入　　　　　　　　　　　7 500 000
　　贷：营业成本　　　　　　　　　　　　7 500 000

抵销期末存货中包含的未实现内部销售损益时，H 公司的会计分录如下：

借：营业成本　　　　　　　　　　　1 240 000
　　贷：存货　　　　　　　　　　　　　　1 240 000

（四）内部固定资产交易的抵销处理

内部固定资产交易，实际上是企业集团中的母公司与子公司、子公司与子公司之间发生的与固定资产有关的购销业务。

(1) 企业集团内部的一个企业把所生产的产品销售给企业集团内的其他企业作为固定资产使用。实务中，企业集团分两个步骤进行抵销处理。

① 在购入当期对企业集团内部交易形成的固定资产进行抵销处理。实务中，企业集团应当把与内部交易形成的固定资产相关的销售收入、销售成本以及原价中包含的未实现内部销售损益进行抵销。

在抵销时，企业的会计分录如下：

借：营业收入（按照销售企业由于该固定资产交易所实现的销售收入核算）
　　贷：营业成本（按照其销售成本核算）
　　　　固定资产——原价（按该固定资产的销售收入与销售成本之间的差额核算）

另外，把内部交易形成的固定资产当期多计提的折旧费和累计折旧予以抵销。

在抵销时，企业的会计分录如下：

借：固定资产——累计折旧（按当期多计提的折旧额核算）

　　贷：管理费用等

　　② 连续编制合并财务报表时企业集团内部交易形成固定资产的抵销处理。

　　把企业集团内部交易形成的固定资产原价中包含的未实现内部销售损益进行抵销，并调整期初未分配利润的金额。

　　在抵销时，企业的会计分录如下：

　　借：未分配利润——年初（按照原价中包含的未实现内部销售损益的金额核算）

　　　　贷：固定资产——原价

　　把以前会计期间企业集团内部交易形成的固定资产多计提的累计折旧进行抵销，并调整期初未分配利润的金额。

　　在抵销时，企业的会计分录如下：

　　借：固定资产——累计折旧（按照以前期间抵销该固定资产多计提的累计折旧额核算）

　　　　贷：未分配利润——年初

　　把本期由于该内部交易形成的固定资产多计提的折旧费进行抵销，并调整本期的累计折旧额。

　　在抵销时，企业的会计分录如下：

　　借：固定资产——累计折旧（按照本期该内部交易形成的固定资产多计提的折旧额核算）

　　　　贷：管理费用等

　　【例题 11-5】 假定 N 公司是 H 公司的全资子公司，假设 N 公司以 15 000 000 元的价格将其生产的产品销售给 H 公司，其销售成本为 13 500 000 元，因该内部固定资产交易实现的销售利润为 1 500 000 元。H 公司购买该产品作为管理用固定资产，按 15 000 000 元入账，对该固定资产按 15 年的使用寿命采用年限平均法计提折旧，预计净残值为 0。该固定资产交易时间为 2023 年 1 月 1 日，为简化抵销处理，假定 H 公司该内部交易形成的固定资产 2023 年按 12 个月计提折旧。

　　要求：编制相关抵销会计分录。

　　解题过程如下：

　　编制合并财务报表时，H 公司的会计分录如下：

　　借：未分配利润——年初　　　　　　　1 500 000

　　　　贷：固定资产——原价　　　　　　　　　1 500 000

　　借：固定资产——累计折旧　　　　　　100 000

　　　　贷：未分配利润——年初　　　　　　　　100 000

　　借：固定资产——累计折旧　　　　　　100 000

　　　　贷：管理费用　　　　　　　　　　　　　100 000

　　(2) 企业集团内部的一个企业把自己的固定资产出售给企业集团内的其他企业作为固定资产使用。

　　在抵销时，企业的会计分录如下：

　　借：资产处置收益

　　　　贷：固定资产——原价

或者，

　　　　借：固定资产——原价

　　　　　　贷：资产处置收益

▶▶▶▶ 四、子公司发生超额亏损在合并资产负债表中的反映

　　实务中，企业集团的子公司少数股东分担的当期亏损超过了少数股东在该子公司期初所有者权益中所享的份额，其余额仍应当冲减少数股东权益，即少数股东权益可以出现负数。

任务三　合并利润表的编制

▶▶▶▶ 一、合并利润表的概念

　　合并利润表是指企业集团母公司编制的反映企业集团在一定会计期间经营成果信息的报表。实务中，企业集团编制合并利润表，应当以母公司和所有子公司的利润表为基础，在抵销母公司与子公司之间、子公司与子公司之间发生的内部交易对合并利润表的影响后，由企业集团中的母公司合并编制形成。

▶▶▶▶ 二、编制合并利润表时应做抵销处理的项目

　　由于企业集团中母公司与子公司、子公司与子公司之间的关联交易，使得企业集团整体的经营成果计算过程较为复杂，企业集团的整体利润不能简单地把母公司、子公司的利润表相关数据相加得来，因此，企业集团编制合并利润表时，应当把母公司与子公司、子公司与子公司之间关联交易导致的重复因素进行剔除，再计算企业集团整体的经营成果。

　　实务中，企业集团编制合并利润表时应当做抵销处理的主要包括以下五个项目。

　　(1) 内部营业收入和内部营业成本项目的抵销处理。

　　内部营业收入是指企业集团中的母公司与子公司、子公司与子公司之间发生的销售商品或提供劳务所产生的营业收入。内部营业成本是指企业集团中的母公司与子公司、子公司与子公司之间发生的销售商品或提供劳务的营业成本。

　　实务中，企业集团中的母公司或子公司把内部购进的商品用于对外销售时，估计会出现以下三种情况：一是内部购进的商品全部实现对外销售；二是内部购进的商品全部未实现销售而形成期末存货；三是内部购进的商品部分实现对外销售、部分形成期末存货。因此，企业集团对内部销售收入和内部销售成本进行抵销时，应当按照不同的情况进行具体处理。

　　① 母公司与子公司、子公司与子公司之间销售商品，期末全部实现对外销售。

实务中，企业集团中的母公司与子公司、子公司与子公司之间销售商品，且期末全部实现对外销售，针对期末没有形成存货的情况，从销售方角度看，内部销售商品与销售给企业集团以外的企业的会计处理相同，即在当期满足收入确认条件的情况下确认销售收入，同时结转销售成本，计算出所销售商品的损益，最后在其个别利润表中反映。从购买方的角度看，一方面需要确认向企业集团以外的企业销售商品形成的收入，另一方面需要结转销售内部购进商品的成本，最后其个别利润表中通过营业收入和营业成本项目反映，并确认销售损益。但从企业集团整体的角度看，上述关联交易形成的购销业务只实现了一次对外销售，其销售收入为向企业集团以外企业销售该产品的销售收入，其销售成本为关联交易中商品的成本（即企业集团内部购销活动的成本）。因此，企业集团在编制合并利润表时，应当把重复反映的内部营业收入、内部营业成本进行抵销。

在抵销内部商品销售时，企业的会计分录如下：

借：营业收入

　　贷：营业成本

② 母公司与子公司、子公司与子公司之间销售商品，期末未实现对外销售而形成存货的抵销处理。

实务中，企业集团中的母公司与子公司、子公司与子公司之间销售商品，且期末未实现对外销售而形成存货，针对内部购进的商品未实现对外销售，且期末形成存货的情况，在编制合并利润表时，企业集团应当把销售方由于这种情况所确认的内部销售收入和内部销售成本进行抵销。从企业集团中购买方的角度看，这实际上是一项正常的采购业务，将支付的进货价款作为存货的入账成本，并在其个别资产负债表中作为资产（存货）列示。但从企业集团整体的角度看，由于关联交易尚未实现对外销售，使得企业集团中购买方的个别资产负债表中存货的价值里包含企业集团中销售方所实现的销售毛利，因此，企业集团在编制合并资产负债表时，应当把尚未实现对外销售的存货价值中包含的未实现内部销售损益进行抵销。

在按内部销售收入的金额抵销内部商品销售时，企业集团编制的会计分录如下：

借：营业收入

　　贷：营业成本

对于存货价值中包含的未实现内部销售损益，企业的会计分录如下：

借：营业成本

　　贷：存货

③ 母公司与子公司、子公司与子公司之间销售商品，期末部分实现对外销售、部分形成期末存货的抵销处理。

实务中，企业集团中的母公司与子公司、子公司与子公司之间销售商品，且期末部分实现对外销售、部分形成期末存货，针对企业集团的关联交易，且期末部分实现对外销售、部分形成期末存货的，可以把内部购买的商品分解为两个部分来理解：一是当期购进并全部实现对外销售；二是当期购进但未实现对外销售而形成期末存货。

在抵销内部商品销售时，企业的会计分录如下：

借：营业收入（按内部销售收入的金额核算）

　　贷：存货（按期末存货价值中包含的未实现内部销售损益的金额核算）

　　　　营业成本（按营业收入与存货的差额核算）

(2) 购买企业将内部购进商品作为固定资产、无形资产等资产使用时的抵销处理。

实务中，如果企业集团中的母公司与子公司、子公司与子公司之间销售商品，且在企业集团中的购买方把内部购进的商品作为固定资产、工程物资、在建工程、无形资产等资产使用时，就会在购买方形成固定资产、工程物资、在建工程、无形资产等资产。

在企业集团中的母公司与子公司、子公司与子公司之间把产品销售给企业集团中的购买方作为固定资产（无形资产的处理也类似）使用的情况下，从企业集团整体来看，只能将企业集团中的销售方生产该产品的成本作为固定资产原价在合并财务报表中反映。因此，企业集团在编制合并利润表时，应当把企业集团中的销售方由于该笔关联交易产生的销售收入和销售成本进行抵销，并把该笔关联交易形成的固定资产原价中包含的未实现内部销售损益进行抵销。实务中，在对销售商品形成的固定资产或无形资产所包含的未实现内部销售损益进行抵销的同时，也应当对固定资产的折旧额、无形资产的摊销额或未实现内部销售损益相关的部分进行抵销。

抵销时，企业的会计分录如下：

借：营业收入（按内部销售收入的金额核算）

　　贷：固定资产——原价（按固定资产原价中包含的未实现内部销售损益的金额核算）

　　　　营业成本（按营业收入与固定资产的原价的差额核算）

同时，

借：固定资产——累计折旧（本期计提的折旧额中包含的未实现内部销售损益的金额）

　　贷：管理费用等

(3) 内部应收款项计提的坏账准备等减值准备的抵销处理。

实务中，企业集团编制合并资产负债表时，应当把内部应收款项与应付款项相互抵销，同时应当把内部应收款项计提的坏账准备进行抵销；企业集团编制合并财务报表时，应当把信用减值损失中包含的本期内部应收款项计提的坏账准备进行抵销，同时应当按照当期内部应收款项计提的坏账准备的金额入账。

抵销应收账款、信用减值损失项目时，企业的会计分录如下：

借：应收账款——坏账准备

　　贷：信用减值损失

(4) 内部投资收益（利息收入）和利息费用的抵销。

实务中，企业集团中的母公司与子公司、子公司与子公司之间估计存在相互持有对方债券的内部交易。企业集团在编制合并财务报表时，应当在抵销内部发行的应付债券和债权投资、其他债权投资等内部债权债务的同时，把内部应付债券和债权投资、其他债权投资相关的利息费用与投资收益（利息收入）相互抵销。

抵销投资收益、财务费用项目时，企业的会计分录如下：

借：投资收益

　　贷：财务费用

(5) 母公司与子公司、子公司与子公司之间持有对方长期股权投资的投资收益的抵销处理。

内部投资收益是指企业集团中的母公司对子公司或子公司对母公司、子公司与子公司之间的长期股权投资的收益。

实务中，对于企业集团中的母公司与子公司、子公司与子公司之间持有对方长期股权投资的投资收益的抵销，在子公司为全资子公司的情况下，企业的会计分录如下：

借：投资收益

　　未分配利润——年初

　　贷：提取盈余公积

　　　　对所有者（或股东）的分配

　　　　分配利润——年末

在子公司为非全资子公司的情况下，企业的会计分录如下：

借：投资收益

　　少数股东损益

　　未分配利润——年初

　　贷：提取盈余公积

　　　　对所有者（或股东）的分配

　　　　未分配利润——年末

任务四　合并现金流量表的编制

▶▶▶ 一、合并现金流量表的概念

合并现金流量表是指综合反映企业集团整体（母公司及其所有子公司）在一定会计期间现金及现金等价物流入和流出信息的报表。

由于企业集团的现金及现金等价物的流入和流出信息，是通过真实的现金及现金等价物的流入和流出时间确定的，因此，现金流量表要求按照收付实现制进行编制，反映企业集团经济业务所引起的现金流入和流出。实务中，现金流量表中有关经营活动产生的现金流量的编制可以用直接法和间接法。我国通常用直接法列示经营活动产生的现金流量。在使用直接法编制经营活动产生的现金流量的情况下，主要是以合并利润表有关项目的数据为基础，经过调整后得出本期的现金流入量和现金流出量；然后分别填列经营活动产生的

现金流量、投资活动产生的现金流量和筹资活动产生的现金流量三大类，从而反映企业集团在一定会计期间的现金流入量和现金流出量。

实务中，企业集团合并现金流量表在编制原理、编制方法和编制程序上与合并资产负债表、合并利润表相同。

▶▶▶▶ 二、编制合并现金流量表时应做抵销处理的项目

由于企业集团内部存在关联交易，使得企业集团中母公司与子公司、子公司与子公司之间的关联交易在编制合并现金流量表时会产生重复计算的情况，因此，企业集团在编制合并现金流量表时，应当将上述导致重复计算现金流量的因素进行剔除，如实反映企业集团在一定会计期间的现金及现金等价物流入流出的信息。

实务中，企业集团编制合并现金流量表时需要做抵销处理的主要包括以下五个项目。

(1) 企业集团内部当期以现金投资或收购股权增加投资所产生的现金流量的抵销处理。

(2) 企业集团内部当期取得投资收益收到的现金与分配股利、利润或偿付利息支付的现金的抵销处理。

(3) 企业集团内部以现金结算债权与债务所产生的现金流量的抵销处理。

(4) 企业集团内部当期销售商品所产生的现金流量的抵销处理。

(5) 企业集团内部处置固定资产等收回的现金净额与购建固定资产等支付的现金的抵销处理。

▶▶▶▶ 三、合并现金流量表中有关少数股东权益项目的反映

实务中，企业集团编制合并现金流量表时，需要处理的一个特殊情况就是在子公司为非全资子公司的情况下，涉及子公司与其少数股东之间的现金流入和现金流出的会计处理。对于子公司与少数股东之间产生的现金流入和现金流出，实际上从企业集团整体来看，也会影响到整体现金流量的增减变动。因此，企业集团应当在合并现金流量表中把子公司与其少数股东之间的现金流入和现金流出的情况单独进行反映。子公司与少数股东之间发生的影响现金流入和现金流出的业务主要包括少数股东对子公司增加权益性投资、少数股东依法从子公司中抽回权益性投资、子公司向其少数股东支付现金股利或利润等。子公司的少数股东增加在子公司中的权益性投资，在合并现金流量表中应当在"筹资活动产生的现金流量"之下的"吸收投资收到的现金"项目下"其中：子公司吸收少数股东投资收到的现金"的项目反映。子公司向少数股东支付现金股利或利润，在合并现金流量表中应当在"筹资活动产生的现金流量"之下的"分配股利、利润或偿付利息支付的现金"项目下"其中：子公司支付给少数股东的股利、利润"的项目反映。子公司的少数股东依法抽回在子公司中的权益性投资，在合并现金流量表中应当在"筹资活动产生的现金流量"之下的"支付其他与筹资活动有关的现金"的项目反映。

任务五　合并所有者权益变动表的编制

▶▶▶ 一、合并所有者权益变动表的概念

合并所有者权益变动表是指反映构成企业集团所有者权益的各组成部分当期的增减变动情况的财务报表。实务中，合并所有者权益变动表的编制应当在企业集团中的母公司与子公司所有者权益变动表的基础上，在抵销母公司与子公司、子公司与子公司之间发生的内部交易对合并所有者权益变动表的影响后，由母公司合并编制而成。

▶▶▶ 二、编制合并所有者权益变动表时应进行抵销的项目

由于企业集团内部的关联交易存在，使得企业集团中母公司与子公司之间、子公司与子公司之间的交易在编制合并所有者权益变动表时产生重复计算的情况，因此，企业集团在编制合并所有者权益变动表时，应当将上述导致重复计算所有者权益项目金额的因素进行剔除，如实反映企业集团的所有者权益及其变动的信息。

实务中，企业集团编制合并所有者权益变动表时需要进行抵销处理的主要包括以下三个项目。

(1) 母公司对子公司的长期股权投资与母公司在子公司所有者权益中所享有的份额相互抵销。

(2) 母公司对子公司、子公司与子公司之间持有对方长期股权投资的投资收益应当抵销。

(3) 母公司对子公司、子公司与子公司之间发生的其他内部交易对所有者权益变动的影响应当抵销。

▶ 项目总结

本项目内容主要包括合并财务报表的概念、合并财务报表合并范围的确定、合并财务报表编制的前期准备事项、合并财务报表的编制程序，合并资产负债表的概念、对子公司个别财务报表做调整、按权益法调整对子公司的长期股权投资、编制合并资产负债表时应进行抵销处理的项目，合并利润表的概念、编制合并利润表时应做抵销处理的项目，合并现金流量表的概念、编制合并现金流量表时应做抵销处理的项目、合并现金流量表中有关少数股东权益项目的反映，合并所有者权益变动表的概念、编制合并所有者权益变动表时应进行抵销的项目等。

习题巩固

一、单项选择题

1. 下列关于财务报表项目金额之间的相互抵销的表述，错误的是 (   )。

A. 一组类似交易形成的利得和损失以净额列示，不属于抵销

B. 资产或负债项目按扣除备抵项目后的净额列示，不属于抵销

C. 非日常活动产生的损益应当以同一交易或一组类似交易形成的收入扣减费用后的净额列示，不属于抵销

D. K 公司可以将应收丙公司账款与应付丙公司账款按差额列示资产或负债

2. 2023 年 1 月 1 日，W 公司将增发 2 000 万股普通股 (每股市价 3.2 元，每股面值 1 元) 作为对价取得 K 公司 80% 的股权，能够对 K 公司实施控制，另外，用银行存款支付发行费用 160 万元。当日，K 公司可辨认净资产账面价值为 3 200 万元，K 公司除一项固定资产外，其他资产、负债公允价值与账面价值相等，该项固定资产的账面价值为 600 万元，公允价值为 1 000 万元。W 公司与 K 公司不具有关联方关系，不考虑其他因素。该项企业合并在合并财务报表中形成的商誉为 (   ) 万元。

A. 800   B. 480

C. 320   D. 640

3. 2023 年 1 月 1 日，Q 公司用 1 800 万元从集团外部购入 K 公司 60% 有表决权的股份，构成了非同一控制下企业合并，当日 K 公司可辨认净资产的公允价值为 2 000 万元。2023 年度，K 公司实现净利润 1 200 万元，K 公司按购买日公允价值持续计算的净利润为 1 000 万元，宣告分派现金股利 400 万元。不考虑其他因素，Q 公司 2023 年 12 月 31 日合并资产负债表中少数股东权益的金额为 (   ) 万元。

A. 240   B. 1 040

C. 1 120   D. 800

4. 2023 年 1 月 1 日，F 公司从集团外部购入 K 公司 60% 有表决权的股份，构成了非同一控制下企业合并。2023 年度，K 公司实现净利润 1 200 万元，K 公司按购买日公允价值持续计算的净利润为 1 000 万元，宣告分派现金股利 400 万元。2023 年 12 月 31 日，F 公司个别资产负债表中所有者权益总额为 4 000 万元，不考虑其他因素，F 公司 2023 年 12 月 31 日合并资产负债表中归属于母公司所有者权益的金额为 (   ) 万元。

A. 4 000   B. 4 360

C. 4 720   D. 4 480

5. R 公司与 K 公司均为增值税一般纳税人，R 公司拥有 K 公司 80% 有表决权的股份，能够控制 K 公司的财务和经营决策。2023 年 6 月 1 日，R 公司将本公司生产的一批产品出售给 K 公司，售价为 2 000 万元，增值税为 260 万元，成本为 1 200 万元，未计提存货跌价准备。至 2023 年 12 月 31 日，K 公司已对外售出该批存货的 60%，售价为 1 400 万元，增值税为 182 万元，结存的存货期末未发生减值。则 2023 年合并利润表中因该事项应列

示的营业收入为 (　　) 万元。

A. 1 200　　　　　　　　　　B. 1 400

C. 720　　　　　　　　　　　D. 1 624

6. W 公司拥有 M 公司 80% 有表决权的股份，能够控制 M 公司财务和经营决策。2023 年 10 月 10 日，W 公司将本公司生产的一批产品出售给 M 公司，售价为 2 000 万元，销售成本为 1 200 万元。至 2023 年 12 月 31 日，M 公司已对外售出该批存货的 40%，确认收入 960 万元。2023 年合并财务报表中应确认的营业成本为 (　　) 万元。

A. 1 440　　　　　　　　　　B. 1 200

C. 720　　　　　　　　　　　D. 480

7. A 公司拥有 K 公司 80% 有表决权的股份，能够控制 K 公司的财务和经营决策。2023 年 6 月 1 日，A 公司将本公司生产的一批产品出售给 K 公司，售价为 600 万元 (不含税)，成本为 400 万元。至 2023 年 12 月 31 日，K 公司已对外出售该批存货的 30%，剩余部分存货可变现净值为 240 万元。则 2023 年 12 月 31 日合并资产负债表中应列示的存货为 (　　) 万元。

A. 120　　　　　　　　　　　B. 280

C. 240　　　　　　　　　　　D. 420

8. W 公司 2023 年 1 月 1 日从集团外部取得 N 公司 80% 的股份，能够对 N 公司实施控制。2023 年 N 公司实现净利润 1 000 万元，按购买日公允价值持续计算的净利润为 800 万元。2023 年 12 月 31 日，W 公司结存的从 N 公司购入的资产中包含的未实现内部销售利润为 100 万元。不考虑其他因素，2023 年 W 公司合并利润表中应确认的少数股东损益为 (　　) 万元。

A. 160　　　　　　　　　　　B. 180

C. 140　　　　　　　　　　　D. 200

9. W 公司为 B 公司的母公司，2023 年 6 月 20 日，W 公司与 B 公司签订设备销售合同，W 公司将其生产的一台 A 设备销售给 B 公司，售价为 600 万元 (不含税)。A 设备的成本为 480 万元 (未减值)。2023 年 6 月 30 日，W 公司按合同约定将 A 设备交付 B 公司，并收取价款。B 公司将购买的 A 设备作为管理用固定资产，于交付当日投入使用。B 公司采用年限平均法对 A 设备计提折旧，预计 A 设备使用年限为 10 年，预计净残值为 0。W 公司 2023 年 12 月 31 日合并资产负债表中，A 设备作为固定资产应当列报的金额为 (　　) 万元。

A. 540　　　　　　　　　　　B. 432

C. 456　　　　　　　　　　　D. 480

10. W 公司及其子公司 (T 公司)2021 年至 2023 年发生的有关交易或事项如下：2021 年 12 月 25 日，W 公司与 T 公司签订设备销售合同，将生产的一台 A 设备销售给 T 公司，售价 (不含税) 为 1 000 万元。2021 年 12 月 31 日，W 公司按合同约定将 A 设备交付 T 公司，并收取价款。A 设备的成本为 800 万元，未计提存货跌价准备。T 公司将购买的 A 设备作为管理用固定资产，并于交付当日投入使用。T 公司采用年限平均法计提折旧，预计 A 设备尚可使用 10 年，预计净残值为 0。2023 年 12 月 31 日，T 公司以 440 万元（不含税）的价格将 A 设备出售给独立的第三方，设备已经交付，款项已经收存银行。不考虑其他因素，W 公司在 2023 年度合并利润表中因 T 公司处置 A 设备确认的收益为（　　）万元。

A. 80　　　　　　　　　　　　　　B. 40

C. -40　　　　　　　　　　　　　 D. -80

二、多项选择题

1. 下列属于在判断能否对被投资单位实施控制时应考虑的因素有（　　）。

A. 拥有对被投资方的权力

B. 通过参与被投资方的相关活动而享有可变回报

C. 有能力运用对被投资方的权力影响其回报金额

D. 和其他投资方一起对被投资单位实施控制

2. 下列关于合并范围的说法，正确的有（　　）。

A. 母公司是投资性主体，应将为投资性主体的投资活动提供相关服务的子公司纳入合并范围，其他子公司不应予以合并

B. 母公司是投资性主体，其全部子公司均不纳入合并范围

C. 当母公司由投资性主体转变为非投资性主体时，应将原未纳入合并财务报表范围的子公司于转变日纳入合并财务报表范围

D. 当母公司由非投资性主体转变为投资性主体时，除仅将为其投资活动提供相关服务的子公司纳入合并财务报表范围编制合并财务报表外，自转变日起对其他子公司不应予以合并

3. 下列属于投资性主体特征的有（　　）。

A. 拥有一个以上投资者

B. 拥有一个投资者

C. 投资者不是该主体的关联方

D. 该主体的所有者权益以股权或类似权益存在

4. 下列属于合并财务报表编制应遵循的一般原则和要求的有（　　）。

A. 真实可靠、内容完整

B. 以个别报表为基础编制

C. 一体性原则

D. 重要性原则

5. 2022 年 1 月 1 日，W 公司从集团外部购入 K 公司 60% 的股权，能够对 K 公司的财务和经营决策实施控制。除 K 公司外，W 公司无其他子公司。2022 年度，K 公司以购买日可辨认净资产公允价值为基础持续计算的净利润为 2 000 万元，无其他所有者权益变动。2022 年年末，W 公司合并财务报表中少数股东权益为 800 万元。2023 年度，K 公司

以购买日可辨认净资产公允价值为基础持续计算的净亏损为 4 000 万元，无其他所有者权益变动。2023 年年末，W 公司个别财务报表中所有者权益总额为 10 000 万元。假定不考虑内部交易等因素。下列关于 W 公司 2022 年度和 2023 年度合并财务报表列报的表述，正确的有 (   )。

A. 2023 年度少数股东损益为 −1 600 万元

B. 2022 年度少数股东损益为 800 万元

C. 2023 年 12 月 31 日少数股东权益为 −800 万元

D. 2023 年 12 月 31 日归属于母公司的股东权益为 8 800 万元

6. W 公司是 K 公司的母公司，2023 年 K 公司出售库存商品给 W 公司，售价为 200 万元 (不含增值税)，成本为 160 万元 (未减值)。至 2023 年 12 月 31 日，W 公司从 K 公司购买的上述存货对外出售 40%，售价为 100 万元，假定期末结存存货未发生减值。下列关于 W 公司合并报表的会计处理，正确的有 (   )。

A. 应抵销营业收入 200 万元

B. 应抵销营业成本 176 万元

C. 应抵销存货 24 万元

D. 应确认营业收入 100 万元

7. M 公司是 W 公司的母公司，2023 年 3 月 30 日，M 公司向 W 公司销售一件产品，销售价格为 2 000 万元，增值税税额为 260 万元，账面价值为 1 600 万元，相关款项已收存银行。W 公司将购入的该产品作为管理用固定资产核算，并于当日投入使用，预计使用寿命为 20 年，预计净残值为 0，采用年限平均法计提折旧。不考虑其他因素。M 公司在编制 2023 年合并财务报表时，对于该项内部交易的抵销分录处理正确的有 (   )。

A. 抵销营业收入 2 000 万元

B. 抵销管理费用 30 万元

C. 抵销固定资产 370 万元

D. 抵销营业成本 1 600 万元

8. L 公司持有 K 公司 80% 的股权，能够对 K 公司实施控制，2023 年 12 月 31 日，K 公司无形资产中包含一项从 L 公司购入的商标权。该商标权是 2023 年 7 月 1 日从 L 公司购入的，购入价格为 1 720 万元。K 公司购入该商标权后立即投入使用，预计使用年限为 16 年，无残值，采用直线法摊销。L 公司该商标权原有效期为 20 年，取得时入账价值为 200 万元，至出售日已累计摊销 40 万元，未计提过减值准备。L 公司和 K 公司对商标权的摊销均计入管理费用。假定不考虑所得税等因素的影响，则下列会计处理中正确的有 (   )。

A. K 公司购入无形资产时包含的内部交易利润为 1 560 万元

B. 2023 年 12 月 31 日，L 公司编制合并报表时应抵销的该无形资产的价值为 1 462.5 万元

C. 2023 年 12 月 31 日，L 公司合并财务报表上无形资产项目应列示的金额为 150 万元

D. 2023 年 12 月 31 日，抵销该项内部交易将减少的合并净利润为 1 560 万元

9. 下列属于母、子公司合并现金流量表应抵销的项目有 (   )。

A. 母公司与子公司、子公司相互之间当期销售商品所产生的现金流量

B. 当期取得投资收益收到的现金与分配现金股利支付的现金

C. 以现金结算债权与债务产生的现金流量

D. 企业集团内部处置固定资产收回的现金与购建固定资产支付的现金

10. 下列对报告期内增加或处置子公司以及业务的会计处理，正确的有（　　　）。

A. 母公司在报告期内因同一控制下企业合并增加的子公司以及业务，编制合并资产负债表时，应当调整合并资产负债表的期初数，同时应当对比较报表的相关项目进行调整

B. 母公司在报告期内因非同一控制下企业合并或其他方式增加的子公司以及业务，应当将该子公司以及业务购买日至报告期末的收入、费用、利润纳入合并利润表

C. 母公司在报告期内处置子公司以及业务，应当将该子公司以及业务期初至处置日的现金流量纳入合并现金流量表

D. 母公司在报告期内因同一控制下企业合并增加的子公司以及业务，应当将该子公司以及业务合并当期期初至报告期末的现金流量纳入合并现金流量表，同时应当对比较报表的相关项目进行调整

三、判断题

1. 财务报告是指企业对外提供的反映企业某一特定日期的财务状况和某一会计期间的经营成果、现金流量等会计信息的文件。　　　　　　　　　　　　　　　　（　　　）

2. 企业应当根据实际发生的交易和事项，遵循基本准则、各项具体会计准则及解释的规定进行确认和计量，并在此基础上编制财务报表。　　　　　　　　　　　　（　　　）

3. 母公司如果其本身不是投资性主体，则应当将其控制的全部主体（包括投资性主体以及通过投资性主体间接控制的主体）纳入合并财务报表范围。　　　　　　（　　　）

4. 子公司持有母公司的长期股权投资，在合并财务报表中应抵销子公司长期股权投资与母公司所有者权益。　　　　　　　　　　　　　　　　　　　　　　　（　　　）

5. 如果本期期末无内部应收账款，则本期合并财务报表一定不存在内部应收账款计提坏账准备抵销的问题。　　　　　　　　　　　　　　　　　　　　　　　（　　　）

6. 对于子公司的少数股东依法抽回在子公司中的权益性投资，在合并现金流量表时，应当在"筹资活动产生的现金流量"之下的"支付其他与筹资活动有关的现金"项目反映。
　　　　　　　　　　　　　　　　　　　　　　　　　　　　　　　　　　（　　　）

7. 编制合并现金流量表时，应当将母公司从全资子公司取得投资收益收到的现金与子公司分配股利支付的现金进行抵销。　　　　　　　　　　　　　　　　　　（　　　）

8. 母公司在编制合并现金流量表时，应将其直接以现金对子公司进行长期股权投资形成的现金流量，与子公司筹资活动形成的与之对应的现金流量相互抵销。　　　（　　　）

9. 母公司编制合并报表时，应将非全资子公司向其出售资产所发生的未实现内部交易损益全额抵销归属于母公司所有者的净利润。　　　　　　　　　　　　　（　　　）

10. 合并财务报表中，少数股东权益项目的列报金额不能为负数。　　　　（　　）

四、计算分析题

H 公司是一家上市公司，2023 年与投资相关的业务资料如下．

(1) 2023 年 1 月 1 日，H 公司发行股票 2 400 万股，自 R 公司取得 W 公司 80% 的股权后，能够对 W 公司实施控制。R 公司和 H 公司均属于 Q 公司控制的子公司。H 公司的股票公允价值为每股 30 元，每股面值为 1 元，H 公司另支付给证券承销机构发行费用 400 万元。

2023 年 1 月 1 日，W 公司在最终控制方合并报表中的所有者权益账面价值为 40 000 万元，其中，股本为 20 000 万元、资本公积为 10 000 万元、盈余公积为 1 000 万元、未分配利润为 9 000 万元。W 公司 2023 年 1 月 1 日可辨认净资产的公允价值为 38 000 万元。

(2) 2023 年 3 月 31 日，W 公司出售一项管理用固定资产给 H 公司，收到款项存入银行。该固定资产在 W 公司的账面价值为 1 520 万元，销售给 H 公司的售价为 2 000 万元，增值税税额为 260 万元。H 公司取得该管理用固定资产后，预计尚可使用的寿命为 20 年，按照年限平均法计提折旧，预计净残值为 0。

不考虑所得税等其他因素影响，内部交易形成的固定资产未发生减值，不考虑现金流量表项目的抵销，H 公司与 W 公司均为增值税一般纳税人。

要求：

(1) 判断 H 公司取得 W 公司股权的合并类型，并说明理由。

(2) 编制 H 公司个别报表中购入 W 公司 80% 股权的会计分录。

参 考 文 献

[1]　张思菊，谢海燕，徐曦 . 高级财务会计 [M]. 济南：山东大学出版社，2019.

[2]　杜丽，吴霞云 . 高级财务会计 [M]. 北京：北京理工大学出版社，2020.

[3]　傅荣 . 高级财务会计 [M]. 6 版 . 北京：中国人民大学出版社，2021.

[4]　罗素清，贾明月 . 高级财务会计 [M]. 北京：中国人民大学出版社，2021.

[5]　财政部会计资格评价中心 . 中级会计实务 [M]. 北京：经济科学出版社，2024.

[6]　高志谦 . 中级会计实务 [M]. 北京：中国商业出版社，2022.

[7]　张志凤 . 中级会计实务 [M]. 北京：北京科学技术出版社，2022.

[8]　企业会计准则编审委员会 . 企业会计准则详解与实务 [M]. 北京：人民邮电出版社，2023.